파이썬을 이용한
빅데이터 수집, 분석과 시각화

- 페이스북, 트위터, 네이버, 공공, 일반 웹 데이터 기반

이원하 지음

비팬북스

파이썬을 이용한 빅데이터 수집, 분석과 시각화

- 페이스북, 트위터, 네이버, 공공, 일반 웹 데이터 기반

저　　자 ｜ 이원하
펴낸이 ｜ 최용호

펴낸곳 ｜ (주)러닝스페이스(비팬북스)
디자인 ｜ 최인섭
주　　소 ｜ 서울시 서대문구 연희동 340-18, B1-13
전　　화 ｜ 02-857-4877
팩　　스 ｜ 02-6442-4871

초판발행 ｜ 2017년 6월 20일
등록번호 ｜ 제 12609 호
등록일자 ｜ 2008년 11월 14일
홈페이지 ｜ www.bpan.com/books
전자우편 ｜ bpanbooks@naver.com

이 도서의 저작권은 저자에게 있으며 저자 및 출판사의 허락 없이 일부 혹은 전체 내용을 무단복제하는 행위는 저작권법에 저촉됩니다.

값 24,000원
ISBN 978-89-94797-69-4 (93000)

비팬북스는 (주)러닝스페이스의 출판부문 사업부입니다.

이 도서의 국립중앙도서관 출판시도서목록 CIP는 e-CIP 홈페이지(http://www.nl.go.kr)에서 이용하실 수 있습니다.
(CIP 제어번호: CIP2017013511)

서연과 승준에게

들어가며

최근 들어 "빅데이터(Bigdata)" 열풍이 불면서 모든 기획이나 개발에 빅데이터 분석이라는 말이 빠지지 않고 등장한다. 정부의 정책 과제에도 "빅데이터를 이용한…" 이라는 단어가 항상 등장하는 것을 보면 이제는 "빅데이터"를 제외하고 무엇을 이야기하기에는 힘든 세상이 된 것 같다. 저자는 약 20년간 IT 업종에 있으면서(중간에 8년간 외도를 하기는 했지만 IT를 아예 버린 것은 아니었으니 20년이라고 치자) 재미있는 현상을 발견하고 저녁 술자리에서 소줏잔을 기울이며 안주 삼아 씹던 말이 있다.

"기술은 계속해서 반복되고 있는데 IT 업계에서는 신조어를 만들어 내면서 마치 과거에 없던 일들을 새로 하는 것처럼 만들고 이를 위해 기업은 투자를 해야 한다고 일자리를 만들어 낸다."

필자의 이 의견에 반대하는 사람도 많이 있겠지만 동의하는 사람도 만만치 않을 것이라 생각이 든다. 기본적인 개념은 바뀌는 것이 없이 인터페이스가 바뀌면서 "클라이언트-서버 구조의 그룹웨어"가 "인트라넷"이라는 명칭으로 바뀌고, "인트라넷"을 구축하지 않으면 시대에 뒤떨어지고 그룹웨어는 불편한 것이라는 인식으로 IT 업계는 새로운 머거리를 창출했다.

요즘 유행하는 "빅데이터"도 과거에 없었던 의미였을까? 과거부터 데이터의 중요성은 항상 인지되었고, 데이터만으로 존재하는 경우에는 의미가 없으며 이를 정확하게 모델링하여 정보(Information)로 가공해야 한다고 수업 시간에 열강을 펼치시던 20년전 교수님의 모습이 선한데, 마치 "빅데이터"라는 말이 우주에서 갑자기 떨어지듯 생겼다고 생각하며 모든 프로젝트가 "빅데이터"를 기반으로 해야 한다고 인식되고 있다. 과거에도 "빅데이터"는 존재하고 있었고, 이를 분석하여 의미있는 정보로 바꾸는 작업은 계속되어 왔다. 단지 "빅데이터"라는 말을 사용하지 않았을 뿐이다. 물론 과거에는 "데이터"에 대한 중요성이 상대적으로 덜 강조되었으나 현재에 와서 그 중요성을 나타내기 위해 "빅데이터" 열풍이 부는 것이라고 주장하는 사람의 의견에 전적으로 반대하는 것은 아니다.

어떠한 이유에서이든 요즘 개발자는 내외부적으로 빅데이터를 이용한 프로젝트를 수행해야 한다. 이 책에 관심을 둔 개발자라면 아마 고객이나 회사의 경영진으로부터 아래와 같은 요청사항을 한두 번 아니 그 이상 들어보았을 것이다.

"소셜 네트워크(SNS) 등을 이용하여 사용자를 분석하고 …."

또는 여기서 조금 더 나간 기업이나 고객은

"그 데이터를 바탕으로 인공지능을 이용해 학습을 하고, 이를 통해 자동으로 추천 서비스를 구현하여…"

솔직히 데이터를 모으라고 하면 모을 수 있다. 그리고 그걸 가지고 분석을 하라면 할 수 있을 것 같기도 하다. 근데 과연 어떤 데이터를 모을 것이며, 수집한 데이터를 어떻게 분석할지에 대해서는 어지럽기만 하다. 본 책에서는 일단 고객이 이야기하는 소셜 데이터를 모으는 방법에 대하여 이야기하려고 한다. 그럼 그 다음은? 소셜 네트웨크 데이터를 수집하고 기획자나 경영진, 고객에게 물어보자.

"원하시는 데이터는 모아놨습니다. 자 이제 이걸 가지고 무얼 하시려는지요?"

아마 대부분의 고객이나 경영진은 공상소설을 쓰려고 할 것이다. 그것도 그들의 역할이니 우리는 개발자의 첫 번째 본분인 데이터를 모아서 주자. 그리고 그들에게 데이터를 어떻게 활용할 것인지 상세한 수준의 기획안(알고리즘?)을 달라고 해보자. 아마 이 책을 읽고 이해해서 데이터를 수집하는 데 걸리는 시간보다 훨씬 더 많은 시간을 그들은 고민해야 할 것이다. 물론 무책임하게 "인공지능을 이용해서…" 라는 이야기를 하는 고객이 아니라면.

강하게 고객을 비판하고자 하는 의도는 없었지만 "빅데이터"와 "인공지능"이 세상을 구원해 주리라 생각하는 모든 고객들에게 개발자는 슈퍼맨이 아니라고 이야기하고 싶었다. 본 책에서는 그래도 어떤 데이터를 어떻게 분석할 수 있을지에 대해 조금이나마 맛보기로 보여줄 예정이다.

본 책에서 다룬 많은 내용은 "구글링"이라는 우리의 영원한 친구를 통해 얻을 수 있다. 본 책에서는 산재해 있는 SNS 크롤링에 대한 데이터들을 취합(크롤링: crawling)하여 필요한 정보만을 제공(빅데이터의 분석 및 시각화)하려고 노력하였으니 "빅데이터"의 산물을 실천했다고 볼 수 있지 않을까 소심하게 생각해본다.

2017.06 이원하

[알아두기]

1. 본 책의 내용은 파이썬 3.5를 기준으로 설명하였다. 파이썬 2.X를 사용하는 경우에는 일부 모듈이 다르므로 주의를 요한다. 파이썬 3.5의 설치 및 환경 설정에 대해서는 본 책의 공식 사이트인 https://snscrawler.wordpress.com/ 를 참조하기 바란다.

2. 책을 기획하면서 파이썬 문법에 대하여 어느 정도까지 깊게 설명하느냐에 대한 고민에 빠졌다. 가급적 쉽게 책을 읽어 가면서 따라 하기만 해도 크롤링 및 데이터 분석을 할 수 있게 하는 것이 기획의 목적이었는데 코드를 설명하면서 파이썬에 대해 너무 깊게 설명하면 파이썬 문법 설명서가 될 수 있다는 고민이 있었다. 본 과정에서 사용하는 파이썬 함수 및 문법에 대해서는 책의 초기에 사용하는 모듈과 함수에 대하여는 가급적 설명을 하도록 노력하였으나, 본 책은 SNS 데이터 및 공공 데이터를 어떻게 가지고 오느냐에 초점이 맞추어져 있어, 파이썬 환경의 구축, 기본적인 문법 및 사용법은 알고 있다고 판단하고 진행한다. 만약 좀 더 자세한 파이썬 문법에 대해 알고 싶은 경우에는 파이썬 홈페이지(https://docs.python.org/3/library/)의 도움말을 참조하기 바란다.

목차

파트 1 데이터 사용을 위한 계정 설정　10

1장 페이스북 API 사용하기　12
　　1.1 페이스북 가입　14
　　1.2 페이스북 앱 ID 등록　16

2장 트위터 API 사용하기　22
　　2.1 트위터 가입　23
　　2.2 트위터 앱 등록　28

3장 네이버 API 사용하기　32

4장 정부3.0 공공 데이터 포털 API 사용하기　38
　　4.1 공공 데이터 포털 가입　40

파트 2 데이터 수집　56

5장 페이스북 데이터 수집하기　58
　　5.1 페이스북 그래프(Graph) API　59
　　　　5.1.1 읽기　59
　　　　5.1.2 페이지 조회　60
　　　　　　1. 커서(cursor) 기반 페이지 조회　60
　　　　　　2. 시간(time period) 기준 페이지 조회　61
　　　　　　3. 오프셋(offset) 기반 페이지 조회　61
　　5.2 페이스북 ID 가지고 오기　62
　　5.3 페이스북 포스트(/{post-id}) 가져오기　66
　　5.4 페이스북 포스트(/{post-id}) 저장　71

6장 트위터 데이터 수집하기 84

    6.1 OAuth란? [OAuth 1, 2, 3] 85
        6.1.1 OAuth 1.0a 인증 과정 85
        6.1.2 OAuth 2.0의 탄생 87
    6.2 트윗(Tweet) 가지고 오기 87
    6.3 트윗(Tweet) 스트림 가지고 오기[Twitter 2] 96

7장 네이버 데이터 수집하기 104

    7.1 검색 API의 활용 105
    7.2 지도 API(주소, 좌표 변환)의 활용 110

8장 공공 데이터 수집하기 116

    8.1 전국 유료 관광지 입장객 정보 117
    8.2 파이썬 그래프 모듈: matplotlib 123
    8.3 출입국 관광 통계 서비스 128

9장 일반적인 웹 서비스 데이터 수집하기 136

    9.1 이상한 나라의 앨리스의 맛있는 스프: BeautifulSoup 137
    9.2 통닭 공화국의 데이터를 구해보자 145
        9.2.1 비비큐 매장 정보: HTML 태그 내 정보 찾기 145
        9.2.2 페리카나 매장 정보: 중복된 HTML 태그 내 추출 155
        9.2.3 네네치킨 매장 정보: XML 형식 162
        9.2.4 교촌치킨 매장 정보: 태그 내 다양한 태그 추출 168
        9.2.5 처갓집양념치킨 매장 정보: CP949 인코딩 176
        9.2.6 굽네치킨 매장 정보: selenium - 브라우저 시뮬레이션 180
            1. selenium과 WebDriver의 설치 183
            2. Selenium 테스트 188
        9.2.7 통합 데이터 수집 코드 193

파트 3 데이터 분석과 시각화 200

10장 빈도 분석: 형태소 분석 기반 그래프 및 워드 클라우드 202

    10.1 코엔엘파이(KoNLPy)의 설치 및 활용[KoNLPy 1] 203
    10.2 그래프를 그리자: matplotlib 205
        10.2.1 기본 그래프 그리기 206
        10.2.2 다수의 그래프 그리기 208

10.2.3 한글 처리　209
10.2.4 여러 개의 그래프 그리기　214
10.2.5 그래프에 문자 삽입　216
10.3 명사 추출 및 빈도 분석　217

11장 데이터 기반 추천: 데이터 상관관계 분석　226

11.1 상관분석과 상관계수　227
11.2 데이터 테이블 생성: pandas 패키지　232
　11.2.1 Series　232
　　1. 일차원(array) 데이터의 활용　232
　　2. 딕셔너리(Dictionary)　233
　　3. 스칼라(Scalar) 값　234
　11.2.2 DataFrame　234
　　1. Series/Dict 데이터의 활용　235
　　2. Dict 리스트 데이터의 활용　236
　　3. 데이터 추가 및 합치기(merge)　237
11.3 공공 데이터를 이용한 상관분석　238
11.4 히트맵(Heatmap) - seaborn　248

12장 지리정보기반 시각화: 지리정보와 시각화　252

12.1 지리정보 가공을 위한 데이터 전처리　253
　12.1.1 비비큐 주소 정보 보정　254
　12.1.2 페리카나 주소 정보 보정　257
　12.1.3 네네치킨 주소 정보 보정　261
　12.1.4 교촌치킨 주소 정보 보정　263
　12.1.5 처갓집양념치킨 주소 정보 보정　264
　12.1.6 굽네치킨 주소 정보 보정　268
12.2 포리움(Folium)의 설치 및 활용[Visualization 3,4]　270
　12.2.1 포리움 설치 및 객체 생성　272
　　1. 초기 객체 생성　273
　　2. 다른 유형의 맵 호출　275
　　3. 마커(Marker)와 팝업(Popup)의 설정　276
　　4. GeoJSON 활용 데이터　278
12.3 프랜차이즈 주소 매핑: Folium – 네이버 주소 검색　279
12.4 전국 지도에 블록맵으로 표시하기　284

참고 문헌　300

파트 1 데이터 사용을 위한 계정 설정

1장 페이스북 API 사용하기

2장 트위터 API 사용하기

3장 네이버 API 사용하기

4장 정부3.0 공공 데이터 포털 API 사용하기

아이폰이 출시되고 무선 인터넷 환경이 급속하게 발전하면서 이제는 개인이 데이터를 만들어 내고 이를 공유하는 것이 보편화된 세상에 살고 있다. 이런 세상을 구현하는 기술 중에 SaaS(Software as a Service)라는 것이 있다. SaaS는 소프트웨어 및 관련 데이터가 중앙에 위치하고 사용자는 웹 브라우저 등을 이용하여 접속하여 소프트웨어를 사용하는 서비스 모델을 뜻한다.

페이스북이나 트위터는 자신들이 서비스하는 여러 가지 기능에 SaaS 개념을 적용하여 다른 사용자들이 활용할 수 있는 API(Application Programming Interface)를 제공한다. 우리는 이러한 API를 이용하여 페이스북의 내용을 읽어 오거나, 다양한 형태의 데이터를 제공받을 수 있다. 파트 1에서는 대표적인 소셜 네트워크(Social Network)의 API를 사용할 수 있는 계정을 제공 받는 방법을 알아보도록 한다.

[주의]
API를 사용하기 위한 개발자 계정을 얻는 과정은 서비스 제공자의 결정에 따라 수시로 업그레이드되기 때문에 본 책의 내용과 화면 구성이 어느 순간 달라질 수 있다. 화면이 변경되거나 하는 경우에는 개정된 사항을 http://snscrawler.wordpress.com에 게시해 놓을 예정이다.

1장 페이스북 API 사용하기

1.1 페이스북 가입

1.2 페이스북 앱 ID 등록

페이스북(Facebook)은 하버드 대학교의 학생이었던 마크 저커버그가 2003년에 페이스매시(Facemash)라는 이름으로 시작하여 2004년 2월 "더 페이스북(TheFaceBook)"이라는 이름으로 본격적인 서비스를 시작하였다. 서비스 초기에는 하버드 대학내의 학생들이 서로의 개인 정보와 글, 동영상 등을 상호 교류하는 인맥 서비스(Social Network Service)를 목적이였으며 스탠퍼드, 컬럼비아 및 예일 대학으로 서비스를 확대하고 그 이후 미국 전역의 대학으로 서비스가 확장되면서 현재 전세계적으로 가장 많이 사용하고 있는 서비스이다.

주요 기능으로는 뉴스피드와 타임라인이 있다.

1) 뉴스피드(News Feed)

뉴스피드는 사용자의 친구, 내가 읽은 기사 중 '좋아요'를 선택한 페이지의 소식을 시간순으로 서비스한다. 뉴스피드에 나타나는 소식의 배치 순서는 절대로 시간순이 아니라 페이스북에서 자체 개발한 알고리즘에 의해 결정되는데 이에 대한 기준은 기업 비밀로 관리되고 있다.

2) 타임라인(Time Line)

사용자가 게시하는 사진, 글 및 동영상 등을 실시간, 시간순으로 보여주는 서비스이다. 뉴스피드에는 사용자의 친구들이 올린 글 또는 자신이 '좋아요'를 선택한 내용이 게시되지만, 타임라인은 자신이 올린 글의 내용을 보여준다.

페이스북에 가입할 때 성별, 생년월일 등을 반드시 입력해야 하며, 이를 통해 개인 페이지가 만들어지므로 일정 부분 마이크로 블로그(micro blog)의 형식을 가지게 된다.

일단, 페이스북에 가입하고 개발자 앱 ID를 생성하는 방법을 알아보자. 만약 페이스북의 계정을 가지고 있는 사용자라면 1.1절은 스킵하고 1.2절로 이동하기 바란다.

1.1 페이스북 가입

페이스북은 개인 페이지를 생성하므로 가입 시 개인 정보를 입력해야 한다. 먼저 페이스북 홈페이지(http://www.facebook.com)로 이동하면 가입 페이지가 그림 1과 같이 나타난다.

그림 1. 페이스북 사용자 가입 페이지

자신의 성과 이름, 휴대폰 번호 또는 이메일과 비밀번호, 생일과 성별을 입력하고 [계정 만들기] 버튼을 클릭하면 그림 2와 같이 사용자 이용 약관 페이지가 나타난다.

그림 2. 이용 약관 및 보안 코드 입력

이용 약관 및 개인 정보 처리 방지 지침에 동의하고, 보안 확인 코드 문자열을 넣어준 후 하단의 [가입하기] 버튼을 클릭하면 보안 코드 입력 페이지가 그림 3처럼 나타난다.

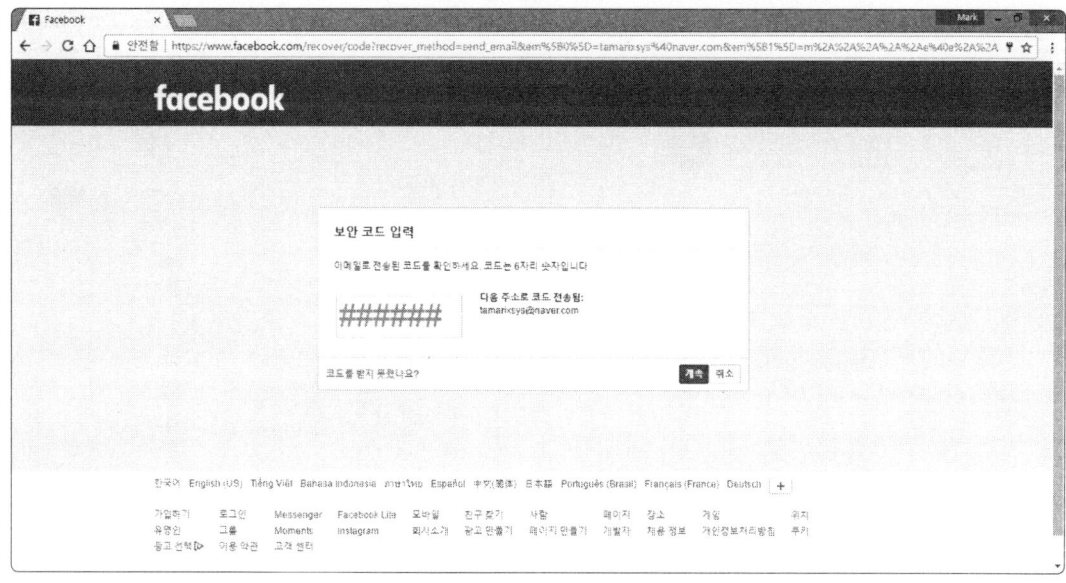

그림 3. 보안 코드 입력

보안 코드를 입력하기 위해 가입 시 사용한 이메일을 확인한다. 만약 전화번호를 사용했다면 해당 전화번호로 인증 코드가 문자로 발송된다.

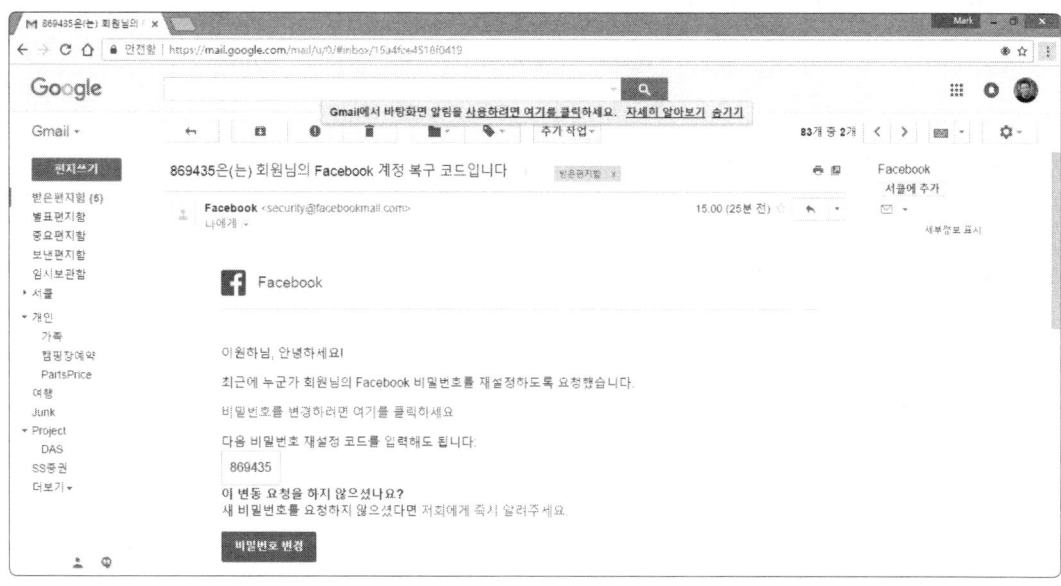

그림 4. 보안 코드 수신 확인

이메일이나 문자로 수신한 보안 코드를 그림 3의 입력 창에 넣은 후 [계속] 버튼을 클릭하면 그림 5와 같이 정상적으로 등록된 것을 확인할 수 있다.

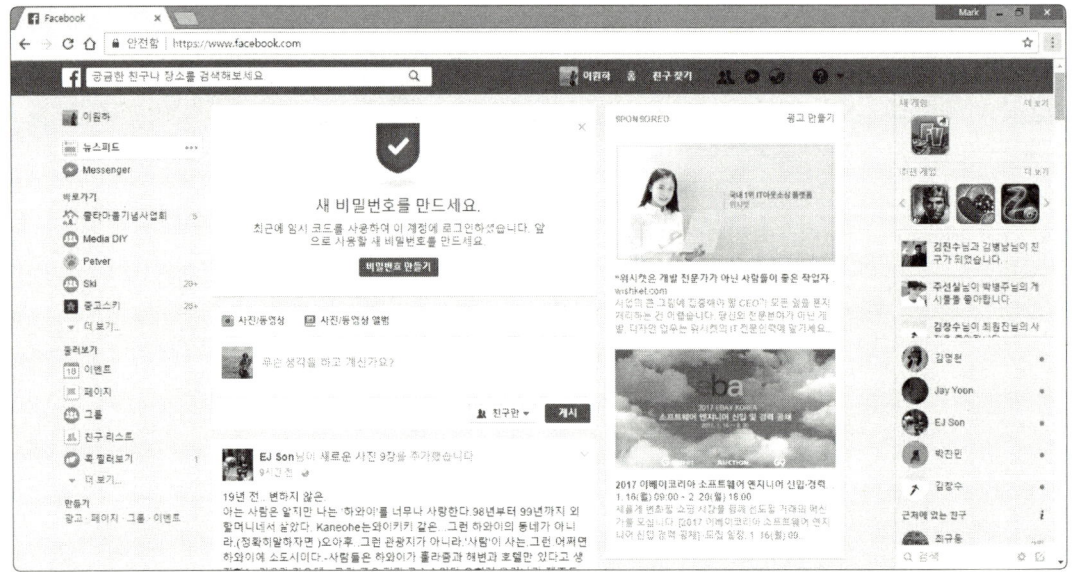

그림 5. 페이스북 로그인 완료

1.2 페이스북 앱 ID 등록

기본적으로 페이스북에 계정이 생성되었으므로 개발자 계정을 얻도록 한다. 서비스를 제공하는 업체에서 서비스를 이용하여 편리한 제 3의 프로그램(3rd party solution)을 제작하는 데 편리한 기능을 제공하는 API(Application Program Interface)가 있는데, 이를 이용하려면 개발자 계정이 있어야 한다.

개발자 계정을 얻기 위하여 페이스북 개발자 페이지(http://developer.facebook.com)에 접속하면 그림 6과 같이 개발자 페이지로 이동할 수 있다.

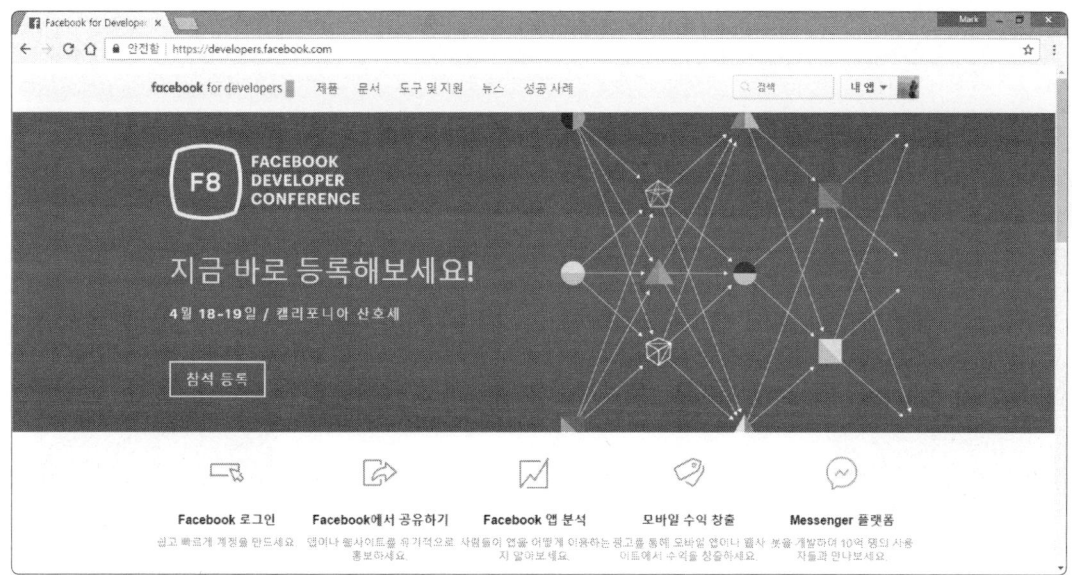

그림 6. 페이스북 개발자 페이지

이미 페이스북에 계정을 만들고 로그인을 하였으므로 브라우저에 쿠키가 남아 있어 자동으로 로그인된 상태임을 확인할 수 있다. 그림 6의 하단에 보면 페이스북에서 제공하는 Facebook 로그인, Facebook에서 공유하기 등의 바로가기 메뉴 뿐만 아니라 다른 모든 서비스를 확인할 수 있다.

우리의 목적은 페이스북의 내용을 크롤링(Crawling)하는 것이므로 새로운 앱(App)을 하나 등록하기로 한다. 화면 상단의 [내 앱] 부분을 클릭하면 다음과 같이 새로운 앱을 만들 수 있는 메뉴가 나타난다.

그림 7. 새 앱 추가 선택하기

1장 페이스북 API 사용하기   17

[새 앱 추가]를 선택하면 그림 8과 같이 [새 앱 ID 만들기] 창이 나타난다.

그림 8. 새 앱 ID 만들기

[표시 이름]은 앱의 고유 이름으로 다른 사람이 사용하지 않는 고유 이름이어야 한다. 카테고리 중 마음에 드는 부분을 선택하고 [앱 ID 만들기]를 선택하면 그림 9와 같이 보안 코드를 입력하는 창이 나타난다.

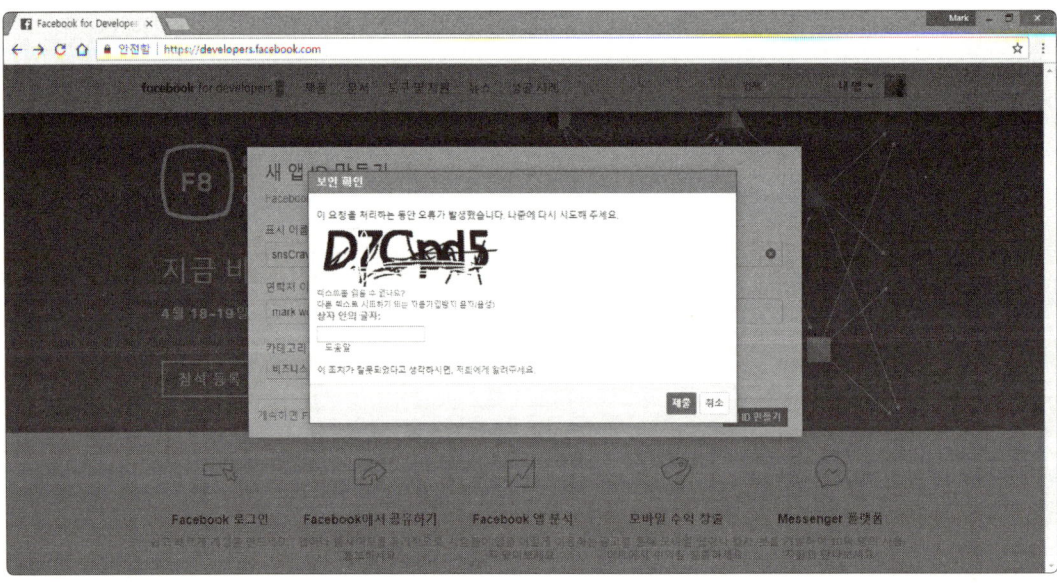

그림 9. 보안 코드 입력

보안 코드를 입력한 후 [제출] 버튼을 클릭하면 그림 10과 같이 사용할 제품에 대한 설정 페이지로 이동한다.

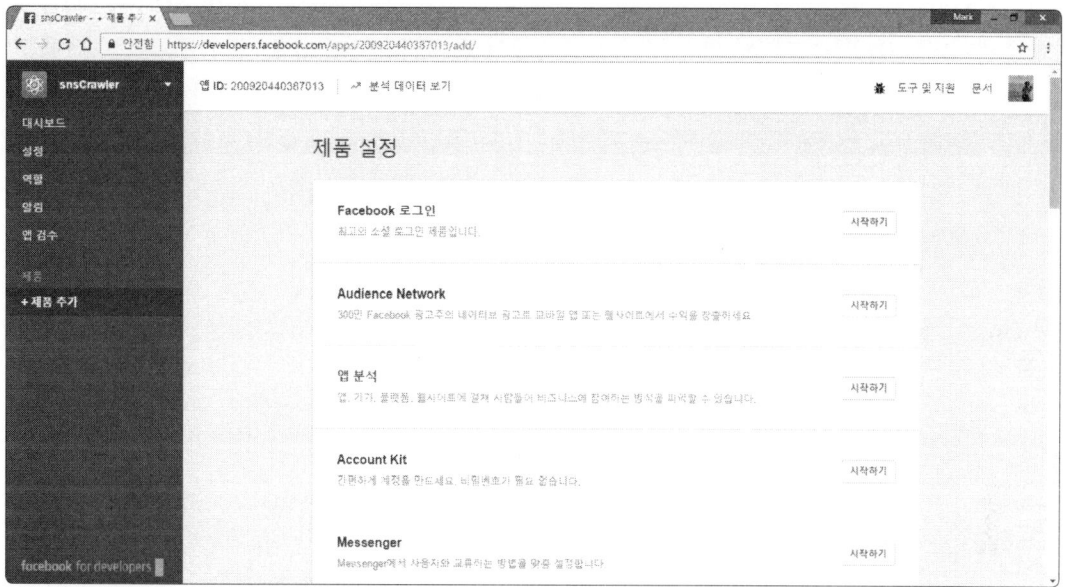

그림 10. 사용할 App의 제품 설정 페이지

그림 10의 왼쪽 상단에 입력한 App의 이름이 나타나면 서비스 생성이 정상적으로 완료된 것이다(필자는 snsCrawler 라고 App 표시 이름을 만들었다). 페이스북은 자신들이 서비스하는 거의 모든 내용에 대한 접근을 허용하는 서비스 API를 제공한다. 다양한 형태의 서비스가 있지만, 일단 화면 왼쪽 메뉴의 [대시보드]를 선택하면 그림 11과 같이 만들어진 앱의 기본 정보를 확인할 수 있다.

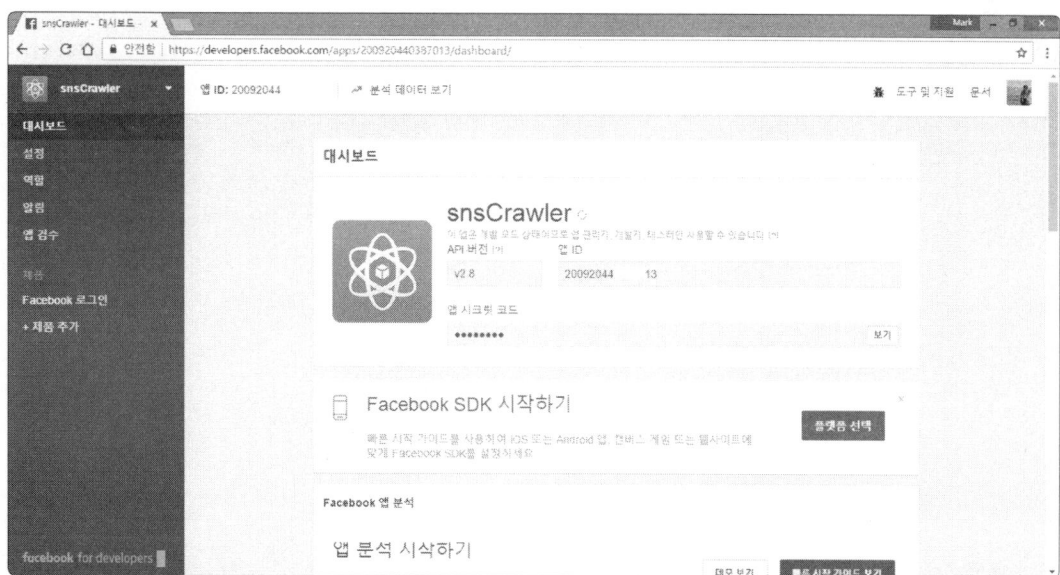

그림 11. 새로운 앱(snsCrawler) 생성

생성된 앱의 ID와 시크릿 코드([보기] 버튼을 누르면 복사할 수 있는 텍스트 형태로 나타난다)는 제작할 크롤러에서 사용되므로 기억해야 하며, 다른 사람에게 노출될 경우 악용될 수 있기 때문에 잘 보관해야 한다. 우리는 단순하게 페이지를 크롤링하기 때문에 별도의 제품을 추가할 필요는 없으며 기본 설정으로 페이스북에 접근할 권한을 획득하였다. 실제 페이스북 크롤링을 위한 파이썬 프로그램을 만드는 방법은 파트 2에서 설명한다.

2장 트위터 API 사용하기

2.1 트위터 가입

2.2 트위터 앱 등록

트위터(Twitter)는 미국 샌프란시스코 지역의 팟캐스트 업체인 오데오(Odeo, Inc.)의 에번 윌리엄스와 노아 글래스가 시작한 연구 프로젝트의 산출물이다. 기존의 단문 문자 서비스(SMS: Short Message Service)를 편리하게 사용하여 소규모 그룹 내에서 소통하고자 하였으며 이를 위하여 SMS와 유사한 트윗(tweets)이라 불리는 단문 메시지와 유사한 방식을 설계했다.

트위터의 글은 블로그와 같이 장문의 형태를 허용하는 것이 아니라 미국의 SMS를 수용할 수 있도록 설계되어 최대 140자의 내용을 올릴 수 있다(실제 미국의 SMS는 160자를 지원하고 있지만, 트윗에서는 사용자의 아이디 등을 입력하기 위하여 140자를 사용할 수 있다).

전송된 트윗은 사용자의 프로필 페이지에 표시되며 서로 연결된 사용자에게 전달된다. 전송 방법으로는 RSS(Rich Site Summary: 뉴스나 블로그 사이트에서 활용하는 콘텐츠 방식으로 전문의 내용을 전송하는 것이 아니라 요약된 정보만 제공하는 형식), 전용 클라이언트인 트윗덱(TweerDeck), 트위티(Tweetie) 등이 사용된다.

트윗이 업데이트되는 경우에는 그 사용자를 따르는(팔로우: Follow) 다른 사용자에게 즉시 전송되어 관심사를 함께 공유할 수 있어 실시간 대화와 유사한 방식으로 활용되고 있다.

2.1 트위터 가입

트위터에 가입하기 위하여 트위터 홈페이지(https://twitter.com)에 접속하면 그림 12와 같이 초기 화면이 나타나고 오른쪽 상단에 [가입하기] 버튼이 활성화되어 있는 것을 볼 수 있다.

그림 12. 트위터 사용자 가입 페이지

[가입하기] 버튼을 누르면 그림 13과 같이 간단한 신원 정보를 확인한다

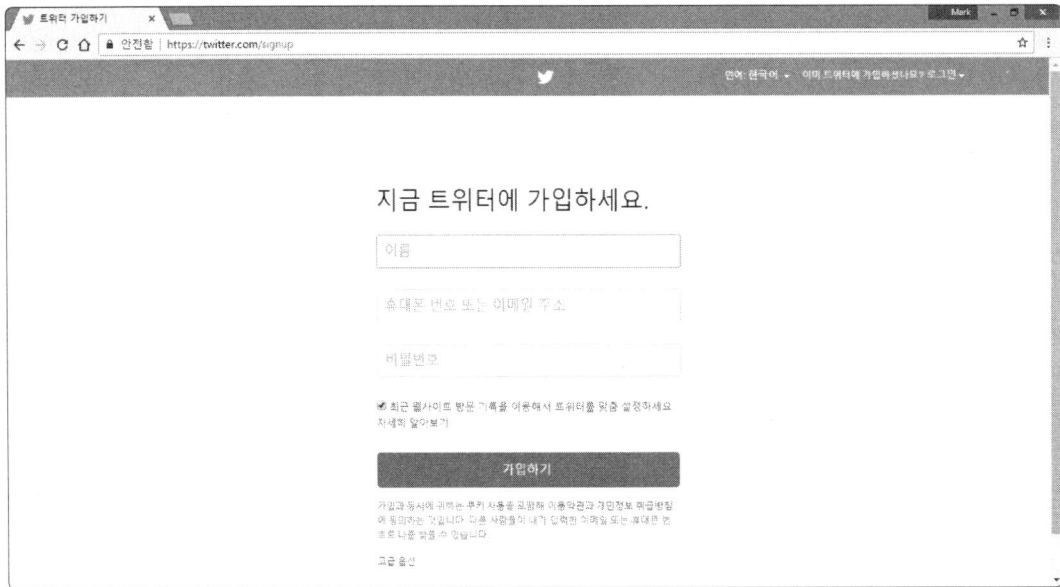

그림 13. 트위터 가입 정보 입력

이름, 휴대폰 또는 이메일 주소와 비밀번호를 입력한다. 트위터의 경우에는 사용자 계정을 활성화하기 위해 이메일 또는 휴대전화 번호로 본인을 인증하므로 자신이 수신받을 수 있는 정확한 정보를 입력해야 한다. 정보를 입력한 후 [가입하기] 버튼을 누르면 그림 14와 같이 휴대폰 번호를 요청한다.

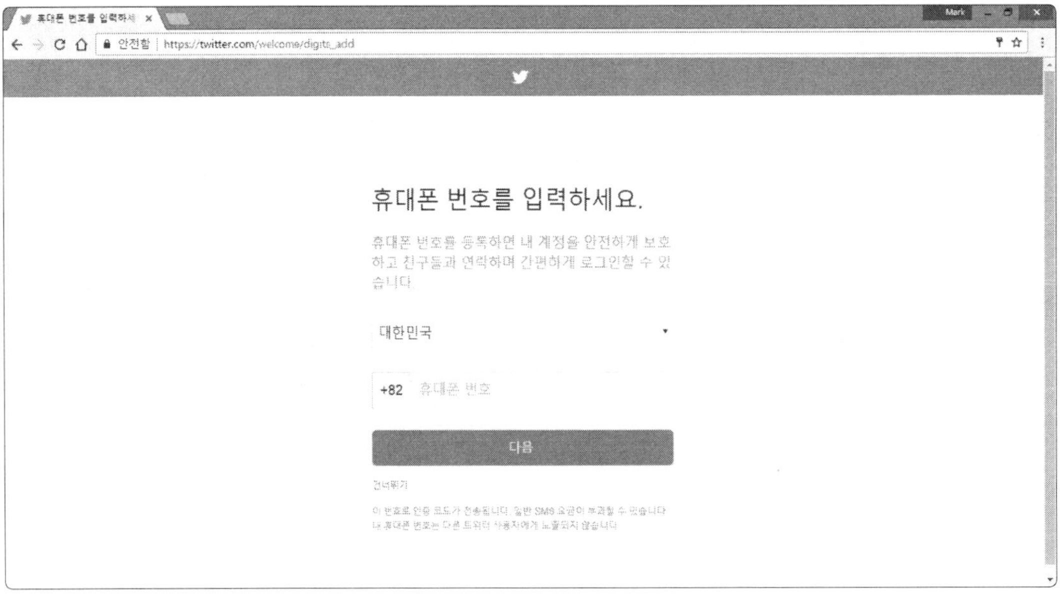

그림 14. 휴대폰 번호 입력

휴대폰 번호의 경우 SMS를 이용하여 계정 인증을 하기 때문에 보안성을 조금 더 확보할 수 있다는 장점을 가지고 있으나, 트위터만 사용하게 되는 경우 개인 정보에 민감한 사용자는 건너뛰어도 상관없다. 그러나 앱을 등록하기 위해서는 트위터 계정에 휴대폰 번호가 기입되어 있어야 한다. 만약 이 단계에서 입력하지 않은 경우에는 등록 후 개인 정보 설정에서 추가할 수 있다. [다음] 버튼을 누르는 경우에는 정확한 휴대폰 번호 형식을 입력해야 하며, 입력하지 않는 경우에는 하단의 [건너뛰기] 링크를 클릭하면 그림 15와 같이 사용자 아이디를 선택하는 화면이 나타난다.

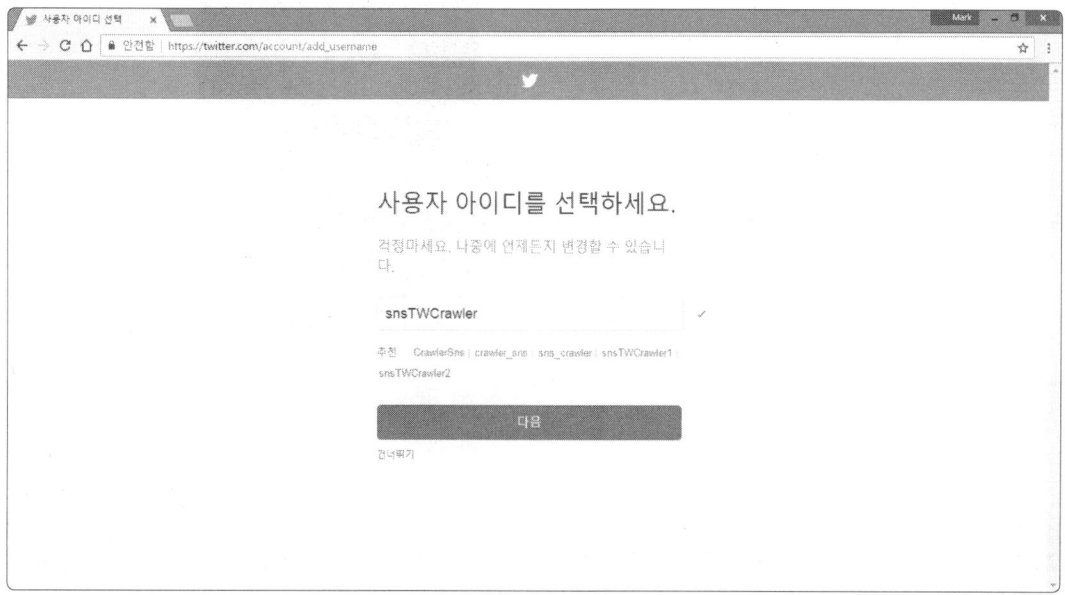

그림 15. 트위터에서 사용할 사용자 아이디 입력

본인 인증을 위해 사용하는 이메일 주소나 휴대폰 번호를 변경할 수 없지만 사용자 아이디의 경우에는 나중에 중복되지 않는 사용자명이면 언제든지 변경할 수 있다. 중복되지 않는 아이디를 선택한 후 [다음]을 클릭하면 그림 16과 같이 기본 정보가 입력된 사용자 계정이 등록된다.

그림 16. 트위터 가입 완료

재미있는 것은 영문으로 사용자명을 입력하였는데 트위터에서 한글로 변경하여 표시한다는 점이다. [시작해볼까요?]를 클릭하면 관심사 등을 기반으로 추천 트위터나 팔로워(follower) 등을 설정할 수 있는 기능을 제공하지만 개발자 계정 확보와는 상관없으므로 관심있는 독자들만 추가 설정을 하기 바란다. 계정의 완전한 활성화를 위하여 가입 시 입력한 메일을 확인하면 그림 17과 같이 활성화를 위한 링크가 포함된 메일이 수신된 것을 확인할 수 있다.

그림 17. 트위터 가입 완료를 위한 계정 활성화 메일

수신한 메일에서 [지금 확인하기] 버튼을 누르면 트위터의 모든 계정 설정이 완료되고 그림 18과 같이 생성된 트위터의 메인 페이지로 이동한다.

그림 18. 생성된 트위터 계정

이제 기본적인 트위터 계정이 생성되었으므로 개발자 계정을 얻도록 한다. 개발자 계정에 가입하고 신규 앱을 작성하면 트위터에서 제공하는 API를 사용할 수 있다.

2.2 트위터 앱 등록

트위터 앱 등록을 위해 트위터 개발자 페이지(https://dev.twitter.com/)로 이동하면 개발자 초기 화면이 그림 19와 같이 나타난다.

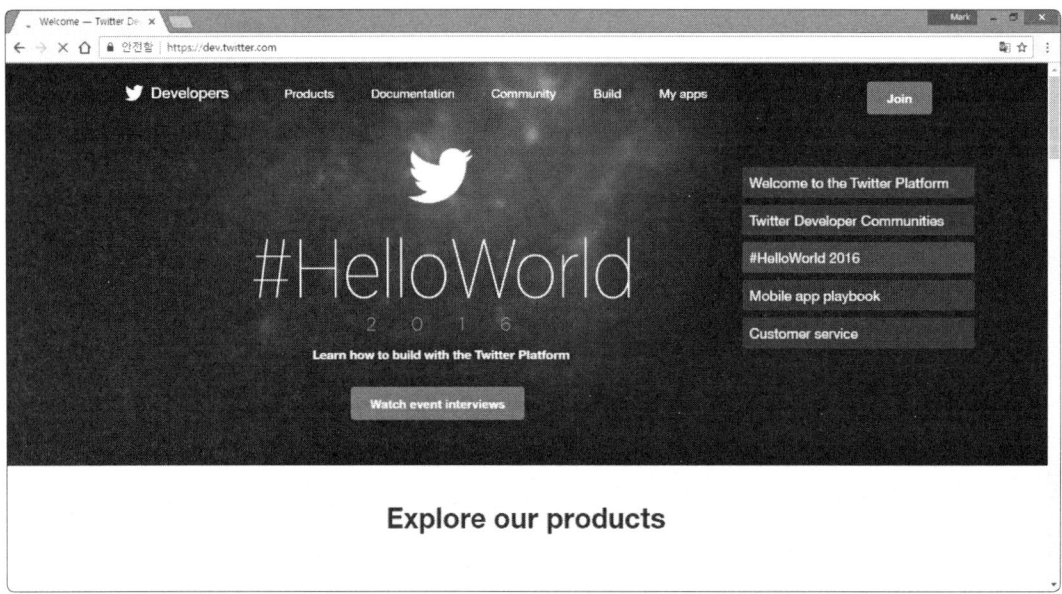

그림 19. 트위터 개발자 홈페이지

상단 메뉴에 [My apps]를 선택하면 그림 20과 같이 내가 등록한 앱을 관리할 수 있는 화면으로 이동한다.

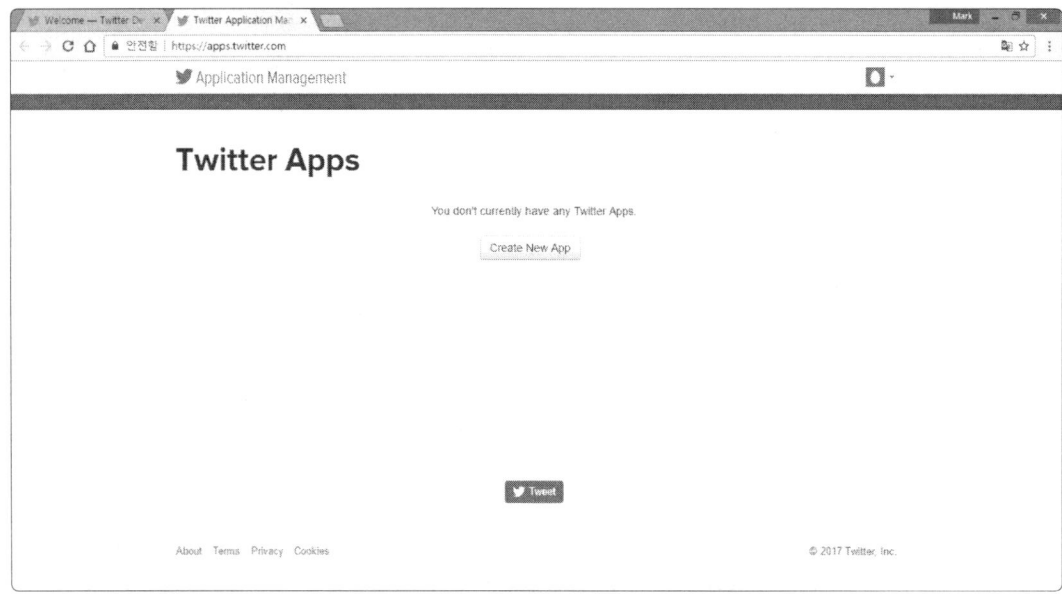

그림 20. 앱 관리 화면

현재 어떤 트위터 앱도 등록하지 않은 상태이므로 화면 중간에 [Create New App]이라는 버튼만 보일 것이다. 이제 새로운 앱을 위하여 [Create New App]을 선택하면 그림 21과 같이 앱 등록 화면이 나타난다.

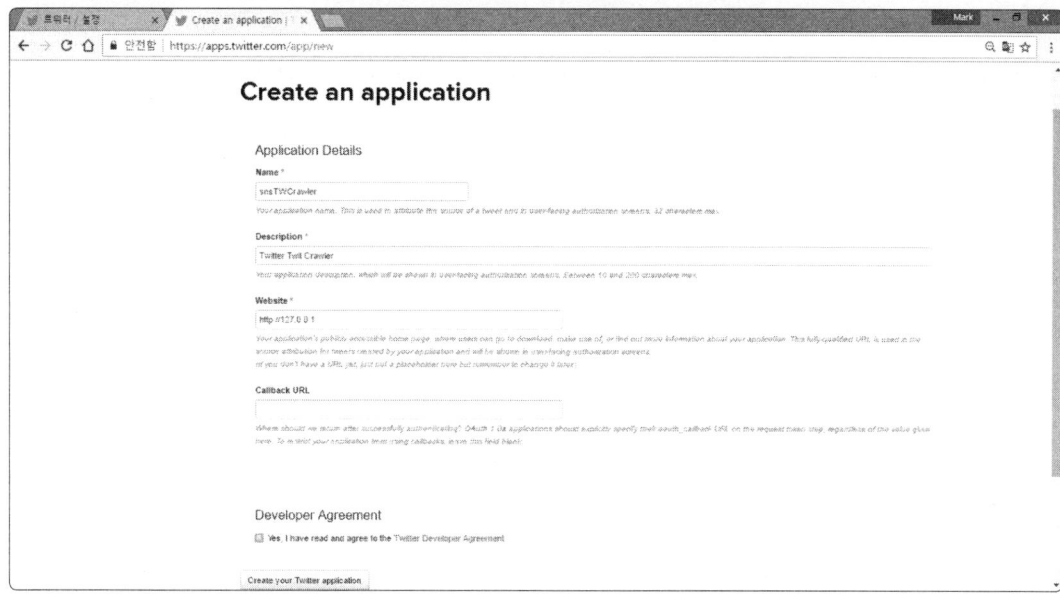

그림 21. 트위터 앱 신규 등록 화면

신규 앱을 생성하기 위해 기본적으로 다음 사항을 입력해야 한다.

항목	설명
Name	트위터 앱의 고유 이름(중복되지 않는 이름)
Description	앱의 간단한 설명(최소 10자 이상 200자 이하)
Website	개발한 정보를 가지고 있는 웹 사이트. 초기에는 URL 형식에 맞춰 입력하면 상관없다
Callback URL	OAuth 인증 시 인증 결과를 반환 받을 URL. 우리는 웹 서비스가 아닌 클라이언트 프로그램을 제작하므로 입력하지 않아도 된다

개발자 동의 내용을 확인한 후 체크하고 [Create your Twitter application]을 선택하면 그림 22와 같이 신규 앱이 등록된 것을 확인할 수 있다.

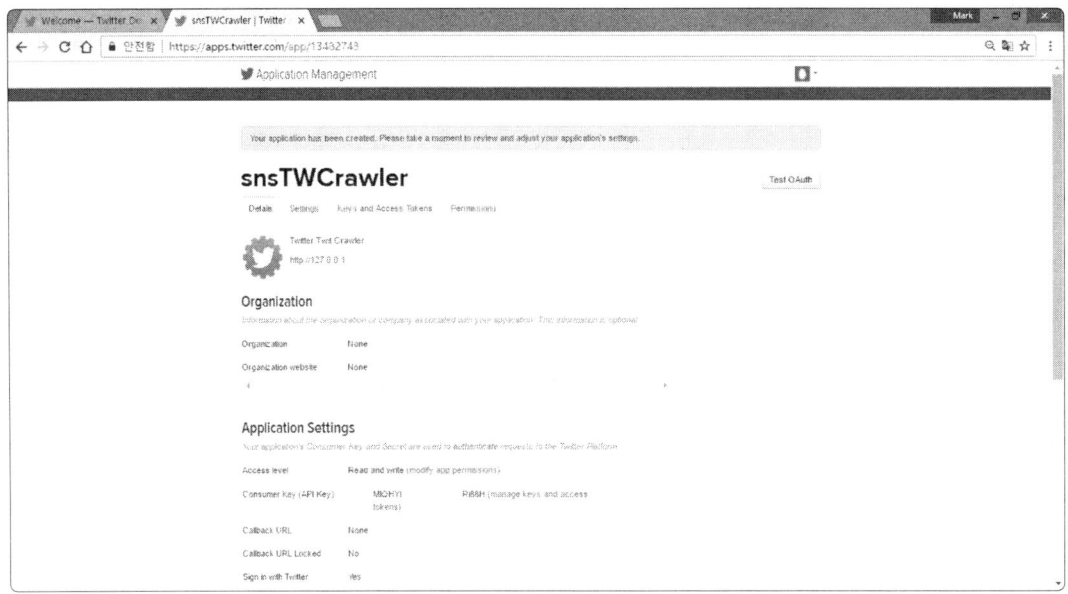

그림 22. 트위터 앱 등록 완료

앱이 정상적으로 등록된 경우 앱의 컨슈머 키(Consumer Key)라고 불리는 API Key가 발급된다(발급 키의 내용은 각자 다르게 나타날 것이다). 실제 앱에서 트위터의 API를 사용하기 위해서는 API Key와 컨슈머 시크릿(Consumer Secret)이라 불리는 비밀번호인 API Secret 키 쌍이 필요하다. manage keys and access tokens라는 API Key 우측의 링크를 클릭하거나 상단 탭의 [Keys and Access Tokens]를 클릭하면 그림 23과 같은 키 관리 화면이 나타난다.

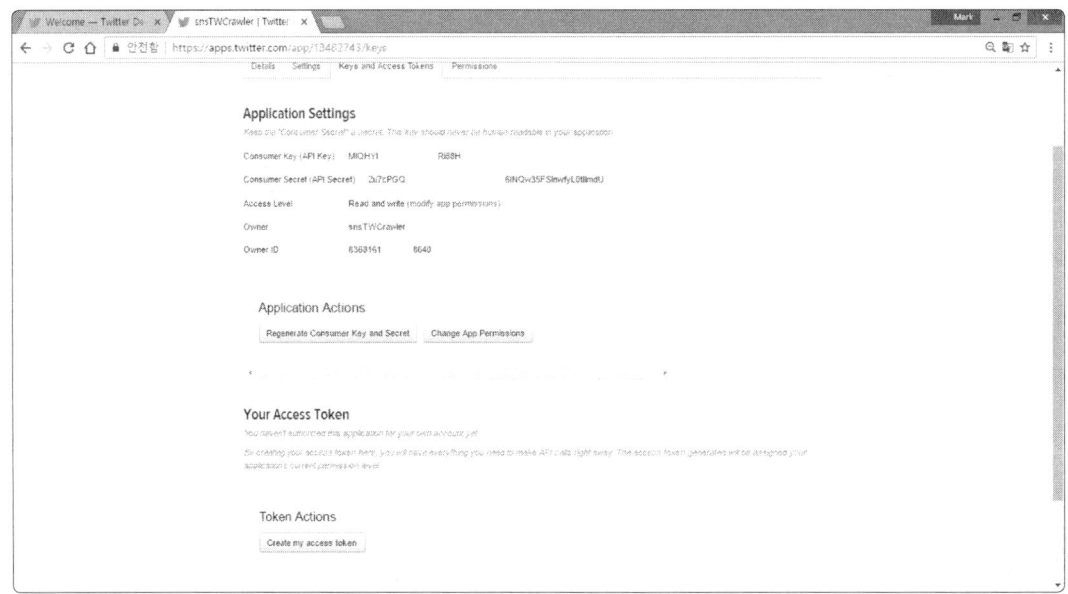

그림 23. 앱의 API Key 및 API Secret의 발급 확인

API Key와 API Secret은 해당 앱이 API에 접근할 수 있는 중요한 키 값으로 외부로 유출될 경우에는 악용될 수 있는 소지가 있다. 이에 트위터에서는 API Key와 API Secret을 재생성할 수 있게 도와주며, 변경되는 경우 기존의 앱은 더 이상 트위터 API를 사용할 수 없게 된다.

트위터는 OAuth 인증 방식을 사용하기 때문에 기본적으로 트위터에 접근하기 위한 토큰 값을 요구한다. 일반적으로 웹(Web) 어플리케이션의 경우에 Callback URL(돌아오는 URL)을 지정하면, 인증 로그인 창을 띄운 후 정상적인 인증이 되어 있을 때 Callback URL 화면으로 자동 이동하게 된다. 그러나 클라이언트 어플리케이션의 경우에는 웹 페이지를 띄워 아이디, 비밀번호 등을 넣고 인증을 거쳐 Token을 가지고 오기에는 불편하기에 트위터에서는 Access Token 인증을 위한 key와 secret을 제공한다. 하단의 [Create my access token]을 클릭하면 그림 24와 같이 토큰이 발급된 것을 확인할 수 있다.

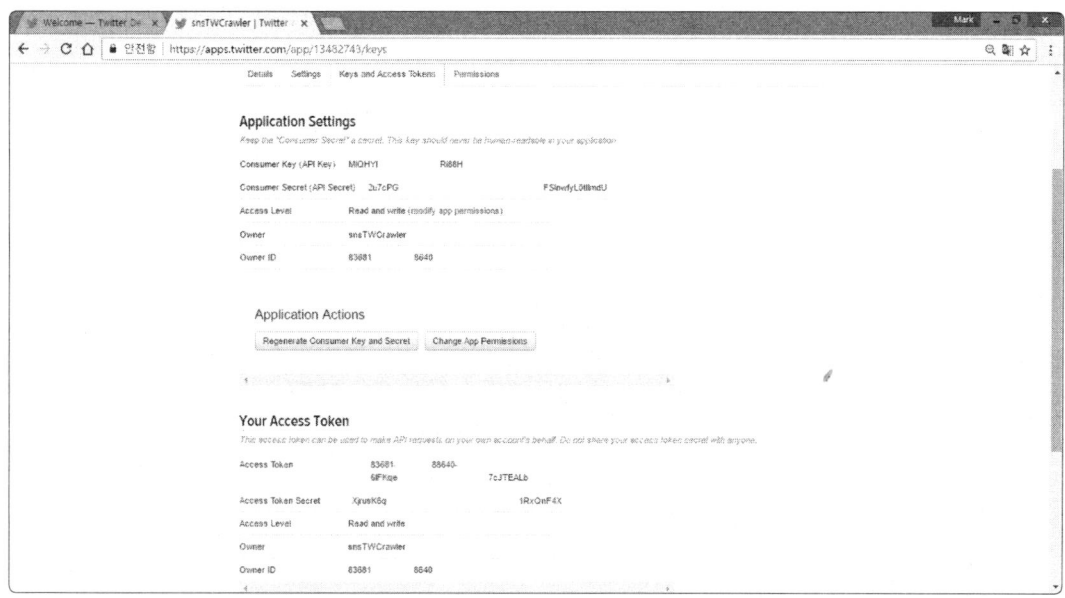

그림 24. 엑세스 토큰(Access Token)의 발급

Access Token/Secret 역시 API Key/Secret과 같이 유출된 경우 재발급이 가능하나, 가급적이면 관리에 신경 쓰는 것이 좋다. 이제 트위터를 검색하기 위한 기본적인 설정이 끝났다. 우리는 이번 절에서 트위터에 가입하고, 트위터 앱을 하나 등록한 후 트위터 API에 접근하기 위한 API Key/Secret 및 Access Token/Secret을 발급받았다. 트위터에 대한 파이썬 코딩을 확인하고 싶으면 파트 2의 6장으로 이동하기 바란다.

3장 네이버 API 사용하기

이 책을 읽는 독자 중에 네이버 아이디가 없는 사람은 아마 없을 것이므로 네이버 API를 활용하기 위한 과정을 바로 설명하겠다. 먼저 개발자 계정을 얻기 위하여 네이버 개발자 페이지(http://developer.naver.com)로 이동한다. 그림 25는 네이버 개발자 페이지이다.

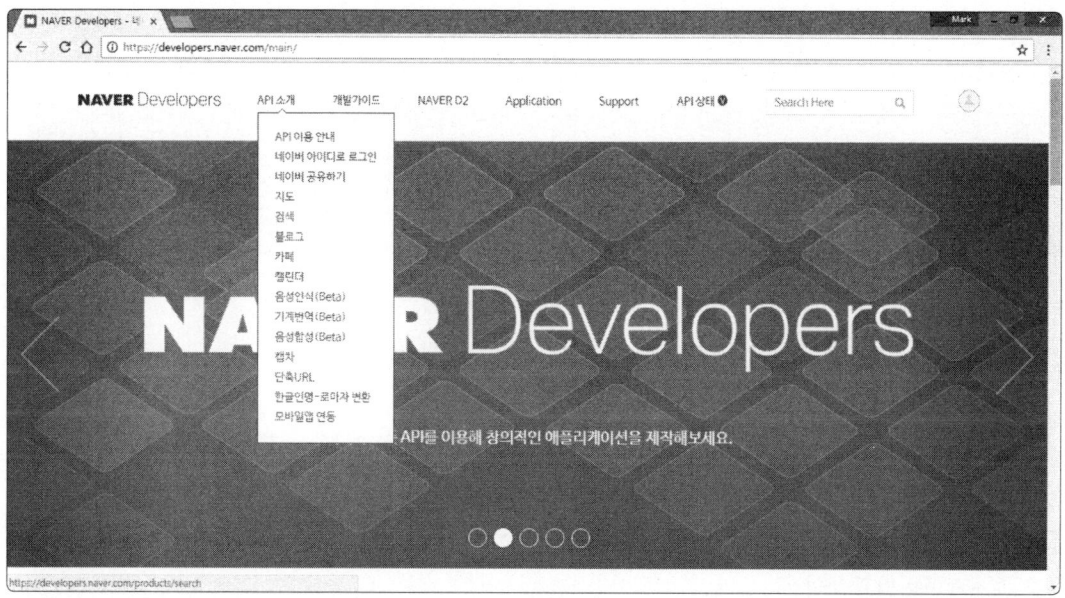

그림 25. 네이버 개발자 페이지(http://developer.naver.com)

상단 메뉴의 [API 소개] > [검색]을 선택하면 그림 26과 같이 네이버 검색 API 소개 페이지로 이동한다.

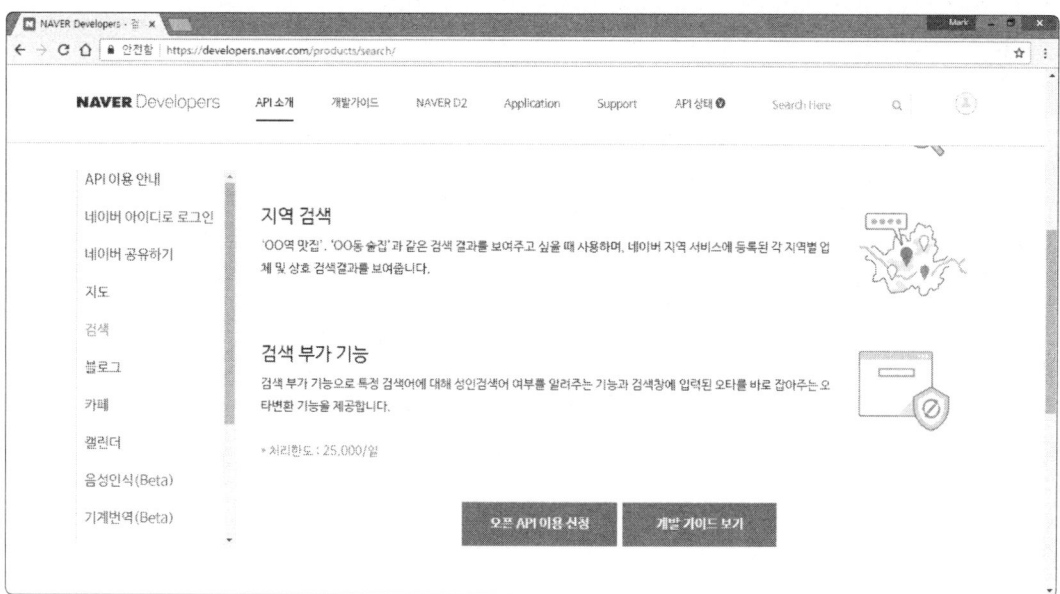

그림 26. API 사용을 위한 애플리케이션 등록

3장 네이버 API 사용하기   33

하단으로 이동하여 [오픈 API 이용 신청]을 선택하고, 이용 약관에 동의한 후 [확인] 버튼을 누르면 그림 27과 같이 API를 사용하기 위한 약관에 동의를 요청하는 화면이 나온다.

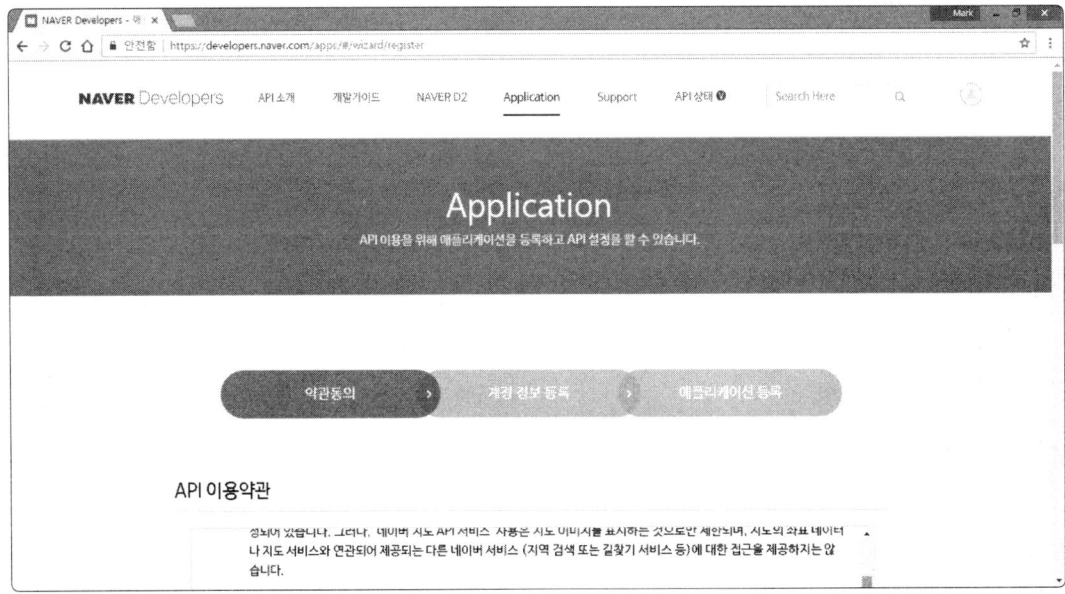

그림 27. API 이용 약관 동의

하단으로 이동하여 이용 약관에 동의하고 [확인] 버튼을 누르면 그림 28과 같이 작성할 애플리케이션의 이름을 요청하는 화면이 나타난다.

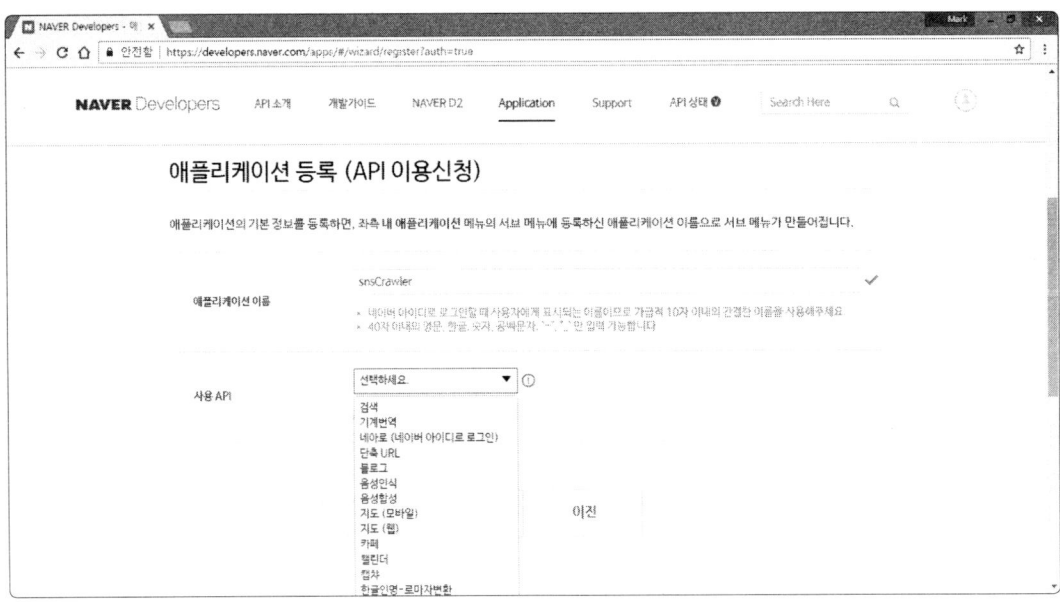

그림 28. 애플리케이션 등록(API 이용 신청)

애플리케이션의 이름과 사용 API를 선택한다. 우리는 네이버 뉴스나 블로그의 기사를 검색할 목적으로 활용할 것이므로, [검색]을 선택한다(추후 관리 페이지에서 다른 API를 추가할 수 있다). 사용 API를 선택하면 그림 29와 같이 해당 서비스를 제공할 도메인을 설정하도록 요구한다.

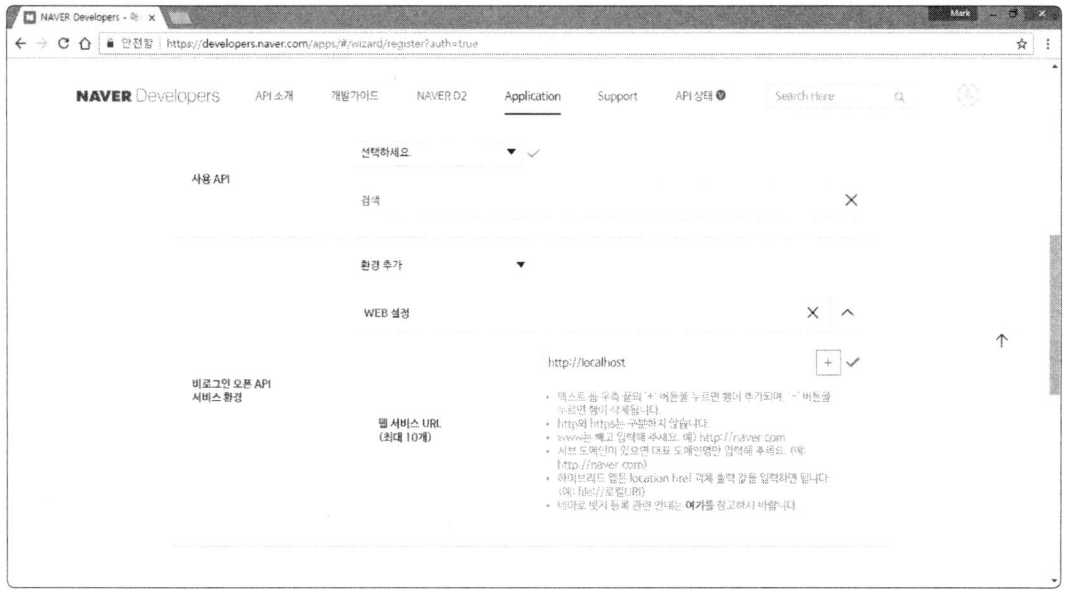

그림 29. 비로그인 오픈 API 서비스 신청

본 책에서는 크롤러를 만들고, 수집한 데이터를 분석하여 서비스한다는 전제하에 [WEB 설정]을 선택하고, 웹 서비스 URL을 입력한다. 아직 서비스할 도메인이 지정되어 있지 않기 때문에 http://localhost를 지정한다. 입력을 완료한 후 [등록하기] 버튼을 누르면 그림 30과 같이 신규 애플리케이션이 등록된 것을 확인할 수 있다.

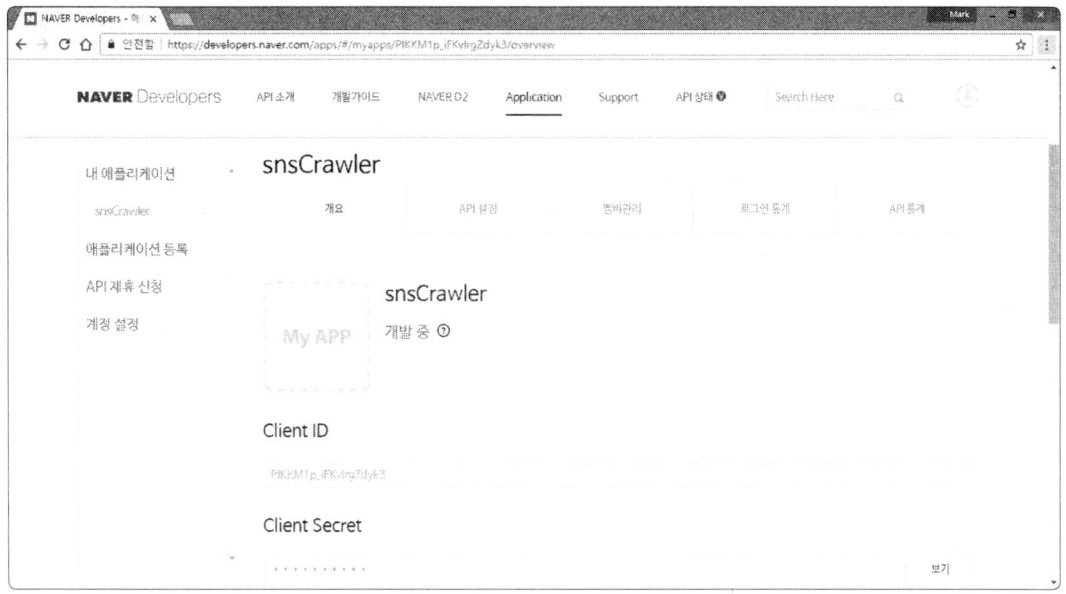

그림 30. 신규 애플리케이션의 등록 완료

신규 애플리케이션을 위하여 'Client ID'와 'Client Secret'이 발급되었으며, 'Client Secret' 정보는 [보기] 버튼을 누르면 문자열로 변환되어 나타난다. 뉴스의 검색은 비 로그인 방식으로 수행하며, 뉴스, 블로그 및 카페의 내용을 크롤링하는 방법에 대해서는 파트2를 참고하기 바란다.

4장 정부3.0 공공 데이터 포털 API 사용하기

4.1 공공 데이터 포털 가입

2011년 정부는 '국가공공데이터포털(htt://www.data.go.kr)'이란 국가 공공 정보 사이트를 구축하고 공공 정보 31만 건을 공개한 이후 각 부처가 경쟁적으로 데이터 공개를 시작했다. 물론, 그 이전에도 데이터를 제공하는 정부 부처가 있었으나 포털(portal)의 형태로 유관 부처의 공개 데이터를 한꺼번에 찾아볼 수 있게 해서, 데이터를 공부하거나 상업적으로 사용하려는 이들이 많이 편리해졌다.

공공 데이터는 특별한 제약 없이 사용할 수 있는데 초기 개발 시에는 일일 데이터 조회 제한이 있는 "개발계정"을 활용하다가 서비스가 완성되면 "활용신청"을 통해 데이터 조회 제한 횟수를 증가시킬 수 있다(실제 필자는 활용신청을 해보지 않아 어느 정도까지 되는지는 관련 부처에 문의하기 바란다).

4.1 공공 데이터 포털 가입

공공 정보를 활용하기 위해서는 먼저 공공 데이터 포털에 가입해야 한다. 포털 페이지(https://www.data.go.kr)를 방문하면 그림 31과 같이 각종 관심 분야에 해당하는 데이터를 조회하고 다운로드받을 수 있는 화면이 나타난다.

그림 31. 공공 데이터 포털 초기 페이지

페이지 상단의 [회원가입]을 선택하여 그림 32와 같은 가입 페이지로 이동한다.

그림 32. 회원 가입 페이지

회원 가입은 "일반회원"과 "기관회원"으로 분리된다. [일반회원] 하단의 [가입하기]를 선택하면 그림 33과 같이 회원 가입 여부를 확인하는 창이 나타난다.

그림 33. 회원가입 STEP 1

이름과 이메일 주소를 입력하고 [가입 확인] 버튼을 누르면 그림 34와 같이 회원 약관 동의 화면이 나타난다.

그림 34. 회원 약관 및 개인정보 수집 동의

매번 사이트에 가입하면서 느끼는 거지만, 동의하지 않으면 사용할 수 없게 하는 서비스이면서 왜 자꾸 물어보는지 모르겠다. 체크 박스에 동의하고 [동의] 버튼을 누르면 그림 35와 같이 가입자 정보를 입력하는 화면이 나온다.

그림 35. 가입자 기본 정보 입력

가입 등록 항목 중 [인증서 등록] 항목이 있는데 추후 로그인 시 인증서를 사용하고자 하는 경우에 사용할 인증서를 등록할 수 있다. 물론 이 글을 읽는 독자 중에 인증서를 등록하는 분은 없으리라 생각한다.

이메일을 입력한 후 [이메일 인증] 버튼을 누르면 입력한 이메일로 인증 코드가 발송된다. 일반적으로 요즘은 이메일과 전화 번호 문자 메시지 인증을 동시에 하고 있는데, 이메일로만 끝나게 되어 있어서 나름 편안하게 만들어 놓았다.

필수 사항(* 표시 항목)을 입력한 후 [완료] 버튼을 누르면 가입이 완료되고, 그림 36과 같이 회원 가입 완료 페이지가 나타난다.

그림 36. 회원 가입 완료 페이지

이건 개인적인 느낌이지만 공공 데이터 포털의 경우 가입 절차가 이메일 인증 한번으로 끝나게 구성되어 정부에서 제공하는 서비스 포털이 아닌 것 같은 느낌이 든다. 기본적으로 깔아야 하는 프로그램이 수 십 개에 이르는 포털에 비하면 공공 데이터 포털은 개발자를 위한 사이트여서 그런지, 아니면 공공성을 강조하기 위해서인지 편리함을 느낀다. [로그인] 버튼을 누르면 그림 37과 같이 로그인 화면이 나타난다.

그림 37. 공공 데이터 포털 로그인 화면

가입한 아이디와 비밀번호를 입력한 후 [로그인] 버튼을 누르면 비로서 공공 데이터 포털의 데이터를 마음대로 쓸 수 있는 권한을 얻게 된다. 그림 38에서는 로그인 후 계정이 활성화되어 상단에 [마이 페이지]가 나타난 것을 확인할 수 있다.

그림 38. 로그인 후 마이페이지 활성화

우리는 공공 데이터를 수집하여 11장에서 상관관계 분석을 해 보려고 한다. 상관 분석을 위한 데이터 셋으로 외국인의 입국 숫자에 따른 관광지 입장 수를 사용하려고 한다. 그림 38 상단에 위치한 검색 창에 '출입국 관광 통계 서비스'를 입력한 후 검색하면 그림 39와 같이 검색 결과를 확인할 수 있다.

그림 39. 출입국 관광 통계 서비스 검색 결과

검색 결과는 크게 3가지 분류로 나타난다. "파일데이터"는 엑셀, HWP, CVS 등 파일 형식으로 저장되어 있는 데이터로, 바로 다운로드받아서 활용할 수 있다. 파이썬에서 엑셀 파일을 열고, 검색할 수 있으면 편리하게 사용할 수 있는 장점이 있지만, 과거 데이터인 경우가 많아 실시간성을 반영하기는 어렵다.

오픈API는 각 기관의 서버에서 REST API를 이용하여 직접 데이터를 요청하고 수신할 수 있다. 결과값은 XML과 JSON 형태로 제공되므로 편리한 형식으로 사용하면 된다. 그러나 실제 오픈 API의 경우에도 실시간성을 반영하기보다는 제공 기관이 주기 별로 업데이트하는 데이터가 제공된다고 볼 수 있다.

만약 공공 데이터를 이용하여 웹 서비스 등을 사용하려고 한다면 자체 데이터베이스에 저장하고 주기적으로 데이터를 쿼리하거나, 배치 프로그램으로 만들어서 분기 별로 데이터를 검색하는 것이 효율적일 것이다.

표준데이터는 공공데이터 개발 표준 데이터 속성 정보를 따르며, 각 지자체나 단체에서 제공하는 데이터를 표준 형태로 재가공한 데이터이다. 표준 속성을 따르기 때문에 REST의 End Point만 변경하면서 데이터를 가지고 오면 편리하게 프로그래밍할 수 있는 장점이 있다(표준 데이터 형식에는 위경도 데이터를 포함하고 있는 자료가 많이 있어 데이터 시각화에 편리한 점이 있다. 그러나 본 책에서는 네이버 API를 이용하여 위경도를 조회하는 방법을 다룰 예정이므로 기관 데이터를 선택하였다).

"오픈API" 검색 결과를 선택하면 그림 40과 같이 자세한 정보를 확인할 수 있다.

그림 40. 출입국 관광 통계 서비스 활용 신청

각 오픈 API에는 제공 형식의 아이콘이 있는데 [XML]이라고 표시되어 있는 경우에는 거의 [JSON]형식도 함께 제공하는 것으로 보여진다. 또한 연관 데이터 셋은 지자체에서 자체적으로 제공하는 데이터이다. "출입국관광통계서비스" 우측의 [활용신청] 버튼을 클릭하면 그림 41과 같이 개발 계정 신청 창이 나타난다.

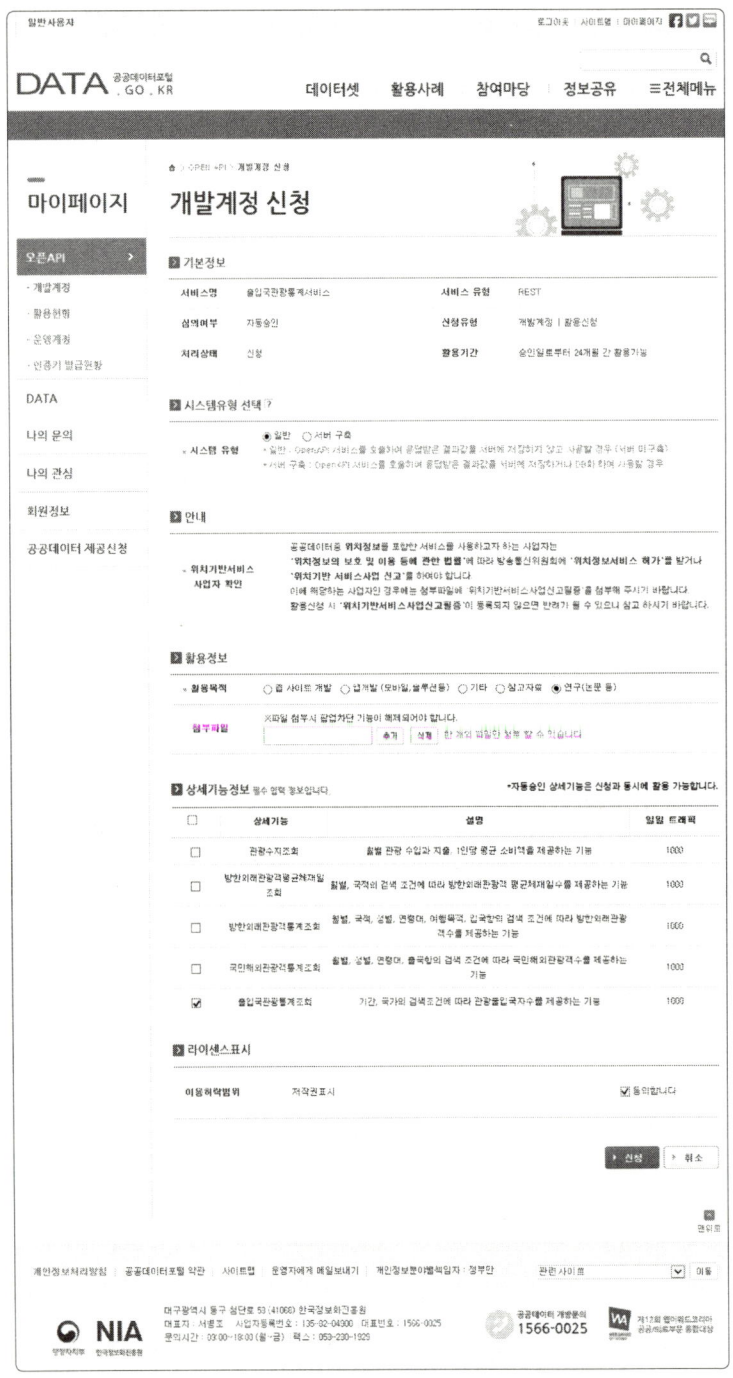

그림 41. 개발 계정 신청

화면의 [기본정보] 사항에 보면 [심의여부]가 '즉시'라고 표기되어 있는 것을 확인할 수 있다. 심의여부가 '즉시'인 경우에는 신청과 동시에 사용 가능한 데이터이다. 일부 데이터의 경우에는 심사가 필요하거나 관련 서류를 제출해야 할 수 있다.

[시스템 유형]은 '일반'과 '서버 구축'으로 분리된다. '일반'을 선택하는 경우에는 자체 데이터베이스에 저장하지 않는 경우이고 '서버 구축'을 선택하는 경우에는 수신한 데이터를 자체 데이터베이스에 저장한다는 것을 의미한다.

우리는 출입국 관광 통계를 사용할 예정이므로 맨 하단의 '출입국관광통계조회'를 선택한 후 '저작권 표시'에 동의(일반적으로 공공 데이터 포털의 데이터를 서비스에 사용하는 경우에는 자료의 출처를 서비스 시에 밝혀야 한다)한 후 [신청] 버튼을 누르면 그림 42와 같이 바로 승인되는 것을 확인할 수 있다.

그림 42. 공공 데이터 신청 및 활용 상태 확인

만약 심의가 필요한 경우에는 '반려'와 '보류'의 상태를 확인할 수 있으며, 크게 위법의 소지가 없는 경우에는 승인을 해준다(실제 승인 시 전화 한 통화 정도 하는 경우도 있고 나중에 잘 쓰고 있냐고, 어디에 쓰고 있냐고 물어보는 연락이 오곤 한다).

앞에서 "출입국관광통계서비스"와 같은 형식으로 검색 창에서 "관광자원통계서비스"를 검색하여 신청한다. 그림 43은 두 개의 서비스 신청이 완료된 화면이다.

그림 43. 개발 계정 확인

서비스 계정이 발급된 항목 중 "관광자원통계서비스"를 클릭하면 그림 44와 같이 개발 계정에 대한 접근 [End Point]와 [일일 트래픽] 제한 사항들을 확인할 수 있다.

그림 44. 관광자원통계서비스 개발 계정 상세 정보

화면 하단의 [개발 가이드]를 클릭하면 전달 파라미터와 회신 인자에 대한 자세한 매뉴얼을 제공받을 수 있다. 우리는 파트 2에서 파이썬을 이용하여 해당 데이터를 가지고 오는 방법을 알아볼 때 본 자료를 활용할 예정이다.

상단 오른쪽의 [일반 인증키 받기]를 클릭하면 그림 45와 같이 키가 발급되고 서비스에 접속할 수 있는 End Point 와 키를 확인할 수 있다.

그림 45. 일반 인증키의 발급

공공 데이터 포털을 관심있게 살펴보면 웹이나 모바일 서비스로 활용할 수 있는 자료들이 의외로 많이 있는 것을 발견할 수 있을 것이다. 검색 창을 이용하면 다양한 데이터가 존재하고 있는 것을 확인할 수 있으니, 많이 활용하기 바란다(실제로 검색을 해보면 파일의 다운로드 수와 활용 신청 건수를 확인할 수 있다. 서비스를 기획할 때 이 숫자를 유심히 관찰해 보는 것도 도움이 될 것이라 생각된다.)

파트 2 데이터 수집

5장 페이스북 데이터 수집하기

6장 트위터 데이터 수집하기

7장 네이버 데이터 수집하기

8장 공공 데이터 수집하기

9장 일반적인 웹 서비스 데이터 수집하기

이번 파트에서는 각 서비스 제공자가 제공하는 API를 활용하기 위해 서비스 제공자에게서 얻어온 개발자 키 값을 가지고 실제 데이터를 수집하는 방법을 알아보도록 하겠다.

페이스북 API를 이용해서 특정 타임라인을 가지고 오기 위한 절차로, Numeric ID라는 페이지 ID를 조회하는 방법과 이를 통해 해당 페이스북의 타임라인을 수집하고 JSON 형태로 저장하겠다.

트위터 API를 활용하기 위하여 기본적으로 OAuth 1.0a의 인증 과정을 알아보고 파이썬의 'oauth2' 모듈을 이용하여 트윗(tweet)을 조회하겠다. 트위터는 검색어를 지정하여 실시간으로 발생하는 트윗을 수집할 수 있으며, 수집된 실시간 데이터는 현재 시점의 이슈 등을 분석하는 데 좋은 예로 활용될 수 있을 것이다.

5장 페이스북 데이터 수집하기

5.1 페이스북 그래프(Graph) API

5.2 페이스북 ID 가지고 오기

5.3 페이스북 포스트(/{post-id})) 가져오기

5.4 페이스북 포스트(/{post-id})) 저장

우리는 파트 1에서 페이스북 App을 설정했다. 이제 해당 앱 ID와 비밀키를 가지고 파이썬을 이용하여 데이터를 가지고 오는 방법을 설명하고자 한다. 일반적으로 근래 서비스되는 모든 웹 서비스는 OAuth라는 인증 방식을 통하여 사용자 계정에 대한 접근을 하게 된다. 그러나 페이스북은 OAuth2 방식을 채용하면서 기본적으로 'https' 프로토콜을 적용하고 편리한 방식의 그래프 API를 이용해 페이스북에 접근하는 방식을 제공한다. 그래프 API는 "소셜 그래프"라는 명칭에서 유래된 것으로 다음 항목을 가지고 있다.

1) 노드(Node): 기본적으로 사용자, 사진, 페이지, 댓글과 같은 항목(item)을 포함
2) 에지(Edge): 페이지의 사진, 사진의 댓글 등 각 항목 간의 연결 링크
3) 필드(Field): 페이지 정보, 해당 페이지 프로필(Profile) 등 항목에 대한 정보

그래프 API는 HTTP 기반으로 설계되어 쉽게 이해할 수 있으며 웹 브라우저에서도 동작할 수 있는 장점을 가지고 있으나 보안성이 취약한 단점을 가지고 있다. 보안이 필요한 경우에는 OAuth 인증 방식을 사용하는 것을 권장하나 본 책의 범위를 넘어서는 관계로 여기서는 그래프 API의 엑세스 토큰을 전달하는 방식을 사용한다.

5.1 페이스북 그래프(Graph) API

그래프(Graph) API는 페이스북의 소셜 그래프에서 데이터를 가지고 오거나 게시하는 HHTP 기반의 API이다. 그래프 API는 모든 노드(Node)와 에지(Edge)에 관하여 HTTP GET 요청을 보내기만 하면 해당 데이터를 조회할 수 있다.

5.1.1 읽기

```
GET /[version info]/[Node|Edge Name]
Host: graph.facebook.com
```

일반적인 API 호출은 액세스 토큰(access token)을 사용하여 접근할 수 있으며, 노드나 에지의 특성에 따라 요청 토큰에 따른 권한이 필요하다. 예를 들어 "/me" 노드를 요청하는 경우에는 사용자에 대한 아이디(user_id) 또는 페이스북의 page_id를 반환하며, "/me/photos"를 요청하게 되는 경우 해당 사용자의 사진을 모두 가지고 올 수 있다. 반환 형식은 아래와 같이 fieldname에 해당하는 키 값과 그에 해당하는 field 값의 쌍으로 JSON 형식으로 반환한다.

```
{
    "fieldname" : {field-value},
    ...
}
```

5.1.2 페이지 조회

페이스북은 시간의 흐름(timline)을 기준으로 작성된다. 일반적으로 사용자는 단순하게 단일 데이터를 요청하지 않고 여러 개의 데이터를 조회할 수 있으며, 이를 위하여 다음과 같은 페이징 기법을 제공한다.

1. 커서(cursor) 기반 페이지 조회

커서 기반 페이지는 일반적인 페이징 기법으로 이전 페이지에 접근할 수 있는 커서 값(before)과 다음 페이지(after)에 접근할 수 있는 커서 값을 제공한다. 커서 값을 인자로 전달하는 경우 해당 페이지로 이동한다. 커서 페이지 매김을 하는 경우 다음과 같은 데이터가 JSON 형식으로 반환된다. 페이스북은 친절하게 이전 페이지와 다음 페이지를 요청할 수 있는 키 값을 "previous"와 "next"로 제공한다.

커서의 값은 중간에 뉴스피드가 삭제되거나 추가되는 경우 페이지 값이 변경될 수 있으므로 저장된 값으로 사용해서는 안된다. 응답되는 JSON 형식은 다음과 같다.

```
{
  "data": [
    ... 획득한 데이터
  ],
  "paging": {
    "cursors": {
      "after": "MTAxNTExOTQ1MjAwNzI5NDE=",
      "before": "NDMyNzQyODI3OTQw"
    },
    "previous": "https://graph.facebook.com/me/albums?limit=25&before=NDMyNzQyODI3OTQw"
    "next": "https://graph.facebook.com/me/albums?limit=25&after=MTAxNTExOTQ1MjAwNzI5NDE="
  }
}
```

전달되는 인자의 특성은 다음과 같다.

인자	특성
before	반환된 데이터 페이지의 처음을 가리키는 커서
after	반환된 데이터의 끝을 가리키는 커서
limit	반환하는 데이터의 최대 개수. 최대 개수보다 데이터가 작게 수신된 경우 더 이상의 데이터가 없다고 판단할 수 있으나, 중간 뉴스피드가 비공개 처리된 경우 등이 있어 데이터의 반환이 적을 수 있으므로 반드시 "next"의 값이 없는 경우에 더 이상의 데이터가 없다고 판단해야 한다
next	데이터의 다음 페이지를 반환하는 그래프 API URL. 해당 값이 없는 경우에는 더 이상 조회할 데이터가 없음을 의미한다
previous	데이터의 이전 페이지를 반환하는 그래프 API URL

2. 시간(time period) 기준 페이지 조회

시간 기준은 조회 시작 시간과 조회 종료 시간을 지정함으로써 데이터를 획득한다. 응답되는 데이터의 JSON 형식은 다음과 같다.

```
{
  "data": [
     ... 획득한 데이터
  ],
  "paging": {
    "previous": "https://graph.facebook.com/me/feed?limit=25&since=1364849754",
    "next": "https://graph.facebook.com/me/feed?limit=25&until=1364587774"
  }
}
```

전달되는 인자의 특성은 다음과 같다. 단 최대 since와 until의 값의 범위는 6개월 이내이어야 한다.

인자	특성
until	조회 종료 시간을 의미하는 Unix 타임스탬프 값
since	조회 시작 시간을 의미하는 Unix 타임스탬프 값
limit	반환하는 데이터의 최대 개수
next	데이터의 다음 페이지를 반환하는 그래프 API URL
previous	데이터의 이전 페이지를 반환하는 그래프 API URL

3. 오프셋(offset) 기반 페이지 조회

시간 순서 등에 상관없이 특정 개수의 개체를 반환하고자 할 때 사용할 수 있다. 메뉴얼 상에는 에지(Edge)가 커서 또는 시간 기준 페이지 조회가 되지 않는 경우에만 사용 가능하다고 되어 있다.

5.2 페이스북 ID 가지고 오기

페이스북은 각자 계정을 만들게 되면 고유 URL을 부여한다. 그림 46의 예와 같이 JTBC 뉴스의 접근 URL은 http://www.facebook.com/jtbcnews로 지정되어 있는 것을 확인할 수 있다. 여기에서 페이지 고유 URL은 'jtbcnews' 임이 확인 가능하다.

그림 46. 페이스북 접근 URL

그러나 아쉽게도 페이스북 API는 고유 이름을 이용하여 접근할 수 있는 방법을 제공하지 않는다. 페이지의 접근을 위해서 페이스북에서는 고유의 숫자 형식 ID(Numeric ID)를 사용하게 되므로 이를 위해 그래프 API를 이용하여 해당 페이지의 숫자 형식 ID를 가지고 와야 한다. 아래와 같이 코드 1을 작성한다.

코드 1. 페이스북 ID를 Numeric ID로 변환

```
import sys
import urllib.request
import json

if __name__ == '__main__':
    # [CODE 1]
    page_name = "jtbcnews"
    app_id = "[App ID]"
    app_secret = "[App Secret Code]"
    access_token = app_id + "|" + app_secret

    # [CODE 2]
```

```
# https://graph.facebook.com/v2.8/[page_id]/?access+token=[App_ID]|[Secret_Key]
# 형식의 문자열을 만들어 낸다

base = "https://graph.facebook.com/v2.8"
node = "/" + page_name
parameters = "/?access_token=%s" % access_token
url = base + node + parameters

# [CODE 3]
req = urllib.request.Request(url)

# [CODE 4]
try:
    response = urllib.request.urlopen(req)
    if response.getcode() == 200:
        data = json.loads(response.read().decode('utf-8'))
        page_id = data['id']
        print ("%s Facebook Numeric ID : %s" % (page_name, page_id))
except Exception as e:
    print (e)
```

해당 코드를 수행하면 그림 47과 같이 Numeric ID를 수신한 것을 확인할 수 있다.

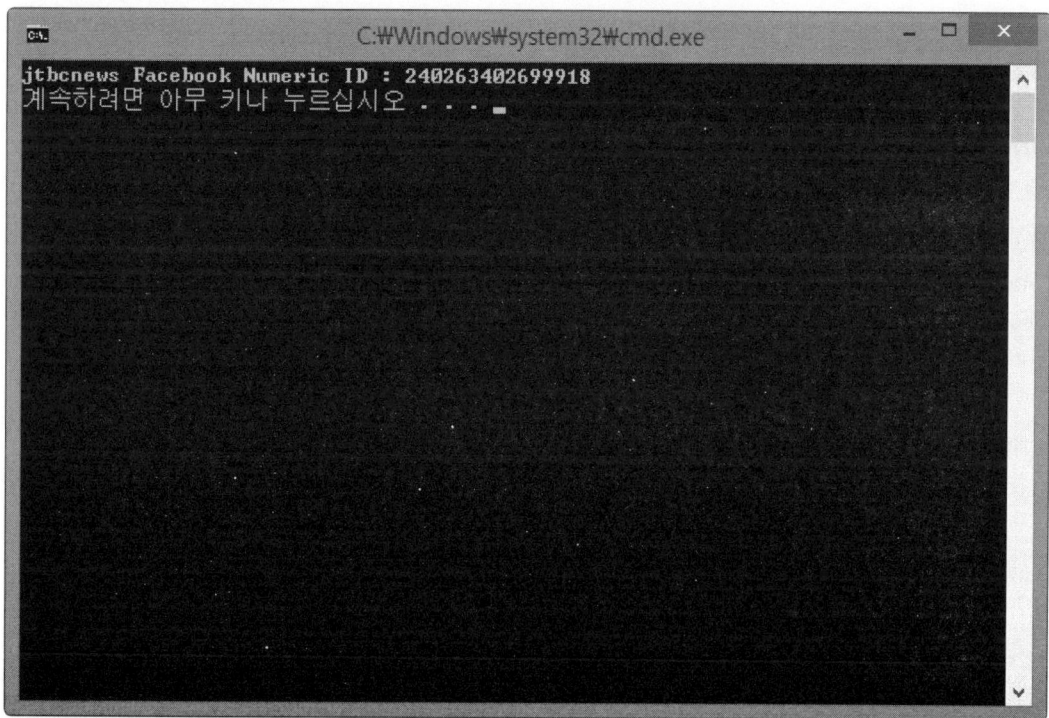

그림 47. Numeric ID 획득 결과

우리는 위와 같은 코드를 이용하여 "jtbcnews"에 접근할 수 있는 ID 값을 얻게 되었다.

먼저 CODE 1을 살펴보자.

코드 2. 기본적인 설정 값 변수 할당

```
# [CODE 1]
    page_name = "jtbcnews"
    app_id = "[App ID]"
    app_secret = "[App Secret Code]"
    access_token = app_id + "|" + app_secret
```

먼저, 접근할 page의 ID와 할당받은 App ID, App Secret을 변수로 지정한 후 접근 인증을 얻기 위한 Token을 생성한다. 페이스북에서는 다양한 형식의 인증 방식을 제공한다. 그래프 API에서는 단순하게 앱 ID와 앱 시크릿을 구분자인 "|"를 이용하여 연속적인 파라미터로 전송함으로써 인증을 완료하는 편의성을 제공한다. 단, 보안성이 요구되는 프로그램에서는 이렇게 쿼리 파라미터로 데이터를 전송하는 데 제약이 있을 수 있다.

코드 2에서 [App ID]와 [App Secret_Code]는 페이스북 App을 생성하면서 부여 받은 앱 ID와 비밀 키를 의미한다.

CODE 2를 살펴보자.

코드 3. 접근 URL 완성

```
# [CODE 2]
    # https://graph.facebook.com/v2.8/[page_id]/?access_token=[App_ID]|[Secret_Key]
    # 형식의 문자열을 만들어 낸다

    base = "https://graph.facebook.com/v2.8"
    node = "/" + page_name
    parameters = "/?access_token=%s" % access_token
    url = base + node + parameters
```

본 책이 쓰여지는 시점에서 사용한 그래프 API의 버전은 2.8(2017년 2월 21일 현재)이며, 해당 베이스 URL 뒤에 Node와 파라미터를 부여하여 쿼리 문자열을 작성한다.

> https://graph.facebook.com/v2.8/[page_name]/?access+token=[App_ID]|[App_Secret_Code]

기본적으로 페이스북을 통하여 해당 Numeric ID를 얻어 가지고 오는 방법은 그래프 API URL 뒤에 질의하고자 하는 페이지 id와 엑세스 토큰(access token)을 쿼리 파라미터(query partameters)로 전달하면 JSON 형태의 데이터로 응답 받게 된다.

CODE 3을 살펴보자.

코드 4. urllib.request를 이용하여 request 객체 생성

```
# [CODE 3]
  req = urllib.request.Request(url)
```

"urllib.request" 모듈은 URL을 이용하여 고수준(high level)의 HTTP 클라이언트 인터페이스를 위한 함수(function)와 클래스(class)를 제공하며 "Request" 클래스는 URL을 요청하기 위한 방법을 제공한다. "Urllib.request.Request()" 생성자는 다음과 같은 방식으로 설정한다.

> urllib.request.Request(url, data=None, headers={}, origin_req_host=None, unverifiable=False, method=None)

인자를 다음 표에 요약해 두었다.

인자	특성
url	접근할 페이지 URL
data	서버로 전송할 부가적인 데이터를 지정한다. 전송할 데이터는 바이트열(bytes)이나, 전송할 파일, POST 데이터 등이 될 수 있으며 Header에서 지정하는 Content-Length와 Transfer-Encoding 속성에 의하여 전송할 데이터 양을 지정한다. POST 데이터의 경우에는 urllib.parse.urlencode() 함수를 이용하여 데이터 값을 인코딩한 후 전송해야 한다.
headers	헤더는 딕셔너리(dictionary) 형식을 가지며, add_header() 함수를 이용하여 키(key) 값과 그에 해당하는 값(value)의 쌍을 가진다. 예를 들어 POST 형식의 데이터를 전송할 경우에는 Content-Type: application/x-www-form-relencoded가 지정되어야 한다(실제 이 값이 기본 값이다).
origin_req_host	RFC 2965 기반의 요청한 호스트의 호스트 명 또는 IP 어드레스를 지정한다. 기본 값은 http.cookies.requst_host(self)이다.
unverifiable	해당 요청에 대하여 재확인(검증)이 요청되는 경우에 지정한다. 기본 값은 "False"이다. 쿠키의 값 인증 등을 위해 사용한다.
method	HTTP 요청의 방식을 지정한다. 기본 값은 'GET' 방식이다.

CODE 4를 살펴보자.

코드 5. urlopen을 이용한 JSON 데이터 획득 및 조회

```
# [CODE 4]
  try:
    response = urllib.request.urlopen(req)
    if response.getcode() == 200:
      data = json.loads(response.read().decode('utf-8'))
      print ("%s Facebook Numeric ID : %s" % (page_id, data['id']))
  except Exception as e:
    print (e)
```

"try… except" 구문은 일반적으로 어떠한 동작을 수행하면서 발생하는 오류를 처리하기 위한 블록이다. "try" 블록 내의 처리 중 시스템 오류가 발생하면 "except" 이하의 블록이 처리되며, "Exception"을 이용하여 해당 오류가 무엇인지 확인할 수 있다(본 책은 파이썬 프로그래밍 과정이 아니므로 'try…except'에 대하여 자세히 설명하지는 않는다. 좀 더 자세한 사항은 파이썬 도움말을 참조하기 바란다).

urllib.request.Request()를 이용하여 생성한 req 객체를 urllib.request.urlopen() 함수에 전달하여 지정한 URL에 해당하는 객체를 가지고 온다. 반환된 객체는 다음과 같은 메소드를 제공한다.

인자	특성
geturl()	응답한 서버의 URL을 포함하며, Redirect된 경우에는 Redirect 서버의 URL을 반환한다
info()	페이지의 헤더 값과 같은 meta 정보를 가지고 온다
getcode()	서버의 HTTP 응답 코드를 반환한다

반환받은 response 객체의 서버 응답 코드가 정상적인 경우(200 반환)에는 수신한 데이터에서 원하는 정보를 찾기 위한 작업을 수행한다.

반환되는 값은 바이트열(Bytes)로 구성되어 있으며, 이를 해석하기에 적절한 형태로 변환해야 한다. 앞서 이야기했듯이 수신된 데이터는 JSON 형태이므로 일단 수신한 데이터를 "json" 모듈에 전달하기 위하여 utf-8 형식으로 디코딩한 후 전달한다.

데이터를 정상적으로 수신하면 data는 다음과 같은 JSON 속성을 가진다.

```
{"id": "240263402699918", "name": "JTBC 뉴스"}
```

여기서 id는 jtbcnews의 Nemeric ID를 의미하며, name은 해당 페이지명을 의미한다. 우리는 앞에 나온 코드 1을 통하여 "jtbcnews"의 Numeric ID를 얻었으며, 이를 페이지 아이디(Page ID)라고 부를 것이다.

이제 다음 절에서는 페이지 아이디를 이용하여 페이지를 검색하고 데이터를 가지고 오는 방법을 알아보겠다.

5.3 페이스북 포스트(/{post-id})) 가져오기

페이스북의 게시물들은 포스트(Post)를 이용하여 관리된다. 포스트는 공개된 페이지에 대하여 액세스 토큰(access token)을 이용하여 접근할 수 있으며, 페이지의 공개 범위 설정에 의해 조회되는 데이터의 접근 정도가 결정된다.

```
GET /[version info]/{post-id}
Host: graph.facebook.com
```

포스트를 통하여 요청하는 주요 데이터는 다음과 같다.

필드명	설명	반환 형식
id	포스트 ID	String
comments	댓글 정보	Object
created_time	포스트 초기 생성일자	Datetime
from	포스트한 사용자에 대한 프로필 정보	Profile
link	포스트에 삽입되어 있는 링크	String
message	포스트 메시지	String
name	링크의 이름	String
object_id	업로드한 사진 또는 동영상 ID	String
parent_id	해당 포스트의 부모 포스트	String
picture	포스트에 포함되어 있는 사진들의 링크	String
place	포스트를 작성한 위치 정보	Place
reactions	좋아요, 화나요 등에 대한 리액션 정보	Obejct
shares	포스트를 공유한 숫자	Object
type	포스트의 객체 형식	enum{link, status, photo, video, offer}
updated_time	포스트가 최종 업데이트된 시간	Datetime

표 1. 주요 Post Field 질의 파라미터

게시글을 가지고 오기 위해 아래와 같이 코드 6을 작성한다.

코드 6. POST 가지고 오기

```python
# -*- coding: utf-8 -*-
# version: 3.5

import sys
import urllib.request
import json

if __name__ == '__main__':

    page_name = "jtbcnews"
    page_id = "240263402699918"
    app_id = "[App ID]"
    app_secret = "[App Secret Code]"

    # [CODE 1]
    from_date = "2017-01-01"
    to_date = "2017-01-31"
```

```python
num_statuses = "10"
access_token = app_id + "|" + app_secret

# [CODE 2]
base = "https://graph.facebook.com/v2.8"
node = "/%s/posts" % page_id
fields = "/?fields=id,message,link,name,type,shares,reactions," + \
         "created_time,comments.limit(0).summary(true)" + \
         ".limit(0).summary(true)"
duration = "&since=%s&until=%s" % (from_date, to_date)
parameters = "&limit=%s&access_token=%s" % (num_statuses, access_token)
url = base + node + fields + duration + parameters

req = urllib.request.Request(url)

try:
    response = urllib.request.urlopen(req)
    if response.getcode() == 200:
        data = json.loads(response.read().decode('utf-8'))
        print (data)

except Exception as e:
    print (e)
```

코드 6을 수행하면 코드 7과 같은 JSON 형태의 페이스북 포스트가 수신된다.

코드 7. 수신된 JSON 형식의 POST

```
{
  "data":[
    {
      "comments":{
        "data":[
        ],
        "summary":{
          "order":"ranked",
          "total_count":12,
          "can_comment":"False"
        }
      },
      "message":"즉 청와대가 최 씨의 국정개입 사건을 파악하고도 \n은폐했다는 사실이 안 전 수석 입에서 나온 겁니다.",
      "type":"link",
      "shares":{
```

```
            "count":46
        },
        "reactions":{
          "data":[
          ],
          "summary":{
            "viewer_reaction":"NONE",
            "total_count":443
          }
        },
        "created_time":"2017-02-23T00:00:00+0000",
        "name":"안종범 \"재단 임원 인사에 최순실 개입, 알고도 숨겼다\"",
        "id":"240263402699918 _1328805163845731",
        "link":"http://news.jtbc.joins.com/article/article.aspx?new s_id=NB11427906&pDate=20170222"
    }
  ],
  "paging":{
    "next":"https://graph.facebook.co m/v2.8/240263402699918/posts?fields=...",
    "previous":"https://graph.facebook.com/v2.8/240263402699918/posts?fields=..."
  }
}
```

수신된 JSON 형식 포스트의 실제 페이스북 화면은 그림 48과 같다.

그림 48. JTBCNEWS(ID = 240263402699918) 포스트

우리는 코드 6을 이용하여 코드 7과 같이 특정 페이지에 대한 JSON 데이터를 수신할 수 있다. 코드를 자세히 살펴보자.

코드 8. 기본 인자 설정

```
# [CODE 1]
  from_date = "2017-01-01"
  to_date = "2017-01-31"
  num_statuses = "10"
  access_token = app_id + "|" + app_secret
```

먼저, 접근할 포스트의 기간 설정을 위하여 검색의 시작일과 종료일, 그리고 1회 조회 시 가져올 포스트의 개수를 지정한다. 동시에 가지고 올 포스트의 개수가 커지면 서버 응답 시간이 길어지고, 이는 성능 저하의 원인이 될 수 있으므로 적당한 수로 조정하는 것이 좋다.

CODE 2를 살펴보자.

코드 9. 쿼리 파라미터 작성

```
# [CODE 2]
    base = "https://graph.facebook.com/v2.8"
    node = "/%s/posts" % page_id
    fields = "/?fields=id,message,link,name,type,shares,reactions," + \
            "created_time,comments.limit(0).summary(true)" + \
            ".limit(0).summary(true)"
    duration = "&since=%s&until=%s" % (from_date, to_date)
    parameters = "&limit=%s&access_token=%s" % (num_statuses, access_token)
    url = base + node + fields + duration + parameters
```

기본적으로 가지고 올 노드는 jtbcnews의 페이지 아이디로 지정한다(페이지 아이디를 얻는 방법은 5.2절에서 설명했다). 가지고 올 필드를 message, link, created_time, type, name, id, comments, shares, reactions로 지정하고 검색 기간은 코드 8에서 지정한 기간으로 설정한다.

페이스북 공식 문서에서는 FQL(Facebook Query Language)을 이용하여 comments와 reactions를 가지고 오도록 권장하고 있으나 직접 쿼리 파라미터의 fileds 인자를 이용하여 접근할 수 있는 방법이 스택오버플로우(Stack Overflow : http://stackoverflow.com/questions/17755753/how-to-get-likes-count-when-searching-facebook-graph-api-with-search-xxx)에 공개되어 있다.

검색 기간은 기본적으로 페이스북에서는 유닉스 타임스탬프 또는 일반적인 "YYYY-MM-DD" 형식을 지원한다.

기본적인 코드를 이용하여 원하는 페이지로부터 POST를 가지고 오는 방법을 알아보았다. 이제 이를 더 확장하여 좋아요 개수나 댓글의 개수를 확인하고 JSON 형식으로 저장하는 방법을 다음 절에서 알아보도록 하자.

5.4 페이스북 포스트(/{post-id})) 저장

페이스북의 포스트들을 검색하여 JSON 파일로 저장하기 위하여 코드 10을 작성한다.

코드 10. POST 기간 별 저장

```
# -*- coding: utf8 -*-
# version: 3.5

import sys
import urllib.request
```

```python
import json
import datetime
import csv
import time

#[CODE 1]
def get_request_url(url):

    req = urllib.request.Request(url)

    try:
        response = urllib.request.urlopen(req)
        if response.getcode() == 200:
            print ("[%s] Url Request Success" % datetime.datetime.now())
            return response.read().decode('utf-8')
    except Exception as e:
        print(e)
        print("[%s] Error for URL : %s" % (datetime.datetime.now(), url))
        return None

#[CODE 2]
def getFacebookNumericID(page_id, access_token):

    base = "https://graph.facebook.com/v2.8"
    node = "/" + page_id
    parameters = "/?access_token=%s" % access_token
    url = base + node + parameters

    retData = get_request_url(url)

    if (retData == None):
        return None
    else:
        jsonData = json.loads(retData)
        return jsonData['id']

#[CODE 3]
def getFacebookPost(page_id, access_token, from_date, to_date, num_statuses):

    base = "https://graph.facebook.com/v2.8"
    node = "/%s/posts" % page_id
    fields = "/?fields=id,message,link,name,type,shares,reactions," + \
             "created_time,comments.limit(0).summary(true)" + \
             ".limit(0).summary(true)"
    duration = "&since=%s&until=%s" % (from_date, to_date)
    parameters = "&limit=%s&access_token=%s" % (num_statuses, access_token)
```

```
    url = base + node + fields + duration + parameters

    retData = get_request_url(url)

    if (retData == None):
        return None
    else:
        return json.loads(retData)

def getPostItem(post, key):
    try:
        if key in post.keys():
            return post[key]
        else:
            return ''
    except:
        return ''

def getPostTotalCount(post, key):
    try:
        if key in post.keys():
            return post[key]['summary']['total_count']
        else:
            return 0
    except:
        return 0

#[CODE 4]
def getPostData(post, access_token, jsonResult):

    #[CODE 4-1]
    post_id = getPostItem(post, 'id')
    post_message = getPostItem(post, 'message')
    post_name = getPostItem(post, 'name')
    post_link = getPostItem(post, 'link')
    post_type = getPostItem(post, 'type')

    post_num_reactions = getPostTotalCount(post, 'reactions')
    post_num_comment = getPostTotalCount(post, 'comments')
    post_num_shares = 0 if 'shares' not in post.keys() else post['shares']['count']

    #[CODE 4-2]
    post_created_time = getPostItem(post, 'created_time')
    post_created_time = datetime.datetime.strptime(post_created_time, '%Y-%m-%dT%H:%M:%S+0000')
    post_created_time = post_created_time + datetime.timedelta(hours=+9)
    post_created_time = post_created_time.strftime('%Y-%m-%d %H:%M:%S')
```

5장 페이스북 데이터 수집하기

```
#[CODE 4-3]
  reaction = getFacebookReaction(post_id, access_token) if post_created_time > '2016-02-24 00:00:00' else {}
  post_num_likes = getPostTotalCount(reaction, 'like')
  post_num_likes = post_num_reactions if post_created_time < '2016-02-24 00:00:00' else post_num_likes

  #[CODE 4-4]
  post_num_loves = getPostTotalCount(reaction, 'love')
  post_num_wows = getPostTotalCount(reaction, 'wow')
  post_num_hahas = getPostTotalCount(reaction, 'haha')
  post_num_sads = getPostTotalCount(reaction, 'sad')
  post_num_angrys = getPostTotalCount(reaction, 'angry')

  jsonResult.append({'post_id':post_id, 'message':post_message,
            'name':post_name, 'link':post_link,
            'created_time':post_created_time, 'num_reactions':post_num_reactions,
            'num_comments':post_num_comment, 'num_shares':post_num_shares,
            'num_likes':post_num_likes, 'num_loves':post_num_loves,
            'num_wows':post_num_wows, 'num_hahas':post_num_hahas,
            'num_sads':post_num_sads, 'num_angrys':post_num_angrys})

#[CODE 5]
def getFacebookReaction(post_id, access_token):

  base = "https://graph.facebook.com/v2.8"
  node = "/%s" % post_id
  reactions = "/?fields=" \
              "reactions.type(LIKE).limit(0).summary(total_count).as(like)" \
              ",reactions.type(LOVE).limit(0).summary(total_count).as(love)" \
              ",reactions.type(WOW).limit(0).summary(total_count).as(wow)" \
              ",reactions.type(HAHA).limit(0).summary(total_count).as(haha)" \
              ",reactions.type(SAD).limit(0).summary(total_count).as(sad)" \
              ",reactions.type(ANGRY).limit(0).summary(total_count).as(angry)"
  parameters = "&access_token=%s" % access_token
  url = base + node + reactions + parameters

  retData = get_request_url(url)

  if (retData == None):
    return None
  else:
    return json.loads(retData)

#[CODE 6]
```

```python
def main():
    page_name = "jtbcnews"
    app_id = "App ID"
    app_secret = "App Secret Code"
    access_token = app_id + "|" + app_secret

    from_date = '2017-02-01'
    to_date = '2017-02-03'

    num_statuses = 10
    go_next = True
    jsonResult = []

    page_id = getFacebookNumericID(page_name, access_token)

    if (page_id == None):
        print ("[%s] %s is Invalid Page Name" % (datetime.datetime.now(), page_name))
        exit()

    print ("[%s] %s page id is %s" % (datetime.datetime.now(), page_name, page_id))

    #[CODE 6-1]
    jsonPost = getFacebookPost(page_id, access_token, from_date, to_date, num_statuses)

    if (jsonPost == None):
        print ("No DATA")
        exit()

    #[CODE 6-2]
    while (go_next):
        for post in jsonPost['data']:
            getPostData(post, access_token, jsonResult)

        if 'paging' in jsonPost.keys():
            jsonPost = json.loads(get_request_url(jsonPost['paging']['next']))
        else:
            go_next = False

    #[CODE 6-3]
    with open('%s_facebook_%s_%s.json' % (page_name, from_date, to_date), 'w', encoding='utf8') as outfile:
        str_ = json.dumps(jsonResult,
                indent=4, sort_keys=True,
                ensure_ascii=False)
        outfile.write(str_)

    print ('%s_facebook_%s_%s.json SAVED' % (page_name, from_date, to_date))
```

```
if __name__ == '__main__':
    main()
```

그림 49는 코드 10을 수행하여 저장된 결과 값을 JSON 분석기를 이용하여 정상적으로 저장되었는지 확인한 모습이다.

그림 49. 저장된 JSON 파일

이제 특정 포스트를 페이징 기법을 이용하여 선택한 기간 동안의 데이터를 가져오는 방법에 대하여 자세히 알아보도록 하겠다.

코드 11. 특정 URL의 데이터를 얻어오기: get_request_url(url)

```
#[CODE 1]
def get_request_url(url):

    req = urllib.request.Request(url)

    try:
        response = urllib.request.urlopen(req)
        if response.getcode() == 200:
            print ("[%s] Url Request Success" % datetime.datetime.now())
            return response.read().decode('utf-8')
    except Exception as e:
        print(e)
        print("[%s] Error for URL : %s" % (datetime.datetime.now(), url))
```

앞에서 작성했던 코드는 단순하게 main()으로만 구성된 간단한 프로그램이었으나, 이번 절에서는 함수를 이용하여 코드를 좀 더 명료하게 정리했다. 코드 11은 urllib.request를 이용하여 요청받은 데이터를 수신한다. 데이터를 정상적으로 수신한 경우 수신한 데이터를 utf-8 형식으로 디코딩하여 반환하고 그렇지 않은 경우에는 None을 반환한다.

CODE 2를 살펴보자.

코드 12. 페이스북 Page ID를 얻어오기 : getFacebookNumericID(page_id, access_token)

```
#[CODE 2]
def getFacebookNumericID(page_id, access_token):

    base = "https://graph.facebook.com/v2.8"
    node = "/" + page_id
    parameters = "/?access_token=%s" % access_token
    url = base + node + parameters

    retData = get_request_url(url)

    if (retData == None):
        return None
    else:
        jsonData = json.loads(retData)
        return jsonData['id']
```

코드 12는 5.2절에서 설명한 페이스북의 page id를 얻어오는 함수를 구성하였다. 데이터를 정상적으로 수신한 경우 id 값을 반환하고 그렇지 않은 경우에는 None을 반환한다.

CODE 3을 살펴보자.

코드 13. 페이스북 포스트 얻어오기 : getFacebookPost(…)

```
#[CODE 3]
def getFacebookPost(page_id, access_token, from_date, to_date, num_statuses):

    base = "https://graph.facebook.com/v2.8"
    node = "/%s/posts" % page_id
    fields = "/?fields=id,message,link,name,type,shares,reactions," + \
             "created_time,comments.limit(0).summary(true)" + \
             ".limit(0).summary(true)"
    duration = "&since=%s&until=%s" % (from_date, to_date)
    parameters = "&limit=%s&access_token=%s" % (num_statuses, access_token)
    url = base + node + fields + duration + parameters
```

```
    retData = get_request_url(url)

    if (retData == None):
        return None
    else:
        return json.loads(retData)
```

코드 13은 5.3절에서 설명한 기간 별 포스트를 가져오는 함수다. 데이터를 정상적으로 수신한 경우 JSON 형태의 값을 반환하고 그렇지 않은 경우에는 None을 반환한다.

CODE 3의 뒷 부분과 CODE 4를 살펴보자.

코드 14. 페이스북 포스트 세부 얻어오기 : getPostData(post, access_token, jsonResult)

```
def getPostItem(post, key):
    try:
        if key in post.keys():
            return post[key]
        else:
            return ''
    except:
        return ''

def getPostTotalCount(post, key):
    try:
        if key in post.keys():
            return post[key]['summary']['total_count']
        else:
            return 0
    except:
        return 0

#[CODE 4]
def getPostData(post, access_token, jsonResult):

    #[CODE 4-1]
    post_id = getPostItem(post, 'id')
    post_message = getPostItem(post, 'message')
    post_name = getPostItem(post, 'name')
    post_link = getPostItem(post, 'link')
    post_type = getPostItem(post, 'type')

    post_num_reactions = getPostTotalCount(post, 'reactions')
    post_num_comment = getPostTotalCount(post, 'comments')
```

```
post_num_shares = 0 if 'shares' not in post.keys() else post['shares']['count']

#[CODE 4-2]
post_created_time = getPostItem(post, 'created_time')
post_created_time = datetime.datetime.strptime(post_created_time, '%Y-%m-%dT%H:%M:%S+0000')
post_created_time = post_created_time + datetime.timedelta(hours=+9)
post_created_time = post_created_time.strftime('%Y-%m-%d %H:%M:%S')

#[CODE 4-3]
reaction = getFacebookReaction(post_id, access_token) if post_created_time > '2016-02-24 00:00:00' else {}
  post_num_likes = getPostTotalCount(reaction, 'like')
  post_num_likes = post_num_reactions if post_created_time < '2016-02-24 00:00:00' else post_num_likes

#[CODE 4-4]
post_num_loves = getPostTotalCount(reaction, 'love')
post_num_wows = getPostTotalCount(reaction, 'wow')
post_num_hahas = getPostTotalCount(reaction, 'haha')
post_num_sads = getPostTotalCount(reaction, 'sad')
post_num_angrys = getPostTotalCount(reaction, 'angry')

jsonResult.append({'post_id':post_id, 'message':post_message,
          'name':post_name, 'link':post_link,
          'created_time':post_created_time, 'num_reactions':post_num_reactions,
          'num_comments':post_num_comment, 'num_shares':post_num_shares,
          'num_likes':post_num_likes, 'num_loves':post_num_loves,
          'num_wows':post_num_wows, 'num_hahas':post_num_hahas,
          'num_sads':post_num_sads, 'num_angrys':post_num_angrys})
```

코드 14는 수신한 개별 포스트 데이터에서 우리가 원하는 데이터를 JSON 형태로 저장하는 함수다. CODE 4-1은 JSON 아이템의 name 값과 그에 해당하는 value를 가져오기 위하여 getPostItem(post, key)라는 함수를 별도로 생성했다. 우리가 포스트를 요청하며 전달했던 인자 중에 레코드의 형태를 구성하지 않고 직접 가지고 올 수 있는 name으로는 id, message, name, link, type, created_time이 있다.

CODE 4-2에서는 얻어온 created_time을 변환하는 식을 확인할 수 있다.

기본적으로 페이스북은 협정 세계시(UTC: Coordinated Universal Time) 형식을 사용한다. UTC는 그리니치 평균시(GMT: Greenwich Mean Time)라고도 불리는데(실제로는 몇 초 차이가 난다) 우리가 사용하는 KST는 GMT(UTC)보다 9시간 빠르므로 이에 맞게 데이터를 변환해야 한다. 파이썬의 datetime.timedelta(hours=+9) 함수를 이용하여 수신한 데이터를 국내 시간으로 변환한다.

CODE 4-3은 페이스북의 좋아요 개수를 가져온다. 페이스북은 2016-02-24일을 기점으로 LIKE 이외에 감정을 나타내는 상태를 그림 50과 같이 6종류로 추가했다.

그림 50. 2016년 2월 추가된 이모티콘

이로 인해 코드 15와 같이 리액션을 해당 포스트 아이디를 이용하여 요청하고, 얻은 데이터를 바탕으로 하여 Like의 개수를 2016-02-24 00:00:00 기준으로 비교하여 처리해야 한다. 적용 이전의 데이터는 기존의 리액션의 개수가 Like의 개수와 동일하며, 이후 데이터의 경우에는 코드 15를 이용하여 데이터를 가지고 온다. 리액션에 대한 필드 파라미터도 스택 오버플로우를 참고했다.

CODE 5를 살펴보자.

코드 15. 페이스북 Reaction 얻어오기 : getFacebookReaction(post_id, access_token)

```
#[CODE 5]
def getFacebookReaction(post_id, access_token):

    base = "https://graph.facebook.com/v2.8"
    node = "/%s" % post_id
    reactions = "/?fields=" \
            "reactions.type(LIKE).limit(0).summary(total_count).as(like)" \
            ",reactions.type(LOVE).limit(0).summary(total_count).as(love)" \
            ",reactions.type(WOW).limit(0).summary(total_count).as(wow)" \
            ",reactions.type(HAHA).limit(0).summary(total_count).as(haha)" \
            ",reactions.type(SAD).limit(0).summary(total_count).as(sad)" \
            ",reactions.type(ANGRY).limit(0).summary(total_count).as(angry)"
    parameters = "&access_token=%s" % access_token
    url = base + node + reactions + parameters

    retData = get_request_url(url)

    if (retData == None):
        return None
    else:
        return json.loads(retData)
```

해당 포스트의 리액션 JSON 데이터를 수신하면 ['summary']['total_count']에 리액션 수가 저장되어 있다. 이를 처리하기 위하여 getPostTotalCount(post, key) 함수를 구성했다.

CODE 4-4에서는 나머지 리액션에 대한 값들을 가져오고, 이를 인자로 전달받은 jsonResult에 추가한다.

CODE 6을 살펴보자.

코드 16. 페이스북 POST 얻어오기 : main()

```python
#[CODE 6]
def main():
    page_name = "jtbcnews"
    app_id = "App ID"
    app_secret = "App Secret Code"
    access_token = app_id + "|" + app_secret

    from_date = '2017-02-01'
    to_date = '2017-02-28'

    num_posts = 50
    go_next = True
    jsonResult = []

    page_id = getFacebookNumericID(page_name, access_token)

    if (page_id == None):
        print ("[%s] %s is Invalid Page Name" % (datetime.datetime.now(), page_name))
        exit()

    print ("[%s] %s page id is %s" % (datetime.datetime.now(), page_name, page_id))

    #[CODE 6-1]
    jsonPost = getFacebookPost(page_id, access_token, from_date, to_date, num_posts)

    if (jsonPost == None):
        print ("No DATA")
        exit()

    #[CODE 6-2]
    while (go_next):
        for post in jsonPost['data']:
            getPostData(post, access_token, jsonResult)

        if 'paging' in jsonPost.keys():
            jsonPost = json.loads(get_request_url(jsonPost['paging']['next']))
        else:
            go_next = False

    #[CODE 6-3]
    with open('%s_facebook_%s_%s.json' % (page_name, from_date, to_date), 'w', encoding='utf8') as
```

5장 페이스북 데이터 수집하기   81

```
outfile:
    str_ = json.dumps(jsonResult,
            indent=4, sort_keys=True,
            ensure_ascii=False)
    outfile.write(str_)

print ('%s_facebook_%s_%s.json SAVED' % (page_name, from_date, to_date))
```

코드 16은 페이스북 포스트를 얻어 오기 위한 main() 함수다. 먼저 CODE 6-1에서는 getFacebookNumericID()를 이용해 얻어온 실제 페이스북의 page_id를 이용하여 포스트를 요청한다. 실제 요청한 포스트의 수가 요청 인자로 전달하는 num_posts보다 많은 경우에는 추가적으로 paging 속성을 반환한다.

CODE 6-2에서는 수신한 JSON 데이터를 반복하면서 다음 페이지가 있는 경우에는 해당 URL을 얻어와 데이터를 요청하며 반복하다 paging의 value가 더 이상 없으면 반복을 종료한다.

CODE 6-3은 앞에서 반복을 하며 수신한 포스트들이 JSON 형태로 저장된 jsonResult를 json.dumps()를 이용하여 저장한다. 파이썬은 기본적으로 ASCII 형식의 인코딩을 사용한다. 우리가 코드에서 # -*- coding: utf8 -*-을 선언한다고 하여 모든 값이 utf-8 형식을 가지는 것은 아니며 작성한 코드가 utf-8 형식을 사용한다고 선언하는 것이다. 당연히 코드내에서 사용한 변수명이나 상수값들은 utf-8 형식을 가지게 되지만, 외부로부터 수신한 데이터의 경우에는 UTF-8의 형식을 제공하지 않는 경우가 많다. 더군다나 한글 윈도우에서는 기본적으로 CP949 형식을 사용하므로 이에 대한 변환이 세심하게 요구된다.

CODE 6-3은 jsonPost에 저장되어 있는 포스트 데이터를 json.dumps()를 이용하여 파일로 저장한다. 파이썬을 사용하면서 많이 발생하는 문제가 한글 깨짐 현상이다. 파이썬은 기본적으로 ASCII 형식의 인코딩 방식을 사용하지만 한글 윈도우의 경우에는 CP949 형식을 사용하기 때문에 인터넷을 통해 데이터를 수신하거나 파일을 읽거나 쓰는 경우 한글 깨짐 현상이 발생한다. 또한 코드에서 한글을 사용하는 경우(주석을 넣거나 한글을 출력하는 경우) 인터프리터에서 해석이 안되는 경우가 발생한다. 이를 막기 위하여 파이썬 2.X 버전까지는 # -*- coding: utf8 -*- 을 선언한 후 한글의 인코딩을 사용한다고 선언하고(3.X 버전부터는 기본적인 인코딩이 utf-8로 되어 있어서 별도의 선언 없이도 인코딩 형식이 utf-8로 동작) 에디터에서 코드를 작성한 후 저장할 때는 UTF-8 형식으로 저장해야 한다.

우리는 지금까지 페이스북명을 이용하여 접근 가능한 페이지 아이디를 얻고, 이를 이용하여 특정 기간의 페이스북 포스트를 가지고 와 JSON 형식으로 저장하는 방법을 알아보았다. comments와 reactions의 데이터 속성 중에 data를 가지고 있는 경우에는 사용자 정보 등을 포함하고 있다. JSON 데이터에서 이 부분을 추출하는 것은 여기서 작성한 코드를 조금 수정하면 접근 가능하므로 별도로 언급하지 않았다(실제 comments 부분은 SNS 분석에서 중요하게 다뤄질 수 있다. 특정 이슈에 대한 사용자들의 반응을 고려한다면 구현하는 것이 유리할지도 모르겠다).

6장 트위터 데이터 수집하기

6.1 OAuth란? [OAuth 1, 2, 3]

6.2 트윗(Tweet) 가지고 오기

6.3 트윗(Tweet) 스트림 가지고 오기[Twitter 2]

우리는 파트 1에서 트위터 App을 설정했다. 이제 해당 앱 ID와 비밀키를 가지고 파이썬을 이용하여 데이터를 가지고 오는 방법을 설명하고자 한다. 페이스북의 경우에는 앱 아이디와 토큰을 요청 URL에 파라미터로 전송하여 간단하게 데이터를 가지고 올 수 있는 기능을 제공한다. 그러나 트위터의 경우에는 OAuth1.0a의 기본에 충실하게 엑세스 토큰을 가지고 와야 실제로 원하는 데이터를 조회할 수 있다.

6.1 OAuth란? [OAuth 1, 2, 3]

사용자는 특정 서비스를 사용하기 위하여 아이디와 비밀번호라는 고전적인 방법을 이용했다. 이를 위하여 서비스 제공자는 사용자의 아이디와 비밀번호를 관리해야 하는데 서버의 공격 등으로 인해 아이디와 비밀번호가 노출되는 사고가 빈번히 발생하고 이에 대처하기 위하여 비밀번호를 암호화하는 등 다양한 형태의 보안 기술이 개발되었다.

2006년에 트위터와 소셜 북마크 서비스인 Gnolia사의 개발자들은 접속한 사용자들이 서비스를 사용하기 위하여 사용자를 인증(Authentication)하고 특정 서비스만 사용하는 권한(Authorization)을 주기 위한 적당한 인증 알고리즘이 없다고 판단해서 OAuth의 개발에 착수했고, 2007년 10월에 OAuth1.0을 발표했다. 그 이후 세션 고정 공격(Session Fixation Attack: 세션 하이재킹(Hijacking) 기법 중의 하나로 유효한 유저 세션을 탈취하여 인증을 회피하는 공격 방법)에 취약점이 발견되어 이를 개선했고, The OAuth 1.0 Protocol이라는 이름으로 IETF에 의하여 2010년에 RFC5849로 표준안으로 OAuth 1.0이 채택되었다. 그러나 초창기에 발표한 버전의 보안 취약성 부분이 개선된 상태이므로 이를 구별하기 위하여 많은 사람이 OAuth 1.0a라고 부르고 있다.

현재 OAuth는 처음 설계를 한 트위터를 필두로, 구글, 페이스북, 마이크로소프트 등의 외국 거대 서비스 회사 및 국내의 네이버, 다음 카카오 등에서 사용하고 있다.

OAuth의 장점은 사용자의 아이디와 비밀번호를 이용하여 인증을 하는 것이 아니고, 특정 서비스를 사용하고자 할 때 임시 사용 티켓을 발급하여, 서비스가 만료되거나 특정 기간이 종료되면 티켓을 사용할 수 없는 구조로 되어 있다.

6.1.1 OAuth 1.0a 인증 과정

OAuth를 이용하여 사용자를 인증하는 과정을 OAuth Dance - '춤'이라고 표현할 수 있는 개발자들의 자유스러움이 부럽다 - 라고 한다. 먼저 OAuth 인증을 위하여 사용하는 주체를 표현하는 용어는 표 2와 같다.

용어	설명
소비자 (Consumer)	OAuth를 사용해 서비스 제공자의 기능을 사용하려는 프로그램: 우리가 제작하는 프로그램의 입장
서비스 제공자 (Service Provider)	OAuth를 사용하는 Open API 제공자: 트위터, 페이스북 등
요청 토큰 (Request Token)	소비자(Consumer)가 서비스 제공자(Service Provider)에게 접근 권한을 받기 위해 사용하는 값, 인증이 완료되면 접근 토큰(Access Token)으로 변경된다
접근 토큰 (Access Token)	인증 후 소비자(Consumer)가 서비스 제공자(Service Provider)의 자원에 접근하기 위한 키를 포함한 값
사용자 (User)	서비스 제공자(Service Provider)에 계정을 가지고 있으면서, 소비자(Consumer)를 이용하려는 사용자

표 2. OAuth 대표 용어

그림 51은 OAuth 1.0a의 인증 과정을 나타낸다.

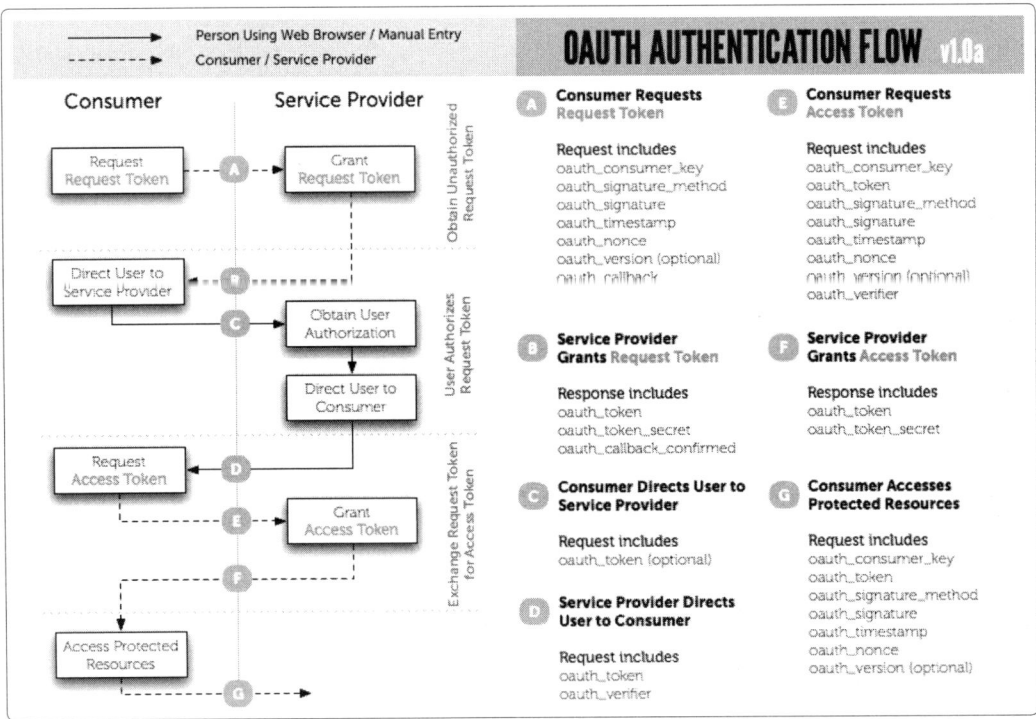

그림 51. OAuth 1.0a 인증 과정 (http://oauth.net/core/diagram.png)

인증 과정을 개략적으로 살펴보자.

1) Request Token 요청 및 발급
- Consumer Key와 요청 시간(timestamp), 요청 자료를 암호화한 방식(HMAC-SHA1 등), 버전(1.0) 정보, 악의적인 정보 요청을 방지하기 위한 임의 문자열과 서명 값을 만든 후 해당 서버로 요청한다.

- 서비스 제공자에게 Request Token을 요청하면 서비스 제공자는 oauth_token과 oauth_token_secret 값을 회신한다.

2) 사용자 인증 페이지 호출 및 수락
- 수신한 oauth_token을 가지고 서비스 제공자가 지정한 인증 페이지로 인증 수락을 요청한다. 인증 페이지는 각 서비스 제공자가 제공한다.

3) Access Token 요청 및 발급
- consumer_key와 oauth_token 및 기타 변수들을 이용하여 oauth_signature를 생성한 후 요청하면 서비스 제공자는 oauth_token과 oauth_token_secret 및 부가 정보를 회신한다.

4) 해당 API 접근
- 수신한 oauth_token을 이용하여 서비스 제공자의 API를 사용한다.

6.1.2 OAuth 2.0의 탄생

아쉽게도 OAuth 2.0은 OAuth 1.0a와 호환성을 가지고 개발되지 않았다. OAuth 1.0a는 시그너처(signature)의 생성이 복잡하고 CPU 부하를 많이 사용하기 때문에 모바일 환경에서 구현하기에는 문제가 많아 이를 간소화하기 위한 방법으로 OAuth 2.0이 개발되었다. 그러나 OAuth 2.0은 하나의 표준으로 제정되지 않고 여러 기업에서 최소한의 표준만을 준수한 채 필요한 형태의 서비스로 개발하고 있는 상황이어서 OAuth 2.0 프레임워크(Framework)라고 부른다. 간단하고 더 많은 인증 방법을 제공하고 있으나 각 기업이나 단체가 자신들의 서비스를 목적으로 표준 작업을 진행하다 보니 복잡하고 방대해져서 OAuth 1.0a를 대체하는 데 많은 시간이 걸릴 것이라 관측하는 사람들도 적지 않다.

6.2 트윗(Tweet) 가지고 오기

파이썬에서의 트위터 사용을 위해 다양한 모듈이 공개되고, 업그레이드되고 있다. 그중에서 가장 보편적으로 사용되는 것이 Tweepy 모듈이다. 그러나 본 책에서는 모듈의 종속성을 최대한 배제하고 기본적인 접근 방법을 인지하기 위하여 최소한의 모듈만을 사용하는 것을 원칙으로 한다.

앞 절에서 언급했듯이 트위터는 OAuth 1.0a 표준을 사용하여 응용 프로그램의 인증을 처리하고, 서비스 API를 사용할 수 있는 키 값을 제공한다. 이와 관련하여 OAuth를 이해하는 것이 이전 절의 목적이었다면, 이번 절에서는 OAuth를 이용하여 인증하는 방법에 대해 알아본다. OAuth는 암호화 알고리즘 및 시그너처(signature)의 구성을 위하여 많은 코딩이 필요하므로 현재 OAuth 인증을 위하여 개발되고 업그레이드되고 있는 파이썬 OAuth2 모듈을 import하여 사용하고, 각 인증 과정은 6.3절에서 살펴보도록 하겠다.

특정 트위터의 트윗을 가져오기 위해 코드 17을 작성한다.

코드 17. 트위터 트윗(tweet) 얻어오기

```python
import oauth2
import json
import datetime
import time
from config import *

#[CODE 1]
def oauth2_request(consumer_key, consumer_secret, access_token, access_secret):
    try:
        consumer = oauth2.Consumer(key=consumer_key, secret=consumer_secret)
        token = oauth2.Token(key=access_token, secret=access_secret)
        client = oauth2.Client(consumer, token)
        return client
    except Exception as e:
        print(e)
        return None

#[CODE 2]
def get_user_timeline(client, screen_name, count=50, include_rts='False'):
    base = "https://api.twitter.com/1.1"
    node = "/statuses/user_timeline.json"
    fields = "?screen_name=%s&count=%s&include_rts=%s" % (screen_name, count, include_rts)
    #fields = "?screen_name=%s" % (screen_name)
    url = base + node + fields

    response, data = client.request(url)

    try:
        if response['status'] == '200':
            return json.loads(data.decode('utf-8'))
    except Exception as e:
        print(e)
        return None

#[CODE 3]
def getTwitterTwit(tweet, jsonResult):

    tweet_id = tweet['id_str']
    tweet_message = '' if 'text' not in tweet.keys() else tweet['text']

    screen_name = '' if 'user' not in tweet.keys() else tweet['user']['screen_name']
```

```
        tweet_link = ''
        if tweet['entities']['urls']: #list
            for i, val in enumerate(tweet['entities']['urls']):
                tweet_link = tweet_link + tweet['entities']['urls'][i]['url'] + ' '
        else:
            tweet_link = ''

        hashtags = ''
        if tweet['entities']['hashtags']: #list
            for i, val in enumerate(tweet['entities']['hashtags']):
                hashtags = hashtags + tweet['entities']['hashtags'][i]['text'] + ' '
        else:
            hashtags = ''

        if 'created_at' in tweet.keys():
            # Twitter used UTC Format. EST = UTC + 9(Korean Time) Format ex: Fri Feb 10 03:57:27 +0000 2017
            tweet_published = datetime.datetime.strptime(tweet['created_at'],'%a %b %d %H:%M:%S +0000 %Y')
            tweet_published = tweet_published + datetime.timedelta(hours=+9)
            tweet_published = tweet_published.strftime('%Y-%m-%d %H:%M:%S')
        else:
            tweet_published = ''

        num_favorite_count = 0 if 'favorite_count' not in tweet.keys() else tweet['favorite_count']
        num_comments = 0
        num_shares = 0 if 'retweet_count' not in tweet.keys() else tweet['retweet_count']
        num_likes = num_favorite_count
        num_loves = num_wows = num_hahas = num_sads = num_angrys = 0

        jsonResult.append({'post_id':tweet_id, 'message':tweet_message,
                    'name':screen_name, 'link':tweet_link,
                    'created_time':tweet_published, 'num_reactions':num_favorite_count,
                    'num_comments':num_comments, 'num_shares':num_shares,
                    'num_likes':num_likes, 'num_loves':num_loves,
                    'num_wows':num_wows, 'num_hahas':num_hahas,
                    'num_sads':num_sads, 'num_angrys':num_angrys, 'hashtags': hashtags})

def main():
    screen_name = "jtbc_news"

    num_posts = 50

    jsonResult = []

    client = oauth2_request(CONSUMER_KEY, CONSUMER_SECRET, ACCESS_TOKEN, ACCESS_SECRET)
    tweets = get_user_timeline(client, screen_name)
```

```
for tweet in tweets:
    getTwitterTwit(tweet, jsonResult)

with open('%s_twitter.json' % (screen_name), 'w', encoding='utf8') as outfile:
    str_ = json.dumps(jsonResult,
            indent=4, sort_keys=True,
            ensure_ascii=False)
    outfile.write(str_)

print ('%s_twitter.json SAVED' % (screen_name))

if __name__ == '__main__':
    main()
```

코드 17을 수행하면 py가 있는 폴더에 jtbc_news_twitter.json 파일이 저장되어 있을 것이다. 해당 파일을 JSON 뷰어를 이용하여 읽어 보면 그림 52와 같이 트윗(tweet)이 JSON 형태로 저장된 것을 확인할 수 있다.

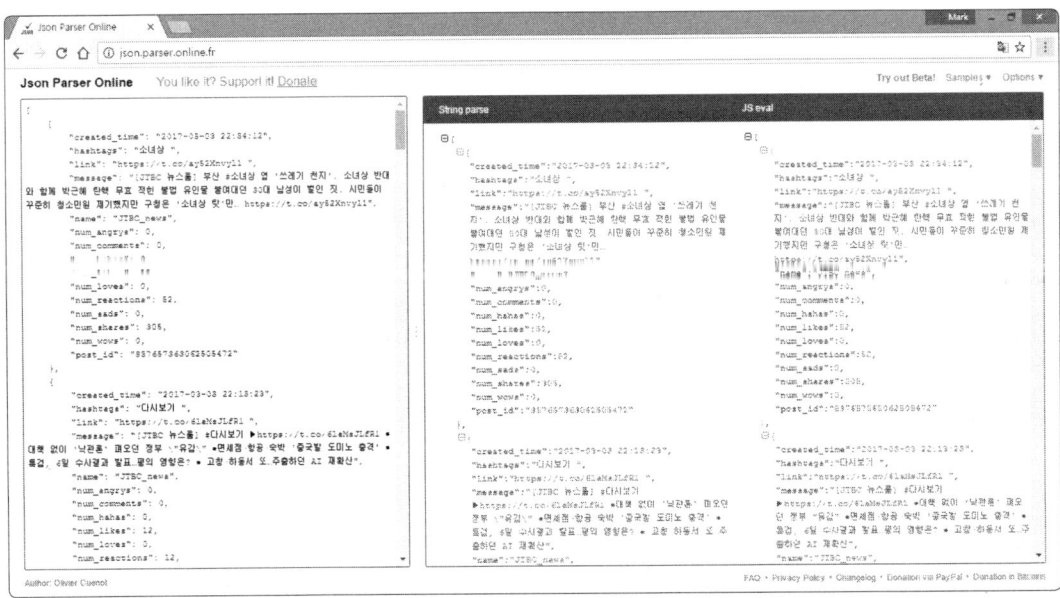

그림 52. JTBC_NEWS 트위터를 크롤링한 JSON 모습

그림 52의 처음 JSON 데이터는 그림 53의 내용을 나타낸다.

그림 53. 저장한 JTBC뉴스 트윗

페이스북 API를 이용하여 JSON 형태의 데이터를 수신하고, 취급하는 방법을 앞에서 충분히 이해하였으리라 생각하여 중복되는 내용은 별도로 설명하지 않으므로, 잘 모르면 앞 절을 참고하기 바란다.

먼저, 빈번하게 사용하는 환경 변수의 값인 Cusomer_key, Customer_Secret, Access_token, Access_secret은 config.py라는 파일로 따로 작성한 후 import하여 사용했다. 해당 코드는 아래와 같다.

코드 18. config.py

```
CONSUMER_KEY = "[COUSUMER_KEY]"
CONSUMER_SECRET = "[COSUMER_SECRET]"
ACCESS_TOKEN = "[ACCESS_TOKEN]"
ACCESS_SECRET = "[ACCESS_SECRET]"
```

해당 py 파일의 키 값은 트위터에서 제공받은 값으로 변경하기 바란다(2장의 트위터 개발자 계정 부분을 참조하기 바란다).

CODE 1을 자세히 살펴보자.

코드 19. oauth2 모듈을 이용한 키 인증

```
#[CODE 1]
def oauth2_request(consumer_key, consumer_secret, access_token, access_secret):
    try:
        consumer = oauth2.Consumer(key=consumer_key, secret=consumer_secret)
        token = oauth2.Token(key=access_token, secret=access_secret)
```

```
        client = oauth2.Client(consumer, token)
        return client
    except Exception as e:
        print(e)
        return None
```

oauth2 모듈은 OAuth의 복잡한 과정을 간단하게 해결하는 모듈을 제공한다. 서비스 제공자로부터 발급받은 consumer_key와 해당 secret, 그리고 acces_token과 secret을 oath2에 전달함으로써 기본적인 인증을 위한 준비를 마친다.

기본 값을 지정한 후 consumer와 token 오브젝트(object)를 Client 클래스로 전달하면 복잡한 댄싱 과정을 마치고 access_token을 포함하는 OAuthClient를 반환한다.

CODE 2를 살펴보자.

코드 20. 사용자의 timeline 트윗을 수신

```
#[CODE 2]
def get_user_timeline(client, screen_name, count=50, include_rts='False'):
    base = "https://api.twitter.com/1.1"
    node = "/statuses/user_timeline.json"
    fields = "?screen_name=%s&count=%s&include_rts=%s" % (screen_name, count, include_rts)
    url = base + node + fields

    response, data = client.request(url)

    try:
        if response['status'] == '200':
            return json.loads(data.decode('utf-8'))
    except Exception as e:
        print(e)
        return None
```

코드 20은 페이스북의 타임라인을 얻어 오는 것과 동일한 형식이다. 여기서 screen_name은 트위터에서 사용하는 공식 이름(영문)이다. 페이스북은 Numeric ID 형식의 page id를 가지고 타임라인을 요청해야 하기 때문에 변환 과정을 거쳐야 하나, 트위터는 편하게 screen_name을 가지고 요청이 가능하다.

수신받은 데이터는 페이스북과 마찬가지로 utf-8로 인코딩된 바이너리 JSON 데이터 형식이여서 utf-8로 디코딩한 후 반환한다.

CODE 3을 살펴보자.

코드 21. 사용자의 timeline 트윗을 수신

```
#[CODE 3]
def getTwitterTwit(tweet, jsonResult):

    tweet_id = tweet['id_str']
    tweet_message = '' if 'text' not in tweet.keys() else tweet['text']

    screen_name = '' if 'user' not in tweet.keys() else tweet['user']['screen_name']

    tweet_link = ''
    if tweet['entities']['urls']: #list
        for i, val in enumerate(tweet['entities']['urls']):
            tweet_link = tweet_link + tweet['entities']['urls'][i]['url'] + ' '
    else:
        tweet_link = ''

    hashtags = ''
    if tweet['entities']['hashtags']: #list
        for i, val in enumerate(tweet['entities']['hashtags']):
            hashtags = hashtags + tweet['entities']['hashtags'][i]['text'] + ' '
    else:
        hashtags = ''

    if 'created_at' in tweet.keys():
        # Twitter used UTC Format. EST = UTC + 9(Korean Time) Format ex: Fri Feb 10 03:57:27 +0000 2017
        tweet_published = datetime.datetime.strptime(tweet['created_at'],'%a %b %d %H:%M:%S +0000 %Y')
        tweet_published = tweet_published + datetime.timedelta(hours=+9)
        tweet_published = tweet_published.strftime('%Y-%m-%d %H:%M:%S')
    else:
        tweet_published = ''

    num_favorite_count = 0 if 'favorite_count' not in tweet.keys() else tweet['favorite_count']
    num_comments = 0
    num_shares = 0 if 'retweet_count' not in tweet.keys() else tweet['retweet_count']
    num_likes = num_favorite_count
    num_loves = num_wows = num_hahas = num_sads = num_angrys = 0

    jsonResult.append({'post_id':tweet_id, 'message':tweet_message,
                'name':screen_name, 'link':tweet_link,
                'created_time':tweet_published, 'num_reactions':num_favorite_count,
                'num_comments':num_comments, 'num_shares':num_shares,
                'num_likes':num_likes, 'num_loves':num_loves,
                'num_wows':num_wows, 'num_hahas':num_hahas,
                'num_sads':num_sads, 'num_angrys':num_angrys, 'hashtags': hashtags})
```

코드 21은 수신한 JSON 형식에서 수신한 JSON 형식의 데이터로부터 키 값을 이용하여 필요한 데이터를 조회한다. 페이스북의 경우에는 reactions 레코드셋에 '좋아요', '사랑해요' 등의 리액션 데이터를 포함하고 있지만 트위터는 단순하게 '좋아요' 데이터만 가지고 있다. 그림 54는 트위터의 JSON 구성 형태를 알아보기 편하도록 작성된 맵이다.

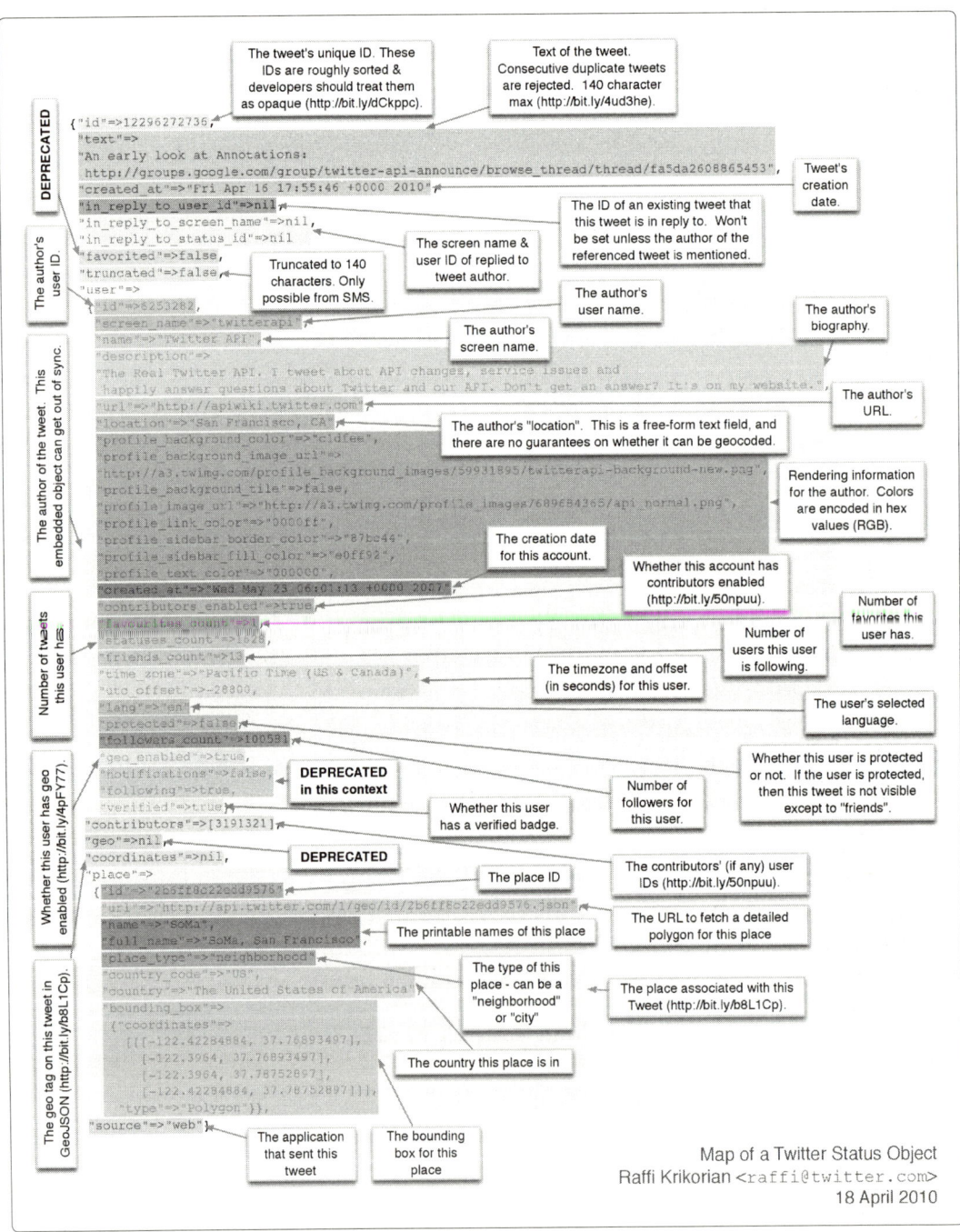

그림 54. 트위터 Status 객체 구성 요소[Twitter 1]

트위터에서는 API를 활용하기 위한 다양한 페이지 URL(endpoint)을 제공한다(코드에서 사용한 node 부분).

트위터의 대표적인 Endpoint는 아래 표와 같다.

용도	Endpoint
내 타임라인	/statuses/home_timeline.json :allowed_param:'since_id', 'max_id', 'count'
특정 사용자 타임라인	/statuses/user_timeline.json :allowed_param:'id', 'user_id', 'screen_name', 'since_id'
맨션 타임라인	/statuses/mentions_timeline.json allowed_param:'since_id', 'max_id', 'count'
나를 리트윗한 정보	/statuses/retweets_of_me.json :allowed_param:'since_id', 'max_id', 'count'
사용자 정보	/users/show.json allowed_param:'id', 'user_id', 'screen_name'
사용자 검색	/users/search.json :allowed_param:'q', 'count', 'page'
팔로워	/followers/list.json :allowed_param: 'id', 'user_id', 'screen_name', 'cursor', 'count', 'skip_status', 'include_user_entities'
검색	/search/tweets.json :allowed_param: 'q', 'lang', 'locale', 'since_id', 'geocode', 'max_id', 'since', 'until', 'result_type', 'count', 'include_entities', 'from', 'to', 'source'

표 3. 트위터 대표 Endpoint

트위터는 큰 결과 세트를 검색하기 위해 페이징 기법으로 커서링(cursoring)이라는 방법을 사용한다. 먼저 처음에는 cursor의 값을 -1로 지정하여 결과를 검색하고 previous_cursor, next_cursor, previous_cursor_str, next_cursor_str을 반환한다. 그림 54에서 JSON 구조를 잘 살펴 보았다면 숫자 문자열의 경우에는 항상 해당 키 값과 키_str을 제공하는 것을 확인할 수 있다.

다음 페이지를 얻기 위하여 cursor에 next_cursor의 값을 전달하여 페이지를 요청하면 된다. 만약 next_cursor의 값이 0으로 반환되면 더 이상의 페이지는 없는 것을 의미한다(페이스북에서는 다음 페이지를 요청하는 URL을 보내주므로 단순하게 해당 URL을 호출하는 것으로 데이터를 획득할 수 있다). 또한 페이스북의 since와 until의 개념이 트위터에서는 Search API에서 사용되며, statuses에서는 지원하지 않는다. 자세한 내용은 Search API를 참조하기 바란다.

6.3 트윗(Tweet) 스트림 가지고 오기[Twitter 2]

페이스북에서는 현재까지 전체 타임라인을 검색하여 업데이트된 정보를 제공하는 API를 제공하고 있지 않다. 트위터의 경우 생산되는 모든 데이터는 공유 자산이라는 개념으로 시작하였으나 페이스북은 자신의 친구와 사생활을 공유하는 목적으로 개발되었기에 그들의 개인 보호 정책에 맞지 않는 이유라 할 수 있겠다. 또한 페이스북의 데이터는 트위터에 비해 상대적으로 큰 사이즈이기 때문에 스트리밍 데이터를 처리하기에는 부적절하다고 볼 수 있다. 최근 들어 페이스북은 Webhooks라는 API를 제공하고 있다. 웹 훅(과거에는 실시간 업데이트라고 함)의 경우에는 실시간으로 자신이 등록해 놓은 받아보기 리스트를 통해서 데이터의 업데이트 여부를 확인할 수 있다.

이러한 페이스북의 정책은 실제로 소셜 데이터 분석에서 불편함으로 다가온다. 트위터의 경우에는 필터를 통해 주된 관심사의 트윗이 얼마나 발생하고 있는지 확인할 수 있고, 이 데이터를 바탕으로 추가 분석할 수 있는 장점이 있다.

특정 검색어에 대한 스트림 데이터를 가지고 오기 위해 코드 22를 작성한다

코드 22. 사용자의 timeline 트윗을 수신

```python
import oauth2
import urllib
import json
import urllib.request
import datetime
import time
from config import *

#[CODE 1]
class TWoauth():

    def __init__(self, consumer_key, consumer_secret, access_key, access_secret):
        self.oauth_consumer = oauth2.Consumer(key=consumer_key, secret=consumer_secret)
        self.oauth_token = oauth2.Token(key=access_key, secret=access_secret)
        self.signature_method_hmac_sha1 = oauth2.SignatureMethod_HMAC_SHA1()
        self.http_method = "GET"
        self.http_handler = urllib.request.HTTPHandler(debuglevel=0)
        self.https_handler = urllib.request.HTTPSHandler(debuglevel=0)

    def getTWRequest(self, url, method, parameters):

        req = oauth2.Request.from_consumer_and_token(self.oauth_consumer,
                            token=self.oauth_token,
                            http_method=self.http_method,
                            http_url=url,
                            parameters=parameters)
```

```python
        req.sign_request(self.signature_method_hmac_sha1, self.oauth_consumer, self.oauth_token)

        if method == "POST":
            encoded_post_data = req.to_postdata()
        else:
            encoded_post_data = None

        to_url = req.to_url()

        opener = urllib.request.OpenerDirector()
        opener.add_handler(self.http_handler)
        opener.add_handler(self.https_handler)

        response = opener.open(to_url, encoded_post_data)

        return response

def getTwitterTwit(tweet, jsonResult):

    tweet_id = tweet['id_str']
    tweet_message = '' if 'text' not in tweet.keys() else tweet['text']

    screen_name = '' if 'user' not in tweet.keys() else tweet['user']['screen_name']

    tweet_link = ''
    if tweet['entities']['urls']: #list
        for i, val in enumerate(tweet['entities']['urls']):
            tweet_link = tweet_link + tweet['entities']['urls'][i]['url'] + ' '
    else:
        tweet_link = ''

    hashtags = ''
    if tweet['entities']['hashtags']: #list
        for i, val in enumerate(tweet['entities']['hashtags']):
            hashtags = hashtags + tweet['entities']['hashtags'][i]['text'] + ' '
    else:
        hashtags = ''

    if 'created_at' in tweet.keys():
        # Twitter used UTC Format. EST = UTC + 9(Korean Time) Format ex: Fri Feb 10 03:57:27 +0000 2017
        tweet_published = datetime.datetime.strptime(tweet['created_at'],'%a %b %d %H:%M:%S +0000 %Y')
        tweet_published = tweet_published + datetime.timedelta(hours=+9)
        tweet_published = tweet_published.strftime('%Y-%m-%d %H:%M:%S')
    else:
        tweet_published = ''
    num_favorite_count = 0 if 'favorite_count' not in tweet.keys() else tweet['favorite_count']
    num_comments = 0
```

```
    num_shares = 0 if 'retweet_count' not in tweet.keys() else tweet['retweet_count']
    num_likes = num_favorite_count
    num_loves = num_wows = num_hahas = num_sads = num_angrys = 0

    jsonResult.append({'post_id':tweet_id, 'message':tweet_message,
                'name':screen_name, 'link':tweet_link,
                'created_time':tweet_published, 'num_reactions':num_favorite_count,
                'num_comments':num_comments, 'num_shares':num_shares,
                'num_likes':num_likes, 'num_loves':num_loves,
                'num_wows':num_wows, 'num_hahas':num_hahas,
                'num_sads':num_sads, 'num_angrys':num_angrys, 'hashtags': hashtags})

#[CODE 2]
def fetch(filter, jsonResult):

    twoauth = TWoauth(CONSUMER_KEY, CONSUMER_SECRET, ACCESS_TOKEN, ACCESS_SECRET)

    url = "https://stream.twitter.com/1.1/statuses/filter.json"
    parameters = []
    parameters.append({'track', filter})

    try:
        f = twoauth.getTWRequest(url, "GET", parameters)
        while True:
            line = f.readline()
            if line:
                try:
                    tweet = json.loads(line.decode('utf-8'))
                    print('#####[Scrapped Time : %s]' % datetime.datetime.now())
                    print(tweet['text'])
                    getTwitterTwit(tweet, jsonResult)
                except ValueError as ve:
                    print (ve)
                except KeyError as e:
                    print(e)
            else:
                time.sleep(0.1)
    except KeyboardInterrupt:
        # Ctrl-C Detected
        f.close()
        with open('%s_twitter.json' % (filter), 'w', encoding='utf8') as outfile:
            retJson = json.dumps(jsonResult,
                    indent=4, sort_keys=True,
                    ensure_ascii=False)
```

```
        outfile.write(retJson)

    print ('%s_twitter.json SAVED' % (filter))

if __name__ == '__main__':
    jsonResult = []
    filter_name = '탄핵,박근혜,광화문'
    fetch (filter_name, jsonResult)
```

코드 22를 수행하면 스트리밍되는 관심어에 대한 내용이 화면에 나타나고 Control-C를 누르면 해당 .py 폴더에 filter_name_twitter.json 파일이 생성되고 프로그램이 종료된다. 그림 55는 코드 22가 동작되는 화면을 보여준다.

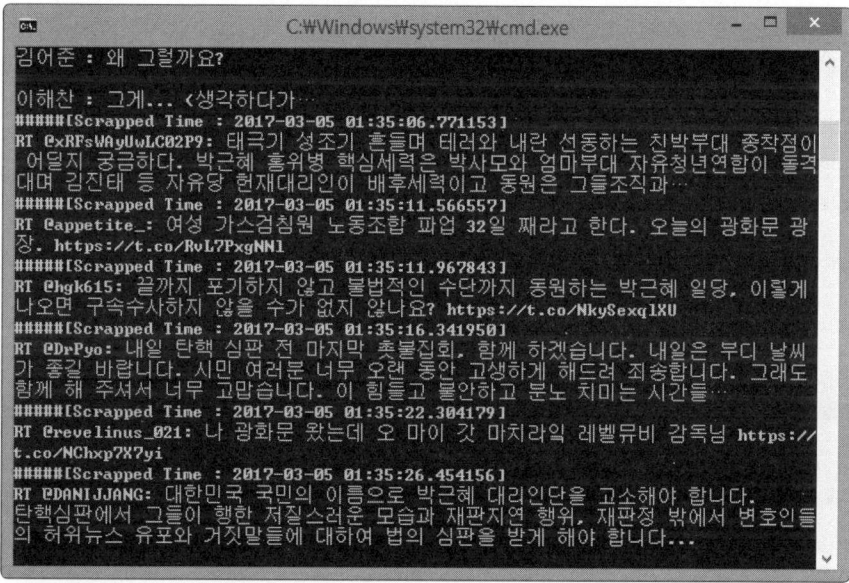

그림 55. 실시간으로 수집되는 트윗

그림 55의 스크랩되는 시간을 보면 실시간으로 증가하면서 나타나는 것을 확인할 수 있다. 이제 코드를 살펴보자.

코드 23. config.py

```
#[CODE 1]
class TWoauth():

    def __init__(self, consumer_key, consumer_secret, access_key, access_secret):
        self.oauth_consumer = oauth2.Consumer(key=consumer_key, secret=consumer_secret)
        self.oauth_token = oauth2.Token(key=access_key, secret=access_secret)
        self.signature_method_hmac_sha1 = oauth2.SignatureMethod_HMAC_SHA1()
        self.http_method = "GET"
        self.http_handler = urllib.request.HTTPHandler(debuglevel=0)
        self.https_handler = urllib.request.HTTPSHandler(debuglevel=0)
```

```python
def getTWRequest(self, url, method, parameters):

    req = oauth2.Request.from_consumer_and_token(self.oauth_consumer,
                            token=self.oauth_token,
                            http_method=self.http_method,
                            http_url=url,
                            parameters=parameters)
    req.sign_request(self.signature_method_hmac_sha1, self.oauth_consumer, self.oauth_token)

    if method == "POST":
        encoded_post_data = req.to_postdata()
    else:
        encoded_post_data = None

    to_url = req.to_url()

    opener = urllib.request.OpenerDirector()
    opener.add_handler(self.http_handler)
    opener.add_handler(self.https_handler)

    response = opener.open(to_url, encoded_post_data)

    return response
```

코드 23은 oauth2 모듈을 이용하여 트위터에 인증을 수행하기 위하여 TWoauth 클래스를 생성했다. 초기 클래스를 생성하면서 우리가 사용할 'consumer_key/secret'과 'access_token/secret'을 저장하고 기본적으로 Token을 요구하는 데 필요한 암호화 방식과 서버 접근 방식을 저장했다. 또한 인증이 완료되고 서비스 API를 사용하기 위해서는 인증 정보를 유지해야 하므로 Opener를 생성하기 위하여 기본적으로 http_handler와 https_handler를 설정하였다.

getTWRequest() 함수는 실질적으로 인증 과정을 수행한다. oauth2.Request.from_consumer_and_token() 함수를 이용하여 access_token을 요청하는 request를 생성한다. 그림 56은 access_token을 요청하기 위하여 기본적인 값들을 생성한 데이터이다.

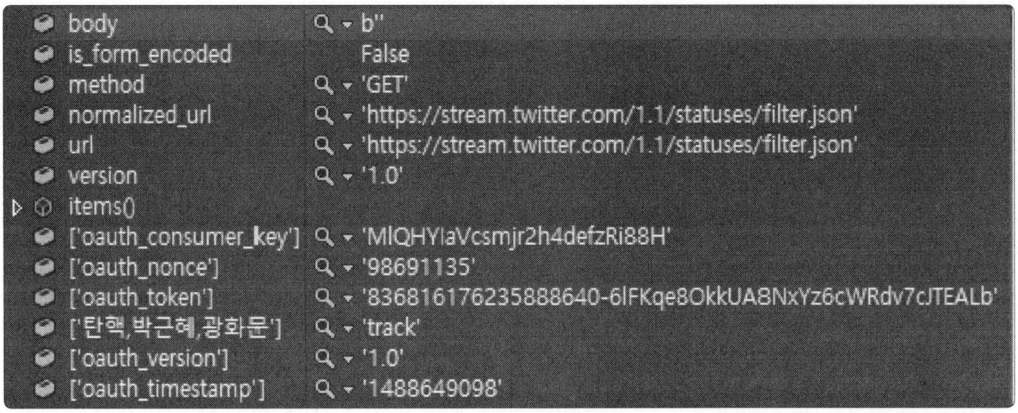

```
● body                      Q ▾ b''
● is_form_encoded              False
● method                    Q ▾ 'GET'
● normalized_url            Q ▾ 'https://stream.twitter.com/1.1/statuses/filter.json'
● url                       Q ▾ 'https://stream.twitter.com/1.1/statuses/filter.json'
● version                   Q ▾ '1.0'
▷ ⊙ items()
  ● ['oauth_consumer_key']  Q ▾ 'MlQHYIaVcsmjr2h4defzRi88H'
  ● ['oauth_nonce']         Q ▾ '98691135'
  ● ['oauth_token']         Q ▾ '836816176235888640-6lFKqe8OkkUA8NxYz6cWRdv7cJTEALb'
  ● ['탄핵,박근혜,광화문']       Q ▾ 'track'
  ● ['oauth_version']       Q ▾ '1.0'
  ● ['oauth_timestamp']     Q ▾ '1488649098'
```

그림 56. Request를 요청할 파라미터를 위한 기본 데이터를 생성

sign_request() 함수는 인자로 전달한 암호화 방식(SHA1)을 이용하여 시그너처(signature)를 생성하고 할당한다.

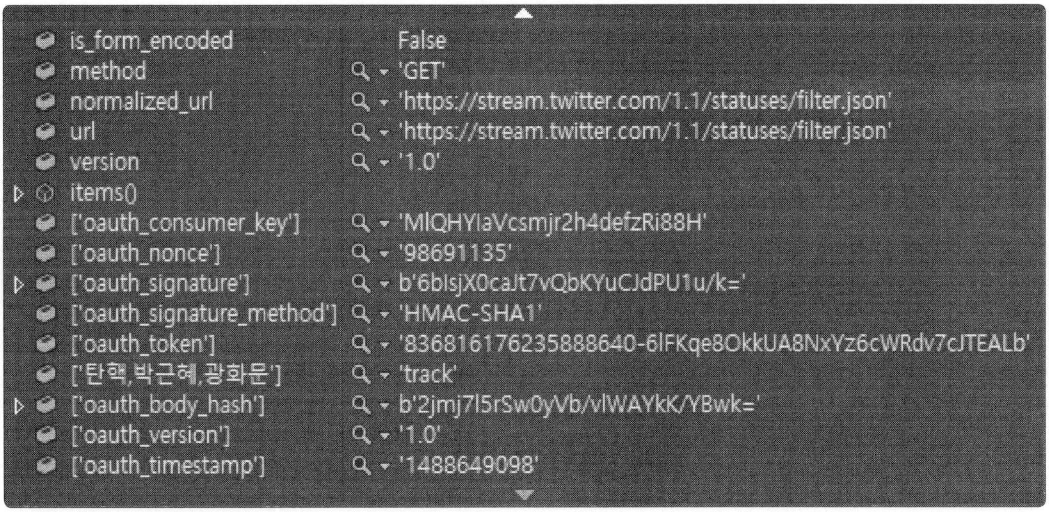

```
● is_form_encoded             False
● method                   Q ▾ 'GET'
● normalized_url           Q ▾ 'https://stream.twitter.com/1.1/statuses/filter.json'
● url                      Q ▾ 'https://stream.twitter.com/1.1/statuses/filter.json'
● version                  Q ▾ '1.0'
▷ ⊙ items()
  ● ['oauth_consumer_key'] Q ▾ 'MlQHYIaVcsmjr2h4defzRi88H'
  ● ['oauth_nonce']        Q ▾ '98691135'
▷ ● ['oauth_signature']    Q ▾ b'6blsjX0caJt7vQbKYuCJdPU1u/k='
  ● ['oauth_signature_method'] Q ▾ 'HMAC-SHA1'
  ● ['oauth_token']        Q ▾ '836816176235888640-6lFKqe8OkkUA8NxYz6cWRdv7cJTEALb'
  ● ['탄핵,박근혜,광화문']      Q ▾ 'track'
▷ ● ['oauth_body_hash']    Q ▾ b'2jmj7l5rSw0yVb/vlWAYkK/YBwk='
  ● ['oauth_version']      Q ▾ '1.0'
  ● ['oauth_timestamp']    Q ▾ '1488649098'
```

그림 57. oauth_signature의 추가

만약 POST 방식을 이용하는 경우에는 to_postdata()를 이용하여 파라미터를 인코딩한다. 우리는 GET 방식을 이용하기 때문에 사용하지 않는다. 이제 트위터 API를 사용하기 위한 URL이 완성되었다.

> https://stream.twitter.com/1.1/statuses/filter.json?oauth_consumer_key=MlQHYIaVcsmjr2h4defzRi88H&oauth_nonce=98691135&oauth_signature=6blsjX0caJt7vQbKYuCJdPU1u%2Fk%3D&oauth_signature_method=HMAC-SHA1&oauth_token=836816176235888640-6lFKqe8OkkUA8NxYz6cWRdv7cJTEALb&%ED%83%84%ED%95%B5%2C%EB%B0%95%EA%B7%BC%ED%98%9C%2C%EA%B4%91%ED%99%94%EB%AC%B8=track&oauth_timestamp=1488649098&oauth_version=1.0&oauth_body_hash=2jmj7l5rSw0yVb%2FvlWAYkK%2FYBwk%3D

표 4. /statuses/filter.json에 접근하기 위한 URL의 예

해당 URL로 데이터를 요청하게 되는 경우 oauth_token을 계속 유지해야 하기 때문에 urllib.request.OpenerDirector() 를 이용하여 핸들러를 등록하고 유지한다.

CODE 2는 TWoauth 클래스를 생성하고, 검색어 필터를 지정한다. 검색어는 ','를 이용하여 여러 개를 지정할 수 있다.

코드 24. track 파라미터를 통한 검색어 지정

```
#[CODE 2]
def fetch(filter, jsonResult):

    twoauth = TWoauth(CONSUMER_KEY, CONSUMER_SECRET, ACCESS_TOKEN, ACCESS_SECRET)

    url = "https://stream.twitter.com/1.1/statuses/filter.json"
    parameters = []
    parameters.append({'track', filter})
```

/statuses/filter.json 엔드포인트(endpoint)는 필터(track)의 조건에 맞는 모든 공개 트윗을 반환한다. POST와 GET 방식을 모두 허용하지만 파라미터가 너무 많아 길어지면 요청이 거부될 수 있으므로, 파라미터가 많은 경우에는 POST를 사용하는 것이 좋다. 기본적으로 최대 400개의 검색어와 5,000개의 사용자 ID를 허용하므로 최근 이슈가 되고 있는 검색어를 분석하기에 충분할 것이다.

7장 네이버 데이터 수집하기

7.1 검색 API의 활용

7.2 지도 API(주소, 좌표 변환)의 활용

네이버의 서비스는 두 가지다. 먼저, '네이버 아이디로 로그인'이라는 서버 인증을 통해 Access Token을 가져온 후 API를 사용할 수 있는 서비스가 있고, HTTP 헤더에 클라이언트 아이디와 시크릿(secret) 값만을 얹어 전송하면 되는 비로그인 서비스가 있다. 네이버의 뉴스, 블로그, 까페의 글들은 로그인을 하지 않고 비로그인 방식으로 데이터를 조회하여 가지고 올 수 있도록 설계되어 있어 복잡한 인증 과정을 거치지 않아도 되고 어플리케이션을 만들 경우 Access Token을 얻기 위한 웹 페이지 처리를 하지 않아도 되는 장점이 있다. 그러나 다음의 2가지 제약 사항이 있다.

1) 하루 검색 기사 수: API 호출이 25,000회/일로 제한되어 있다. 한번 호출에 최대 100개의 검색을 가지고 올 수 있으므로 250,000건의 데이터를 가져올 수 있다.

2) 검색 포인터 문제: 본 책을 쓰고 있는 시점에 가장 많이 검색되는 것은 대통령 탄핵(언제 책이 출간될지 모르겠지만) 부분이었다. 실제 네이버에서 '탄핵'이라는 데이터를 검색하면 뉴스에서만 약 43만건의 데이터가 검색되는데 API로는 최대 1,000개만 가져올 수 있다(코드에서 자세히 설명하겠다).

물론 네이버의 기사를 상업적으로 크롤링한다면 계약을 통해 위의 제약 사항을 해결할 수 있겠지만 2)번 사항에 대해서는 조금 가혹하다는 생각이 든다.

7.1 검색 API의 활용

뉴스, 블로그, 까페의 글들을 수집하기 위하여 코드 25를 작성한다.

코드 25. 비로그인 방식을 통한 네이버 뉴스, 블로그, 까페 글 검색

```python
import os
import sys
import urllib.request
import datetime
import time
import json
from config import *

#[CODE 1]
def get_request_url(url):

    req = urllib.request.Request(url)
    req.add_header("X-Naver-Client-Id", app_id)
    req.add_header("X-Naver-Client-Secret", "scxKeSJYib")
    try:
        response = urllib.request.urlopen(req)
        if response.getcode() == 200:
```

```
            print ("[%s] Url Request Success" % datetime.datetime.now())
            return response.read().decode('utf-8')
    except Exception as e:
        print(e)
        print("[%s] Error for URL : %s" % (datetime.datetime.now(), url))
        return None

#[CODE 2]
def getNaverSearchResult(sNode, search_text, page_start, display):

    base = "https://openapi.naver.com/v1/search"
    node = "/%s.json" % sNode
    parameters = "?query=%s&start=%s&display=%s" % (urllib.parse.quote(search_text), page_start, display)
    url = base + node + parameters

    retData = get_request_url(url)

    if (retData == None):
        return None
    else:
        return json.loads(retData)

#[CODE 3]
def getPostData(post, jsonResult):

    title = post['title']
    description = post['description']
    org_link = post['originallink']
    link = post['link']

    #Tue, 14 Feb 2017 18:46:00 +0900
    pDate = datetime.datetime.strptime(post['pubDate'],  '%a, %d %b %Y %H:%M:%S +0900')
    pDate = pDate.strftime('%Y-%m-%d %H:%M:%S')

    jsonResult.append({'title':title, 'description': description,
                'org_link':org_link, 'link': org_link,
                'pDate':pDate})
    return

def main():

    jsonResult = []

    # 'news', 'blog', 'cafearticle'
    sNode = 'news'
    search_text = '탄핵'
```

```
    display_count = 100

    jsonSearch = getNaverSearchResult(sNode, search_text, 1, display_count)

    while ((jsonSearch != None) and (jsonSearch['display'] != 0)):
        for post in jsonSearch['items']:
            getPostData(post, jsonResult)

        nStart = jsonSearch['start'] + jsonSearch['display']
        jsonSearch = getNaverSearchResult(sNode, search_text, nStart, display_count)

    with open('%s_naver_%s.json' % (search_text, sNode), 'w', encoding='utf8') as outfile:
        retJson = json.dumps(jsonResult,
                    indent=4, sort_keys=True,
                    ensure_ascii=False)
        outfile.write(retJson)

    print ('%s_naver_%s.json SAVED' % (search_text, sNode))

if __name__ == '__main__':
    main()
```

코드 25를 수행하여 저장한 json 데이터를 열어보면 그림 58과 같다.

그림 58. 뉴스에서 수집된 JSON 데이터

7장 네이버 데이터 수집하기

실제 네이버에서 동일하게 '탄핵'이라는 데이터를 검색한 화면을 보면 그림 59와 같다.

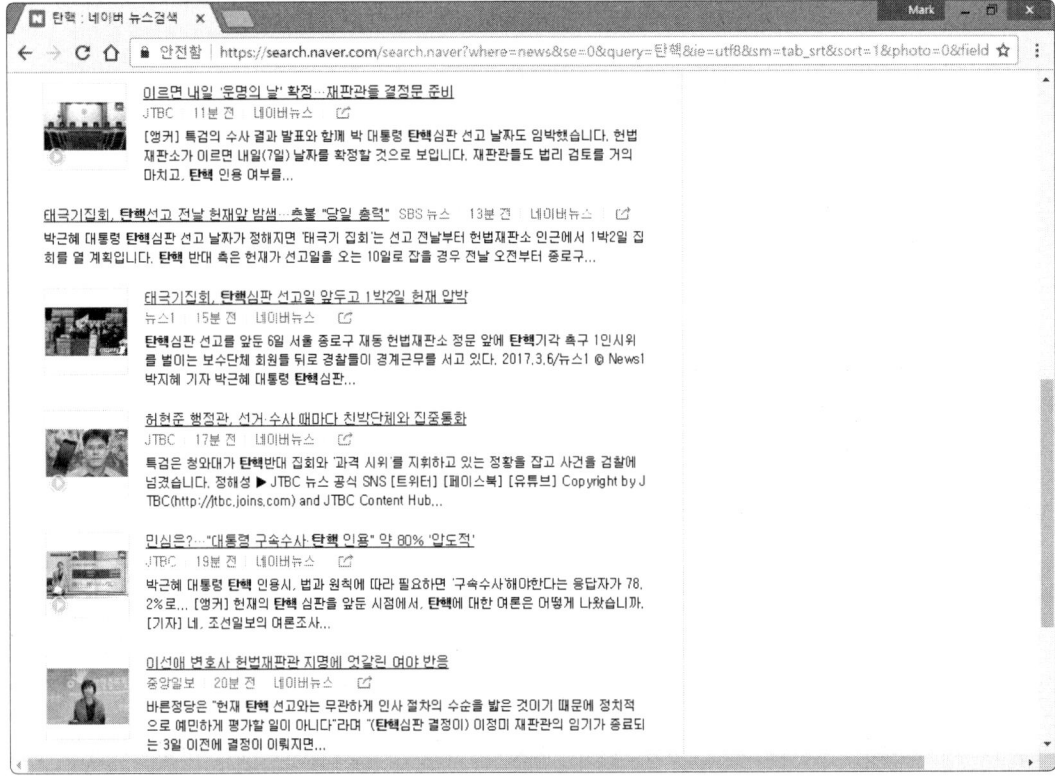

그림 59. 네이버 페이지 검색 결과

그림 58에서 사각형으로 표시된 기사 내용이 그림 59의 처음과 두 번째 기사임이 확인된다. 프로그램을 수행하고 잠시 시간이 지난 후여서 기사가 뒤로 약간 밀렸지만, 정확하게 시간순으로 데이터를 반환하는 것을 확인할 수 있다.

이미 페이스북과 트위터를 진행하면서 코드의 많은 부분이 유사하게 사용되고 있어 특정 부분만 설명한다.

먼저, CODE 1을 살펴보자.

코드 26. client_id와 client_secret의 전송

```
#[CODE 1]
def get_request_url(url):

    req = urllib.request.Request(url)
    req.add_header("X-Naver-Client-Id", client_id)
    req.add_header("X-Naver-Client-Secret", client_secret)

    #이하 생략
```

우리는 네이버 개발자 어플리케이션을 등록한 후 Client ID와 Client Secret을 부여받았다. 비인증 API 방식에서는 단순하게 Request 헤더 부분에 ID와 Secret을 함께 전송함으로써 REST API를 사용할 수 있다.

CODE 2를 살펴보자.

코드 27. End Point의 구성

```
#[CODE 2]
def getNaverSearchResult(sNode, search_text, page_start, display):

    base = "https://openapi.naver.com/v1/search"
    node = "/%s.json" % sNode
    parameters = "?query=%s&start=%s&display=%s" % (urllib.parse.quote(search_text), page_start, display)
    url = base + node + parameters

    #이하 생략
```

네이버 검색은 뉴스(news.json), 블로그(blog.json), 까페(cafearticle.json)의 요청 End Point 형식만 다르고 전달하는 파라미터의 형식은 동일하다.

파라미터	설명
query	검색어 파라미터(UTF-8 인코딩 형식)
start	검색의 시작점(최대값 1,000)
display	1회 검색에 가지고 올 데이터 레코드 수(최대 100)
sort	sim(유사도순: 기본 값), date(날짜순)

앞에서 언급하였지만 3월 초 현재 '탄핵'이라는 검색어로 조회되는 기사는 43만건이다. REST API를 이용한다면 1회 검색할 수 있는 display 값이 100이므로 4,300(430,000/100)회의 조회를 해야 한다. 그러나 검색의 시작점 최대값이 1,000이므로 우리는 최대 1,099건의 데이터를 가지고 올 수 있다(start=999, display=100으로 전달하는 경우). 결국 그 이후(시간상은 이전)의 데이터를 검색할 수 있는 방법이 없다(유료로 계약하면 달라질 것으로 예상한다).

CODE 3을 살펴보자.

코드 28. 비로그인 방식을 통한 네이버 뉴스, 블로그, 까페 글 검색

```
#[CODE 3]
def getPostData(post, jsonResult):

    title = post['title']
    description = post['description']
    org_link = post['originallink']
```

```
link = post['link']

#Tue, 14 Feb 2017 18:46:00 +0900
pDate = datetime.datetime.strptime(post['pubDate'], '%a, %d %b %Y %H:%M:%S +0900')
pDate = pDate.strftime('%Y-%m-%d %H:%M:%S')

jsonResult.append({'title':title, 'description': description,
            'org_link':org_link, 'link': org_link,
            'pDate':pDate})
return
```

JSON 형식으로 수신되는 데이터는 ['items'] 내부에 레코드 형태로 존재하며, 제목(title), 간단한 내용(description), 링크(link)를 공통으로 가지며 검색 영역(뉴스, 블로그, 까페 등)에 따라 고유한 네임을 가지고 있다. 예제 코드는 뉴스를 검색하여 저장하기 위한 형식이다. 자세한 부분은 네이버 개발자 페이지를 참고하기 바란다.

7.2 지도 API(주소, 좌표 변환)의 활용

지도 API는 네이버에서 활용도를 극대화하기 위하여 오픈 소스로 비중 있게 공개하고 있는 부분이다. 자바스크립트 등을 이용하면 네이버 지도 서비스를 그대로 사용할 수 있고, 위성 지도, 파노라마, 교통 상황, 레이어 지도 등 다양한 서비스를 활용할 수 있어 지도와 관련된 어플리케이션 구성에 편의성을 제공한다. 이번 절에서는 네이버에서 제공하는 주소, 좌표 변환 서비스를 이용하여 해당 주소의 위도와 경도 좌표 값(Geo 데이터)을 가져오는 방법에 대해 알아보고, 추후 파트 3에서 이 데이터를 이용하여 지도 상에 마커(marker)로 표시하는 방법을 알아보도록 하겠다.

먼저 네이버 개발자 페이지로 이동해서 상단 메뉴의 [Application] > [내 어플리케이션]으로 이동한 후 개발자 ID를 받은 애플리케이션으로 이동하면 그림 60과 같이 상세 정보가 나타난다.

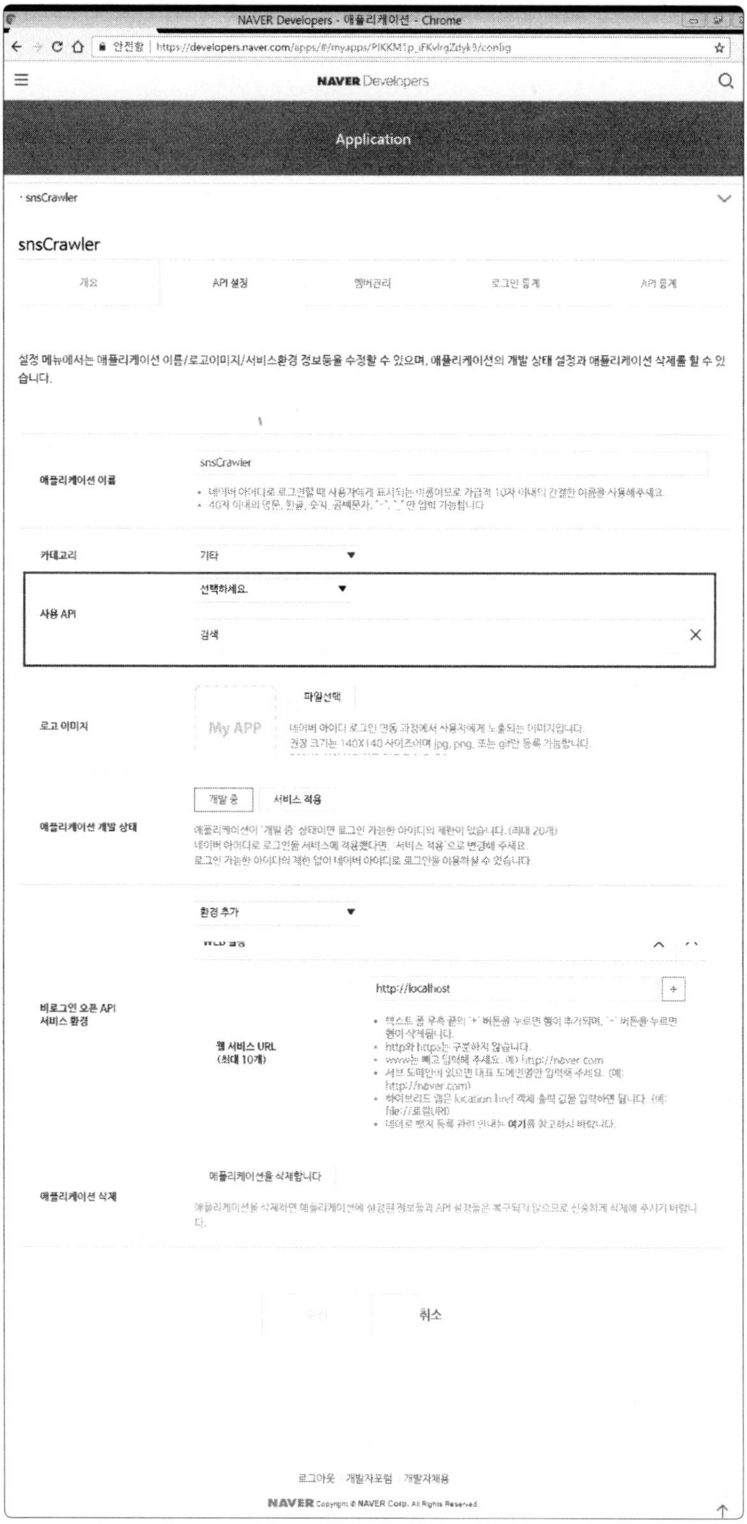

그림 60. 사용 API의 추가

그림 60에서 박스로 표시한 부분의 [선택하세요]를 누르고 [지도]를 선택한 후 하단의 [수정] 버튼을 누르면 지도 API가 추가된다. 이제 코드 29를 작성한다.

코드 29. 지도 API를 이용한 주소, 좌표 변환하기

```python
import os
import sys
import urllib.request
import datetime
import time
import json
from config import *

def get_request_url(url):

    req = urllib.request.Request(url)
    req.add_header("X-Naver-Client-Id", client_id)
    req.add_header("X-Naver-Client-Secret", client_secret)
    try:
        response = urllib.request.urlopen(req)
        if response.getcode() == 200:
            print ("[%s] Url Request Success" % datetime.datetime.now())
            return response.read().decode('utf-8')
    except Exception as e:
        print(e)
        print("[%s] Error for URL : %s" % (datetime.datetime.now(), url))
        return None

#[CODE 1]
def getGeoData(address):

    base = "https://openapi.naver.com/v1/map/geocode"
    node = ""
    parameters = "?query=%s" % urllib.parse.quote(address)
    url = base + node + parameters

    retData = get_request_url(url)

    if (retData == None):
        return None
    else:
        return json.loads(retData)

def main():

    jsonResult = getGeoData('서울특별시 종로구 사직로 161 경복궁')
```

```
    if 'result' in jsonResult.keys():
        print('총 검색 결과: ', jsonResult['result']['total'])
        print('검색어: ', jsonResult['result']['userquery'])

        for item in jsonResult['result']['items']:
            print('=======================')
            print('주소: ', item['address'])
            print('위도: ', str(item['point']['y']))
            print('경도: ', str(item['point']['x']))

if __name__ == '__main__':
    main()
```

코드 29를 실행하면 그림 61과 같이 주소를 위도와 경도로 변환한 값을 가지고 올 수 있다.

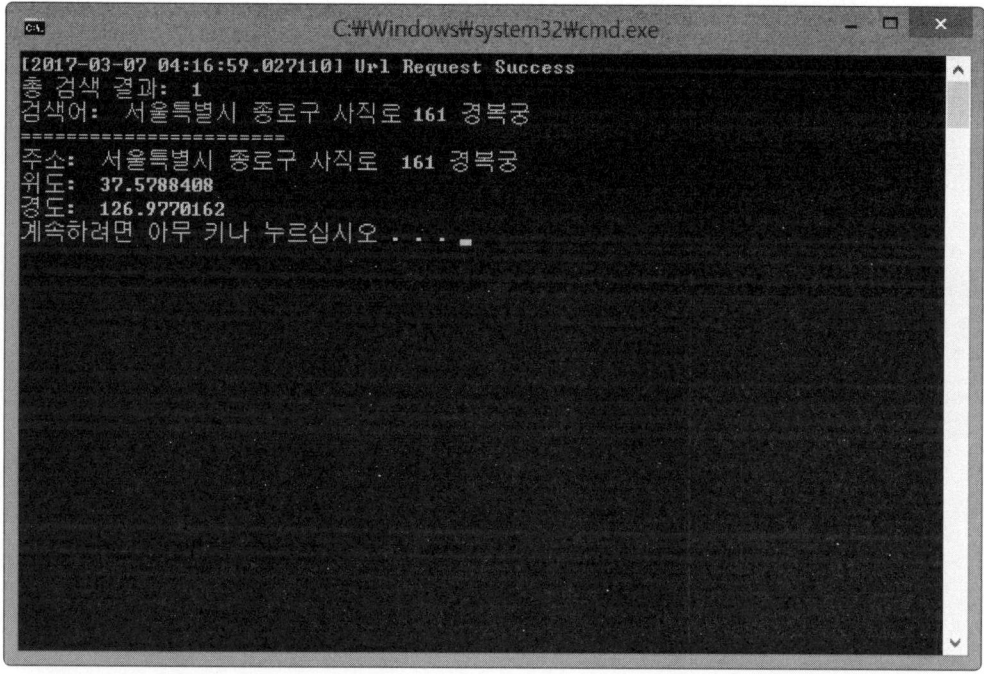

그림 61. 주소 > 위경도 좌표 변환 결과

지오 데이터를 얻기 위하여 네이버는 https://openapi.naver.com/v1/map/geocode(json 형식)과 https://openapi.naver.com/v1/map/geocode.xml(xml 형식)의 End Point를 제공한다.

CODE 1을 살펴보자.

코드 30. 지도 API를 이용한 주소, 좌표 변환하기

#[CODE 1]
def getGeoData(address):

   base = "https://openapi.naver.com/v1/map/geocode"
   node = ""
   parameters = "?query=%s" % urllib.parse.quote(address)
   url = base + node + parameters

   #이하 생략

전달하는 파라미터의 형식은 다음과 같다.

파라미터	설명
query	검색할 주소 (UTF-8 인코딩 형식)
encoding	출력 결과 인코딩 값 (UTF-8 기본 값 / EUC-KR)
coordType	출력 좌표 체계(latlng(위경도) 기본 값 / tm 128(카텍))

전달한 파라미터를 통해 수신하는 JSON 데이터의 형식은 그림 62와 같다.

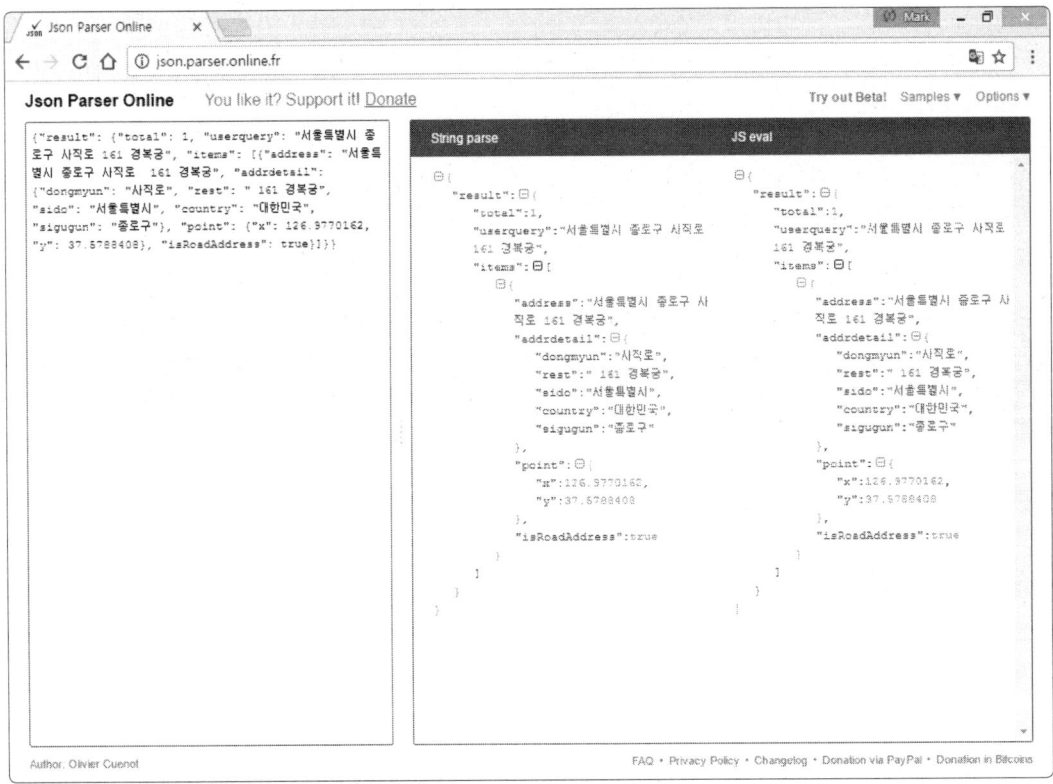

그림 62. 저장된 JSON 형식의 주소 검색 결과

이번 절에서 우리는 네이버 비로그인 API를 이용하여 뉴스나 블로그 등을 검색하는 방법과 주어진 주소를 가지고 위경도 좌표계로 변경하는 방법을 알아보았다. 주소 〉 위경도 변경은 추후 살펴볼 공공 데이터와의 연계에서 필요한 부분이므로 미리 숙지하고 가는 것이 좋을 것이다.

8장 공공 데이터 수집하기

8.1 전국 유료 관광지 입장객 정보

8.2 파이썬 그래프 모듈: matplotlib

8.3 출입국 관광 통계 서비스

우리는 4장에서 공공 데이터 포털 API를 사용하기 위한 가입 및 서비스 요청 방법을 알아보았다. 공공 데이터 포털 개발 계정 신청을 통해 발급되는 일반 인증 키는 API 요청 신청을 한 모든 API에 대하여 동일한 UTF-8 형식의 키 값을 사용한다. 개발자의 입장에서는 편리할 수 있지만 보안 측면에서는 개별 서비스마다 별도의 API 키 값을 부여하는 것이 어떨까 생각만(!) 해본다.

8.1 전국 유료 관광지 입장객 정보

관광 자원 통계 서비스 중 유료관광지방문객수조회 기능은 기간 별 외국인방문객수와 내국인방문객수, 관광지의 주소 정보, 지역코드 정보를 제공한다. 지역 별 관광지 입장객 수를 분석하기 위하여 코드 31을 작성한다.

코드 31. 관광지 별 주요 입장객 정보

```python
import os
import sys
import urllib.request
import datetime
import time
import json
from config import *
import math

def get_request_url(url):

    req = urllib.request.Request(url)

    try:
        response = urllib.request.urlopen(req)
        if response.getcode() == 200:
            print ("[%s] Url Request Success" % datetime.datetime.now())
            return response.read().decode('utf-8')
    except Exception as e:
        print(e)
        print("[%s] Error for URL : %s" % (datetime.datetime.now(), url))
        return None

#[CODE 1]
def getTourPointVisitor(yyyymm, sido, gungu, nPagenum, nItems):

    end_point = "http://openapi.tour.go.kr/openapi/service/TourismResourceStatsService/getPchrgTrrsrtVisitorList"

    parameters = "?_type=json&serviceKey=" + access_key
    parameters += "&YM=" + yyyymm
```

```python
    parameters += "&SIDO=" + urllib.parse.quote(sido)
    parameters += "&GUNGU=" + urllib.parse.quote(gungu)
    parameters += "&RES_NM=&pageNo=" + str(nPagenum)
    parameters += "&numOfRows=" + str(nItems)

    url = end_point + parameters

    retData = get_request_url(url)

    if (retData == None):
        return None
    else:
        return json.loads(retData)

#[CODE 2]
def getTourPointData(item, yyyymm, jsonResult):

    addrCd = 0 if 'addrCd' not in item.keys() else item['addrCd']
    gungu = '' if 'gungu' not in item.keys() else item['gungu']
    sido = '' if 'sido' not in item.keys() else item['sido']
    resNm = '' if 'resNm' not in item.keys() else item['resNm']
    rnum = 0 if 'rnum' not in item.keys() else item['rnum']
    ForNum = 0 if 'csForCnt' not in item.keys() else item['csForCnt']
    NatNum = 0 if 'csNatCnt' not in item.keys() else item['csNatCnt']

    jsonResult.append({'yyyymm': yyyymm, 'addrCd': addrCd,
                'gungu': gungu, 'sido': sido, 'resNm': resNm,
                'rnum': rnum, 'ForNum': ForNum, 'NatNum': NatNum})

    return

def main():

    jsonResult = []

    sido = '서울특별시'
    gungu = ''
    nPagenum = 1
    nTotal = 0
    nItems = 100

    nStartYear = 2011
    nEndYear = 2017

    for year in range(nStartYear, nEndYear):
        for month in range(1, 13):

            yyyymm = "{0}{1:0>2}".format(str(year), str(month))
```

```
            nPagenum = 1

            #[CODE 3]
            while True:
                jsonData = getTourPointVisitor(yyyymm, sido, gungu, nPagenum, nItems)

                if (jsonData['response']['header']['resultMsg'] == 'OK'):
                    nTotal = jsonData['response']['body']['totalCount']

                    if nTotal == 0:
                        break

                    for item in jsonData['response']['body']['items']['item']:
                        getTourPointData(item, yyyymm, jsonResult)

                    nPage = math.ceil(nTotal / 100)
                    if (nPagenum == nPage):
                        break

                    nPagenum += 1

                else:
                    break

        with open('%s_관광지입장정보_%d_%d.json' % (sido, nStartYear, nEndYear-1), 'w', encoding='utf8') as outfile:
            retJson = json.dumps(jsonResult,
                    indent=4, sort_keys=True,
                    ensure_ascii=False)
            outfile.write(retJson)

        print ('%s_관광지입장정보_%d_%d.json SAVED' % (sido, nStartYear, nEndYear-1))
if __name__ == '__main__':
    main()
```

코드 31을 수행하여 얻은 결과를 바탕으로 2011년 1월부터 2016년 9월까지 수집된 경복궁의 입장객 정보를 확인하면 그림 63과 같다. 그림 63은 수집된 데이터를 엑셀로 그래프 작업한 것이며, 다음 절에서는 수집된 데이터를 가지고 파이썬을 이용하여 그래프를 그려 보도록 하겠다.

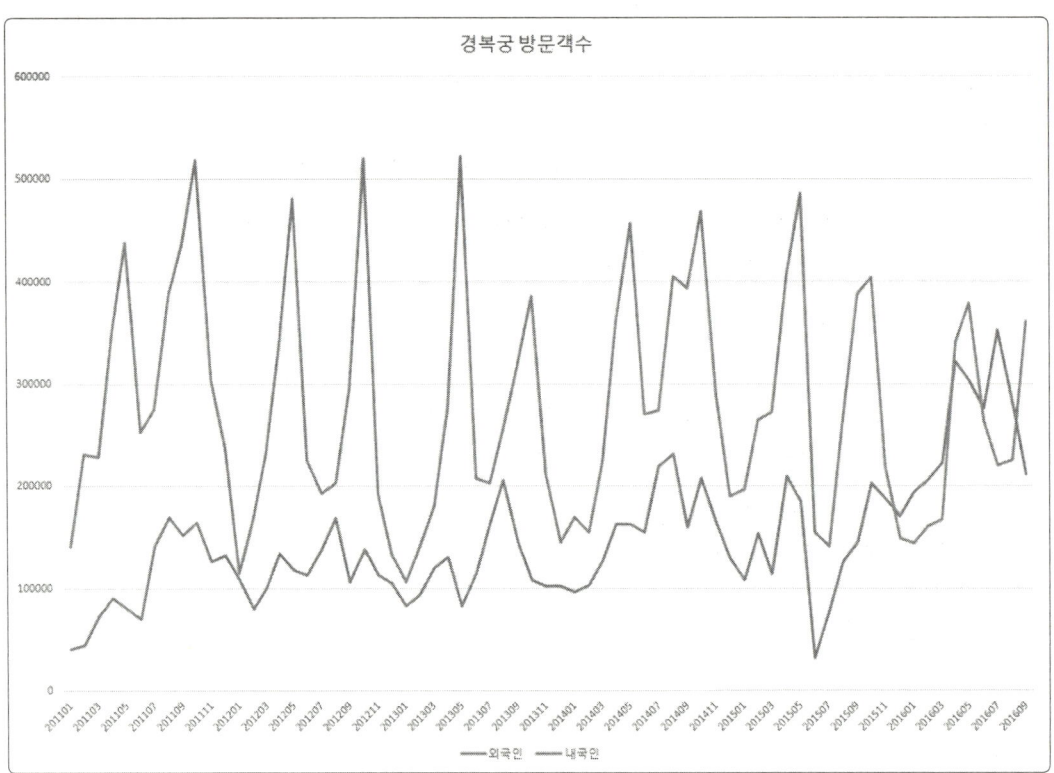

그림 63. 경복궁 내외국인 입장객 현황

이제 코드를 살펴보자. 코드 32는 유료 관광지 정보 및 입장객 수를 조회하기 위한 코드이다. 실제 데이터를 조회하면 분기 별로 업데이트를 하고 있지만 집계되는 유료 관광지의 수가 그리 많지 않아 조금 아쉽다.

CODE 1을 살펴보자.

코드 32. 관광지 입장객 정보 획득을 위한 파라미터 설정

```
#[CODE 1]
def getTourPointVisitor(yyyymm, sido, gungu, nPagenum, nItems):

    end_point = "http://openapi.tour.go.kr/openapi/service/TourismResourceStatsService/getPchrgTrrsrtVisitorList"

    parameters = "?_type=json&serviceKey=" + access_key
    parameters += "&YM=" + yyyymm
    parameters += "&SIDO=" + urllib.parse.quote(sido)
    parameters += "&GUNGU=" + urllib.parse.quote(gungu)
    parameters += "&RES_NM=&pageNo=" + str(nPagenum)
    parameters += "&numOfRows=" + str(nItems)

    url = end_point + parameters
```

```
        retData = get_request_url(url)

    if (retData == None):
        return None
    else:
        return json.loads(retData)
```

유료 관광지 방문객 수 조회를 위한 End Point는 "http://openapi.tour.go.kr/openapi/service/TourismResourceStatsService/getPchrgTrrsrtVisitorList"이며 전달하는 요청 파라미터는 다음과 같다.

항목	파라미터명	형식	설명
년월	YM	YYYYMM(ex: 201703)	검색 연월
시도	SIDO	STRING (ex: 서울특별시)	시도명
군구	GUNGU	STRING (ex: 중구)	시군구명
관광지	RES_NM	STRING (ex: 경복궁)	관광지명
페이지 번호	pageNo	INT (ex: 1)	페이지 번호
조회 레코드 수	numOfRow	INT(ex: 100)	조회 레코드 최대 수(Max: 100)

표 5. 유료 관광지 방문객 수 조회 파라미터

전달하는 파라미터는 UTF-8 형식으로 인코딩되어 있어야 한다. 또한 해당 검색 조건에 부합하는 데이터가 numOfRow의 수보다 많은 경우에는 페이지로 분리된다. 이 경우 동일한 검색 조건에 pageNO 값을 변경하여 해당 페이지의 값을 가지고 올 수 있다. 페이징 처리와 수신하는 데이터의 형식을 알아보기 위해 먼저 코드 33에서 CODE 3 부분을 살펴보자.

코드 33. 관광지 입장객 정보 획득을 위한 파라미터 설정

```
#[CODE 3]
        while True:
            jsonData = getTourPointVisitor(yyyymm, sido, gungu, nPagenum, nItems)

            if (jsonData['response']['header']['resultMsg'] == 'OK'):
                nTotal = jsonData['response']['body']['totalCount']

                if nTotal == 0:
                    break

                for item in jsonData['response']['body']['items']['item']:
                    getTourPointData(item, yyyymm, jsonResult)

                nPage = math.ceil(nTotal / 100)
                if (nPagenum == nPage):
                    break
```

```
            nPagenum += 1
        else:
            break
```

코드 33에서는 getTourPointVisitor() 함수를 이용하여 JSON 형식의 데이터를 먼저 가지고 온다. 수신한 JSON 데이터 예는 아래 표 6과 같다.

```
{
  "response": {
    "body": {
      "items": {
        "item": [
          {
            "addrCd": 1111,
            "csForCnt": 40224,
            "csNatCnt": 141183,
            "gungu": "종로구",
            "resNm": "경복궁",
            "rnum": 3,
            "sido": "서울특별시",
            "ym": 201101
          },
          ...
        ]
      },
      "numOfRows": 100,
      "pageNo": 1,
      "totalCount": 16
    },
    "header": {
      "resultCode": "0000",
      "resultMsg": "OK"
    }
  }
}
```

표 6. 수신한 JSON 데이터의 예

정상적으로 데이터를 수신한 경우에는 ["response"]["header"]["resultMsg"]에 OK 값이 회신되며, 요청한 전체 item의 수가 ["response"]["body"]['totalCount']에 저장되어 있다. 데이터에서 보면 알 수 있듯이 현재 조회된 item의 수는 16개여서 조회 요청한 100개의 Row보다 작다. 그러나 SIDO 경기도로 값을 지정하면 160여개의 데이터가 조회되므로 page 처리를 해야 한다.

한번에 100개의 데이터(numOfRow = 100)를 요청하므로 전체 데이터의 수가 100개 이상인 경우에는 nTotal / numOfRow를 계산하여 총 페이지 수를 계산하고 While 문 내부에서 각 페이지의 데이터를 가지고 오도록 처리한다. CODE 2는 수신한 JSON 형식의 데이터 중 개별 item을 전달받아 해당하는 값을 jsonResult에 저장한다. 각 name 별 데이터는 표 7과 같은 의미를 가진다. 자세한 부분은 공공 데이터 포털을 참조하기 바란다.

항목	Name	형식	설명
지역 코드	addrCd	INT	지역 코드(우편번호와 일치하지 않음)
외국인 방문객수	csForCnt	INT	
내국인 방문객수	csNatCnt	INT	
관광지 코드	rnum	INT	관광지에 고유하게 부여된 코드 값

표 7. 유료 관광지 방문객수 조회 파라미터

8.2 파이썬 그래프 모듈: matplotlib

파이썬의 장점을 들자면 파이썬에서 여러 모듈이 그래프 기능을 지원하는데 가장 일반적으로 사용하는 모듈은 matplotlib이다. 일반적으로 pip install matplotlib을 이용하여 설치가 가능한데 몇 가지 제약 사항이 있다.

matplotlib는 파이썬 2.7 또는 3.4 이상을 사용한다면 정상적으로 설치가 안된다고 matplotlib의 설치 가이드(http://matplotlib.org/users/installing.html)에 다음과 같이 설명하고 있다.

> 2.7 또는 3.4 이상의 경우에는 Microsoft Visual C++ 2008(64 bit or 32 bit: 파이썬 2.7) 또는 Microsoft Visual C++ 2010 (64 bit or 32 bit : 파이썬 3.4) 배포 패키지(redistributable package) 필요합니다

먼저 [제어판]의 [프로그램 및 기능]으로 이동하여 Microsoft Visual C++ Redistibutable… 패키지가 설치되어 있는지 확인한다.

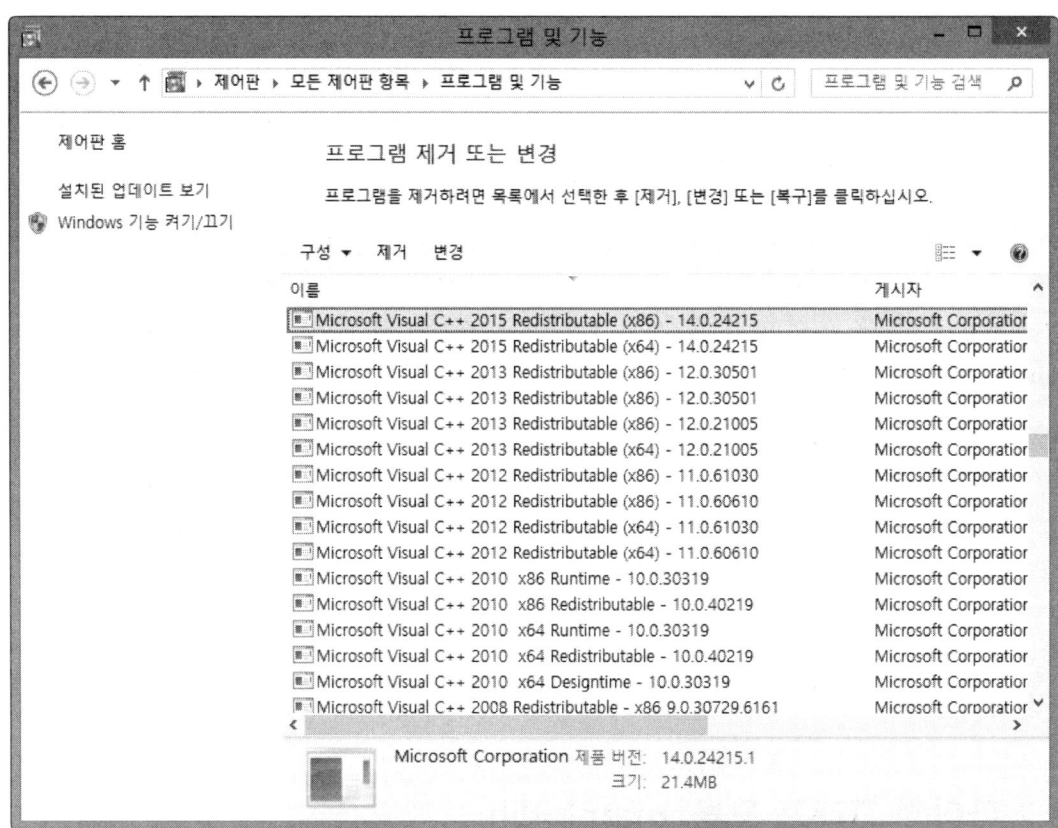

그림 64. Visual C++ 재배포 파일 설치 여부 확인

필자의 경우에는 Visual Studio를 이용하여 프로그래밍을 하기 때문에 여러 버전의 재배포 패키지가 설치되어 있다. 만약 검색이 되지 않는 경우에는 그림 65와 같이 마이크로소프트 다운로드 사이트(https://www.microsoft.com/ko-KR/download/detail.aspx?id=53587)로 이동하여 다운로드 받은 후 설치한다(다운로드 경로의 경우 수시로 바뀌기 때문에 해당 URL에 접근이 불가한 경우 검색을 이용하여 찾기 바란다).

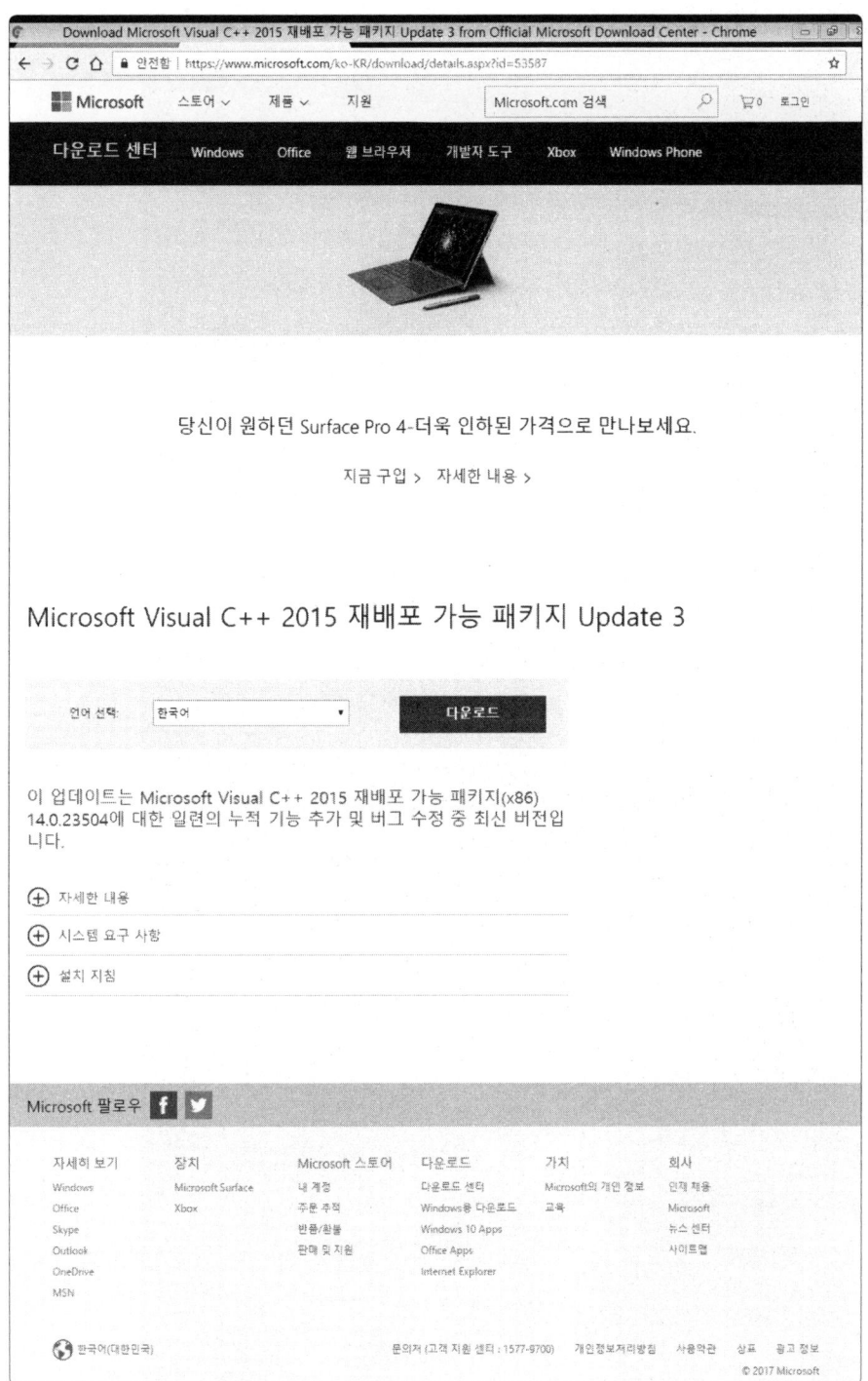

그림 65. 재배포 가능 패키지 다운로드

재배포 패키지가 설치되어 있는 경우 파이썬이 설치되어 있는 경로로 이동한 후 아래 명령어를 실행한다.

```
pip install matplotlib
```

그리고 그림 66의 설치 과정을 거친다.

```
D:₩Program Files₩Python>python -V
Python 3.5.2

D:₩Program Files₩Python>pip install matplotlib
Collecting matplotlib
  Using cached matplotlib-2.0.0-cp35-cp35m-win_amd64.whl
Requirement already satisfied: pytz in d:₩program files₩python₩lib₩site-packages
 (from matplotlib)
Requirement already satisfied: python-dateutil in d:₩program files₩python₩lib₩si
te-packages (from matplotlib)
Collecting numpy>=1.7.1 (from matplotlib)
  Using cached numpy-1.12.0-cp35-none-win_amd64.whl
Requirement already satisfied: six>=1.10 in d:₩program files₩python₩lib₩site-pac
kages (from matplotlib)
Collecting pyparsing!=2.0.4,!=2.1.2,!=2.1.6,>=1.5.6 (from matplotlib)
  Using cached pyparsing-2.2.0-py2.py3-none-any.whl
Collecting cycler>=0.10 (from matplotlib)
  Using cached cycler-0.10.0-py2.py3-none-any.whl
Installing collected packages: numpy, pyparsing, cycler, matplotlib
Successfully installed cycler-0.10.0 matplotlib-2.0.0 numpy-1.12.0 pyparsing-2.2
.0

D:₩Program Files₩Python>pip list
DEPRECATION: The default format will switch to columns in the future. You can us
e --format=(legacy|columns) (or define a format=(legacy|columns) in your pip.con
f under the [list] section) to disable this warning.
beautifulsoup4 (4.5.3)
bs4 (0.0.1)
cycler (0.10.0)
httplib2 (0.10.3)
JPype1-py3 (0.5.5.2)
konlpy (0.4.4)
matplotlib (2.0.0)
nose (1.3.7)
numpy (1.12.0)
oauth2 (1.9.0.post1)
oauthlib (2.0.1)
pip (9.0.1)
pyasn1 (0.2.2)
pygame (1.9.2)
pymssql (2.1.3)
pyparsing (2.2.0)
pytagcloud (0.3.5)
python-dateutil (2.6.0)
pytz (2016.10)
requests (2.13.0)
requests-oauthlib (0.7.0)
rsa (3.4.2)
setuptools (32.3.1)
simplejson (3.10.0)
sinaweibopy (1.1.4)
sip (4.19.1)
six (1.10.0)
tornado (4.4.2)
tweepy (3.5.0)
twython (3.4.0)
urllib3 (1.19.1)

D:₩Program Files₩Python>
```

그림 66. matplotlib 설치

정상적으로 설치되면 matplotlib에서 사용하는 numpy, pyparsing, cycler 패키지가 함께 설치된다. 모듈이 정상적으로 설치되었는지 확인하기 위하여 python을 실행한 후 아래와 같이 코드를 작성한다.

```
>>> from matplotlib import pyplot
>>> pyplot.plot([1,2,3,4],[10,30,20,40])
>>> pyplot.show()
```

모듈이 정상적으로 설치되었다면 matplotlib가 그림 67과 같이 그래프 폼을 화면에 나타낸다.

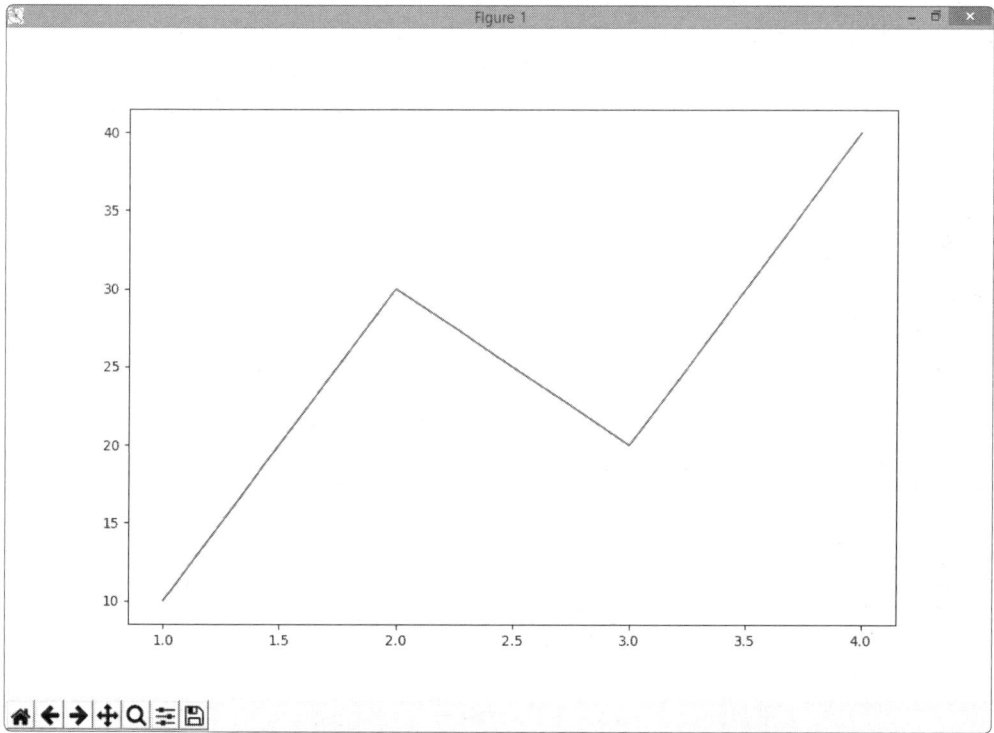

그림 67. matplotlib를 이용한 그래프 그리기

> **참고**
>
> 필자가 초기에 matplotlib를 설치했을 때 import를 하면 프로그램 실행 시 font_manager.py 쪽에서 에러가 발생하면서 연관 모듈을 프로그램상에 올리지 못한다는 에러가 나오는 현상이 발견되었다.
>
> File "C:\Anaconda3\lib\site-packages\matplotlib\font_manager.py", line 1412, in <module>
>   fontManager = pickle_load(_fmcache)
>
> 국내 사이트에서 관련 오류에 대한 사항을 찾아도 해결책이 나오지 않다가 스택오버플로우(http://stackoverflow.com/questions/34004063/error-on-import-matplotlib-pyplot-on-anaconda3-for-windows-10-home-64-bit-pc)에서 관련 문제점 및 해결 방법을 발견하였다. 문제의 원인은 윈도우 폰트 디렉터리에서 폰트 정보를 가지고 오면서 발생하는 것이었고, 이를 해결하기 위해서는 "[파이썬 설치 경로]\Lib\site-packages\matplotlib" 아래에 존재하는 "font_manager.py" 파일의 def win32InstalledFonts(directory=None, fontext='ttf'): 함수의 일부분을 수정해야 한다.
>
> key, direc, any = winreg.EnumValue(local, j)
> if not is_string_like(direc):
> continue
> if not os.path.dirname(direc):
> direc = os.path.join(directory, direc)
>
> direc = direc.split('\0', 1)[0] #파이썬 경로 문제 해결
>
> direc = os.path.abspath(direc).lower()
>
> 한동안은 이 부분을 수정하여 사용했는데 matplotlib 2.0.0 버전으로 업데이트한 후 이 부분을 수정하지 않고 사용해도 문제 없이 작동했다. 어느 부분에서 이 문제점을 해결했는지는 귀차니즘이 발동하여 찾아보지 않았으니 독자분 중에 문제가 발생하였다면 상기 사항을 확인해 보기 바란다.

8.3 출입국 관광 통계 서비스

출입국 관광 통계 서비스를 이용하면 기간, 방문객 국가의 검색 조건에 따라 출입국자 수를 조회할 수 있다. 국가별 입국자 수를 수집하기 위해 코드 34를 작성한다.

코드 34. 국가 별 출입국 인원 검색

```
import os
import sys
import urllib.request
import datetime
import time
import json
```

```python
from config import *

import matplotlib.pyplot as plt
import matplotlib
from matplotlib import font_manager, rc

def get_request_url(url):

    req = urllib.request.Request(url)

    try:
        response = urllib.request.urlopen(req)
        if response.getcode() == 200:
            print ("[%s] Url Request Success" % datetime.datetime.now())
            return response.read().decode('utf-8')
    except Exception as e:
        print(e)
        print("[%s] Error for URL : %s" % (datetime.datetime.now(), url))
        return None

#[CODE 1]
def getNatVisitor(yyyymm, nat_cd, ed_cd):

    end_point = "http://openapi.tour.go.kr/openapi/service/EdrcntTourismStatsService/getEdrcntTourismStatsList"

    parameters = "?_type=json&serviceKey=" + access_key
    parameters += "&YM=" + yyyymm
    parameters += "&NAT_CD=" + nat_cd
    parameters += "&ED_CD=" + ed_cd

    url = end_point + parameters

    retData = get_request_url(url)

    if (retData == None):
        return None
    else:
        return json.loads(retData)

def main():

    jsonResult = []

    #중국: 112 / 일본: 130 / 미국: 275
    national_code = "112"
    ed_cd = "E"
```

```python
nStartYear = 2011
nEndYear = 2017

for year in range(nStartYear, nEndYear):
    for month in range(1, 13):

        yyyymm = "{0}{1:0>2}".format(str(year), str(month))

        jsonData = getNatVisitor(yyyymm, national_code, ed_cd)

        if (jsonData['response']['header']['resultMsg'] == 'OK'):
            krName = jsonData['response']['body']['items']['item']["natKorNm"]
            krName = krName.replace(' ', '')
            iTotalVisit = jsonData['response']['body']['items']['item']["num"]
            print('%s_%s : %s' %(krName, yyyymm, iTotalVisit))
            jsonResult.append({'nat_name': krName, 'nat_cd': national_code,
                               'yyyymm': yyyymm, 'visit_cnt': iTotalVisit})

cnVisit = []
VisitYM = []
index = []
i = 0
for item in jsonResult:
    index.append(i)
    cnVisit.append(item['visit_cnt'])
    VisitYM.append(item['yyyymm'])
    i = i + 1

with open('%s(%s)_해외방문객정보_%d_%d.json' % (krName, national_code, nStartYear, nEndYear-1), 'w', encoding='utf8') as outfile:
    retJson = json.dumps(jsonResult,
                indent=4, sort_keys=True,
                ensure_ascii=False)
    outfile.write(retJson)

#[CODE 2]
font_location = "c:/Windows/fonts/malgun.ttf"
font_name = font_manager.FontProperties(fname=font_location).get_name()
matplotlib.rc('font', family=font_name)

plt.xticks(index, VisitYM)
plt.plot(index, cnVisit)
plt.xlabel('방문월')
plt.ylabel('방문객수')
plt.grid(True)
plt.show()
```

```
if __name__ == '__main__':
    main()
```

코드 34를 수행하면 특정 기간 동안 특정 국가의 입국 인원수를 가지고 온 후 그래프를 생성한다. 그림 68은 2011.01부터 2016.12까지 중국인 입국자 수를 그래프로 표시한 것이다.

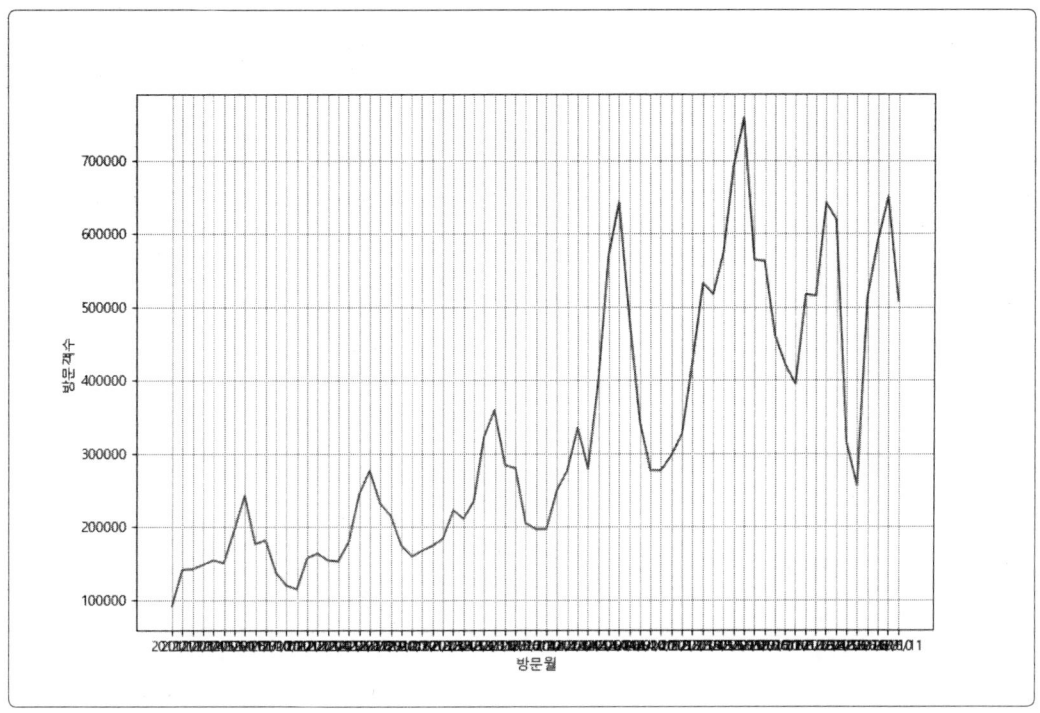

그림 68. 국내 중국 입국자 수 추이 (2011.01 ~ 2016.12)

이제 코드를 살펴보자.

코드 35. 국가 별 출입국 인원 검색

```
#[CODE 1]
def getNatVisitor(yyyymm, nat_cd, ed_cd):

    end_point = "http://openapi.tour.go.kr/openapi/service/EdrcntTourismStatsService/getEdrcntTourismStatsList"

    parameters = "?_type=json&serviceKey=" + access_key
    parameters += "&YM=" + yyyymm
    parameters += "&NAT_CD=" + nat_cd
    parameters += "&ED_CD=" + ed_cd

    url = end_point + parameters
```

```
retData = get_request_url(url)

if (retData == None):
    return None
else:
    return json.loads(retData)
```

출입국 데이터 조회를 위한 End Point는 http://openapi.tour.go.kr/openapi/service/EdrcntTourismStatsService/getEdrcntTourismStatsList이며 전달하는 요청 변수는 표 8과 같다.

항목	파라미터명	형식	설명
년월	YM	YYYYMM(ex: 201703)	검색 연월
국가코드	NAT_CD	DDD (ex: 100)	세 자리 국가 코드
출/입국	ED_CD	'D' or 'E'	D: 국민 해외 관광객 E: 방한 외래 관광객

표 8. 국가 별 출입국 조회 파라미터

전달하는 변수는 UTF-8 형식으로 인코딩되어 있어야 하며 표 9는 국가 코드 중 일부다. 자세한 사항은 공공데이터 포털 출입국관광통계서비스 활용가이드를 참조하기 바란다.

국가명	국가코드
한국	100
중국	112
일본	130
미국	275
영국	316

표 9. 대표 국가 코드

정상적으로 데이터를 수신한 경우에는 ["response"]["header"]["resultMsg"]에 OK 값이 회신되며, 수신한 JSON 형식의 데이터 중 각 name 별 데이터에는 표 10과 같은 의미가 있다.

항목	Name	형식	설명
국가명	natKorNm	STRING	국가 코드에 해당하는 한글 국가명
입·출국 수	csForCnt	INT	

표 10. 수신한 JSON 형식의 Name

수신한 JSON 형식의 예는 표 11과 같다.

```
{
  "response": {
    "body": {
      "items": {
        "item": {
          "ed": "방한외래관광객",
          "edCd": "E",
          "natCd": 112,
          "natKorNm": "중 국",
          "num": 91252,
          "rnum": 1,
          "ym": 201101
        }
      },
      "numOfRows": 10,
      "pageNo": 1,
      "totalCount": 1
    },
    "header": {
      "resultCode": "0000",
      "resultMsg": "OK"
    }
  }
}
```

표 11. 수신한 JSON 데이터의 예

CODE 2를 살펴보자.

코드 36. matplotlib를 이용한 그래프 그리기

```
#[CODE 2]
font_location = "c:/Windows/fonts/malgun.ttf"
font_name = font_manager.FontProperties(fname=font_location).get_name()
matplotlib.rc('font', family=font_name)

plt.xticks(index, VisitYM)
plt.plot(index, cnVisit)
plt.xlabel('방문월')
plt.ylabel('방문객수')
plt.grid(True)
plt.show()
```

코드 36에는 matplotlib를 이용하여 그래프를 그리는 코드가 포함되어 있다. 이 책을 읽는 독자들은 아마 한번 정도씩은 문자열 처리를 하면서 UTF-8과 CP949 때문에 고생한 적이 있을 것이다. 마찬가지로 matplotlib에서도 그래프를 그리면서 한글을 처리할 때 깨지는 현상이 발생한다. 이는 모듈이 기본적으로 sans-serif 폰트를 사용하기 때문이다. 이를 해결하기 위해서 matplotlib의 font_manager와 resource에 윈도우에서 사용하는 한글 폰트를 지정하면 된다(만약 리눅스나 Mac을 사용하는 경우에는 시스템의 해당 경로를 지정하면 된다).

matplotlib에 관해서는 파트 3에서 좀 더 자세히 다루도록 하겠다.

9장 일반적인 웹 서비스 데이터 수집하기

9.1 이상한 나라의 앨리스의 맛있는 스프: BeautifulSoup

9.2 통닭 공화국의 데이터를 구해보자

우리는 앞 절에서 다양한 API를 이용하여 서비스 업체에서 제공하는 데이터를 수집했다. 과거의 고전적인 웹 크롤링에서는 서비스 업체에서 제공하는 API를 사용하는 것이 아니라 웹 페이지에 직접 방문하여 HTML 파일을 읽어오고 이를 분석하여 필요한 데이터를 추출하고 정보로 가공했다. 그러나 웹 서비스되는 컨텐츠들은 해당 서비스 업체의 자산으로 분류될 수 있으며, 이를 동의없이 가져오는 것 역시 심각한 저작권 문제가 될 수 있다.

일반적인 저작권법에 의하면 단순 링크(사이트 대표 주소의 링크) 및 직접 링크(특정 게시물을 링크)는 허용하고 있으나, 저작물의 일부를 프레임을 이용하여 홈페이지에 표시(프레임 링크)하거나 저작물 전체를 홈페이지에 표시(임베드 링크)하는 것에 대해서는 위반으로 판단하고 있다. 또한 웹 사이트에 로봇(크롤러)이 접근하는 것을 방지하기 위한 규약을 웹 페이지 루트(root)에 robots.txt 파일로 지정할 수 있다. 다음은 robots.txt 파일의 작성 예다.

Site	Status
모두 허용	User-agent:* Allow: /
모두 차단	User-agent:* Disallow: /
다른 예	User-agent: googlebot # googlebot만 허용 Disallow: /bbs/ # /bbs 디렉터리 접근 차단

표 12. robots.txt 작성의 예

저작권에 대한 부분은 각자의 몫으로 남겨두고 이번 장에서는 일반적인 웹 서비스의 데이터를 처리하기 위하여 이상한 나라의 앨리스의 Beautiful Soup, so rich and green,…에 나오는 맛있는(?) 스프와 이름이 같은 BeautifulSoup을 이용하는 방법을 알아보고, 국내 프랜차이즈 통닭집 가맹점 주소를 가지고 오는 방법을 알아보도록 하겠다.

9.1 이상한 나라의 앨리스의 맛있는 스프: BeautifulSoup

BeautifulSoup 패키지는 파이썬에서 제공하는 HTML 파싱(parsing) 라이브러리로써 웹의 태그나 클래스의 값을 손쉽게 가져올 수 있도록 지원한다. Beautiful Soup 3.x 버전까지는 파이썬 2.x 버전만을 지원하였으나 새로운 bs4 파서를 통하여 파이썬 3.x 버전을 지원하게 되었다. BeautifulSoup의 기능적인 특징은 다음과 같다.

1) 단순한 몇 개의 메소드를 가지고 웹 페이지의 내용을 검색하거나 필요한 태그, 클래스 등에서 데이터를 추출할 수 있다

2) HTML 문서뿐만 아니라 XML 형식의 데이터도 읽고 분석할 수 있다

3) 다국어 지원을 위하여 Encoding 형식을 지정할 수 있다(이 부분은 한국어 홈페이지의 데이터를 분석하는 데 상당히 중요하다. 요즘은 기본적으로 UTF-8 형식을 사용하지만, CP949 형식의 홈페이지도 상당수 존재한다).

설치는 단순하게 pip를 이용하여 이루어진다. 우리는 파이썬 3.x 버전을 사용하고 있으므로 beautifulsoup4를 설치한다.

```
[파이썬이 설치된 경로]>pip install beautifulsoup4
```

이제 예제를 좀 더 간단하게 하기 위하여 연습용 html을 만들고 각 태그의 값을 조회하기 위하여 파이썬 쉘을 수행하고 다음의 예를 실행해 보자.

1. Tag 및 Tag Name 조회

```
>>> from bs4 import BeautifulSoup
>>> html = '<td class="title"><div class="tit3"><a href="/movie/bi/mi/basic.nhn?code=136872" title="미녀와 야수">미녀와 야수</a></div></td>'
>>> soup = BeautifulSoup(html, 'html.parser')
>>> soup
<td class="title"><div class="tit3"><a href="/movie/bi/mi/basic.nhn?code=136872" title="미녀와 야수">미녀와 야수</a></div></td>
>>> tag = soup.td
>>> tag
<td class="title"><div class="tit3"><a href="/movie/bi/mi/basic.nhn?code=136872" title="미녀와 야수">미녀와 야수</a></div></td>
>>> tag = soup.div
>>> tag
<div class="tit3"><a href="/movie/bi/mi/basic.nhn?code=136872" title="미녀와 야수">미녀와 야수</a></div>
>>> tag = soup.a
>>> tag
<a href="/movie/bi/mi/basic.nhn?code=136872" title="미녀와 야수">미녀와 야수</a>
>>> tag.name
'a'
```

위의 예제에서 태그명을 가지고 해당 데이터를 손쉽게 가져올 수 있으며, 해당 데이터는 각 Name을 가지고 있는 것이 확인된다.

2. 속성(Attribute) 값

```
>>> tag = soup.td
>>> tag['class']
['title']
>>> tag = soup.div
>>> tag['class']
['tit3']
>>> >>> tag.attrs
{'class': ['tit3']}
```

각 태그의 속성 값은 class 값을 가지고 있으며, 속성 값을 이용하여 데이터를 조회할 수 있다. 또한 지금 가지고 있는 데이터의 속성(attr)이 어떤 것인지 확인할 수 있다.

3. 속성(Attribute) 조회

BeautifulSoup은 태그 속성 값을 이용하여 데이터 조회를 할 수 있다.

```
>>> tag = soup.find('td', attrs={'class':'title'})
>>> tag
<td class="title"><div class="tit3"><a href="/movie/bi/mi/basic.nhn?code=136872" title="미녀와 야수">미녀와 야수</a></div></td>
>>> tag = soup.find('div', attrs={'class':'tit3'})
>>> tag
<div class="tit3"><a href="/movie/bi/mi/basic.nhn?code=136872" title="미녀와 야수">미녀와 야수</a></div>
```

이 부분은 우리가 목적으로 하는 HTML을 파싱하는 데 상당히 중요한 부분으로, 모든 <td> 태그 내의 데이터를 가져와서 원하는 데이터만을 찾기는 상당히 어렵다. 잘 만든 홈페이지라면 각 태그의 class명 등이 있어서, 이를 이용하여 데이터를 편하게 조회할 수 있다. 복수개의 데이터를 조회하기 위해서는 find() 대신 findAll()을 사용하면 된다.

이제 본격적으로 HTML에서 데이터를 가져오기 위하여 다음과 같이 코드를 작성해 본다.

```
>>> import urllib.request
>>> from bs4 import BeautifulSoup
>>> html = urllib.request.urlopen('http://movie.naver.com/movie/sdb/rank/rmovie.nhn')
>>> soup = BeautifulSoup(html, 'html.parser')
>>> print(soup.prettify())
<!DOCTYPE html>
<html>
 <head>
  <meta content="text/html; charset=utf-8" http-equiv="Content-Type">
  <meta content="IE=edge" http-equiv="X-UA-Compatible">
   <meta content="http://imgmovie.naver.com/today/naverme/naverme_profile.jpg" property="me2:image"/>
   <meta content="네이버영화 " property="me2:post_tag"/>
   <meta content="네이버영화" property="me2:category1"/>
    ....(이하 중략)
<!-- //Footer -->
  </div>
 </body>
</html>
```

본 예제에서는 urllib.urlopen() 메소드를 이용하여 네이버 영화의 랭킹('http://movie.naver.com/movie/sdb/rank/rmovie.nhn') 사이트를 읽어온 후 html.parser 기본 객체를 이용하여 BeautifulSoup 객체를 생성했다. soup.prettify() 메소드를 이용하면 BeautifulSoup 객체를 들여쓰기(indent)한 상태로 확인할 수 있다. 실제 호출한 홈페이지는 그림 69와 같다.

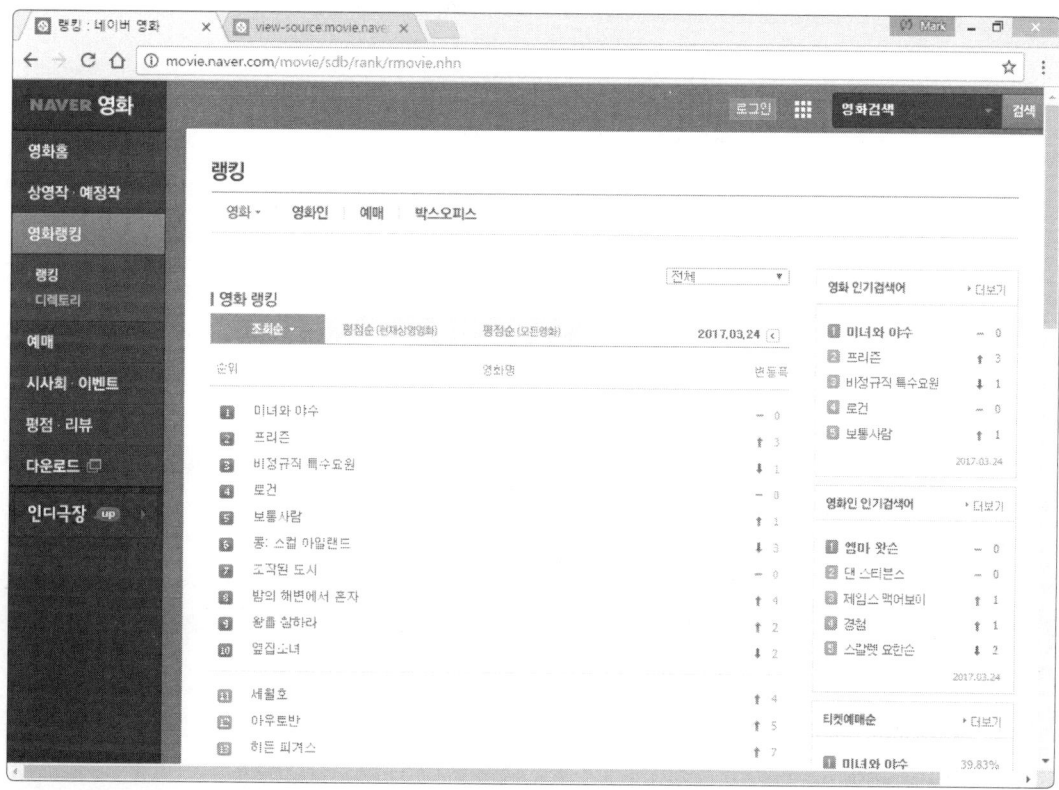

그림 69. 네이버 영화 랭킹 페이지

우리가 자료로 가지고 오고 싶은 데이터는 영화 제목이므로 HTML이 어떻게 구성되어 있는지 확인하기 위하여 브라우저의 소스보기 기능을 이용하면 그림 70과 같이 구성되어 있는 것을 확인할 수 있다.

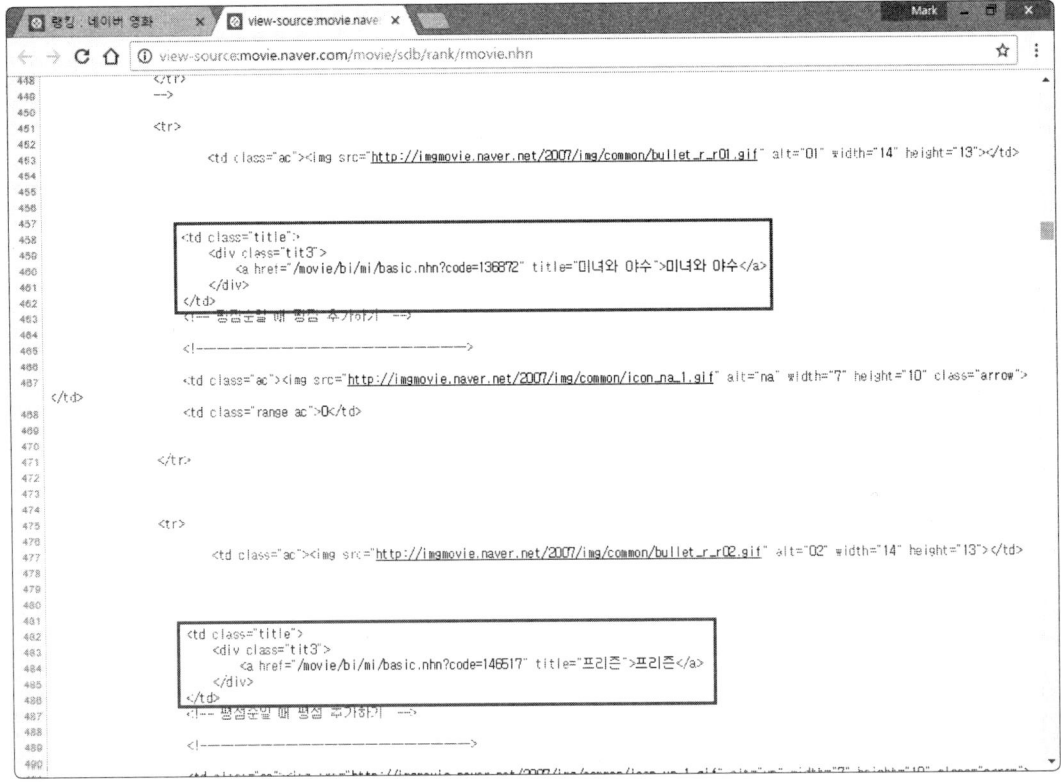

그림 70. 네이버 영화 랭킹 HTML 구조

HTML의 형식을 확인해 보니 영화 제목은 <td> 쌍 안에 <div> 쌍을 가지고 있으며, 그 내부에 <a> 태그로 구성되어 있음이 확인된다(실제 앞에서 사용한 예제다). 먼저 <div> 태그의 속성이 class="tit3"인 값들을 페이지에서 모두 찾아보자.

```
>>> import urllib.request
>>> from bs4 import BeautifulSoup
>>> html = urllib.request.urlopen('http://movie.naver.com/movie/sdb/rank/rmovie.nhn')
>>> soup = BeautifulSoup(html, 'html.parser')
tags = soup.findAll('div', attrs={'class':'tit3'})
>>> tags
[<div class="tit3">
<a href="/movie/bi/mi/basic.nhn?code=136872" title="미녀와 야수">미녀와 야수</a>
</div>, <div class="tit3">
<a href="/movie/bi/mi/basic.nhn?code=146517" title="프리즌">프리즌</a>
</div>, <div class="tit3">
<a href="/movie/bi/mi/basic.nhn?code=152161" title="비정규직 특수요원">비정규직 특수요원</a>
</div>, <div class="tit3">
<a href="/movie/bi/mi/basic.nhn?code=117787" title="로건">로건</a>
… (이하 중략)
</div>, <div class="tit3">
<a href="/movie/bi/mi/basic.nhn?code=17796" title="일 포스티노">일 포스티노</a>
</div>]
>>>
```

실제 HTML 내의 데이터와 확인을 해보면 총 50개의 랭크 데이터를 가지고 온 것을 확인할 수 있다. 우리가 원하는 것은 제목만 추출하는 것이므로 다음과 같이 작성한다.

```
>>> for tag in tags:
        print(tag.a)
<a href="/movie/bi/mi/basic.nhn?code=136872" title="미녀와 야수">미녀와 야수</a>
<a href="/movie/bi/mi/basic.nhn?code=146517" title="프리즌">프리즌</a>
... (이하 중략)
<a href="/movie/bi/mi/basic.nhn?code=143499" title="콜로설">콜로설</a>
<a href="/movie/bi/mi/basic.nhn?code=17796" title="일 포스티노">일 포스티노</a>

>> for tag in tags:
        print(tag.a.text)
미녀와 야수
프리즌
... (이하 중략)
콜로설
일 포스티노

>>> for tag in tags:
        tag.a['title']
'미녀와 야수'
'프리즌'
... (이하 중략)
'콜로설'
'일 포스티노'
```

수집한 〈div〉 태그 내에서 〈a〉 태그에 대한 값을 확인하였고, .text 속성을 이용하여 〈a〉 태그 내에 있는 텍스트에서 손쉽게 네이버 영화 랭킹 50개의 제목을 손쉽게 추출했다. 또한 〈a〉 태그 내의 title 속성에도 제목이 포함되어 있으므로 tag.a['title']과 같은 방식으로도 제목의 추출이 가능하다.

9.2 통닭 공화국의 데이터를 구해보자

지난 해 자영업자 규모가 전년에 비해 감소했음에도 불구하고 자영업자에 대한 은행권 대출은 늘어나고, 50대 이상의 대출 비중이 압도적으로 늘었는데 이는 퇴직한 베이비부머 세대가 통닭집 같은 생계형 창업에 대거 나선 것으로 분석되고 있기 때문이다[통닭분석 1]. 어쩌면 프랜차이즈 창업은 퇴직금을 가지고 커다란 기술없이 시작할 수 있는 매력적인 사업이라고 볼 수 있다. 그러나 프랜차이즈 가맹비에, 차별성이 없는 맛을 가지고는 쉽게 성공하기 어려운 사업이라고 볼 수 있다.

몇 년 전 '프로그래머는 치킨집을 차릴 수 있는가'라는 파워포인트 자료가 개발자의 씁쓸한 뒤안길을 표현해서 먹먹함을 느꼈는데, 이번 장에서는 실제 얼마나 치열한 레드오션인지 알아보려고 한다. 본 분석에서 대상으로 선정한 치킨 프렌차이즈는 한국공정거래조정원에서 2016년 발표한 '프렌차이즈 비교정보〈치킨업종〉'에서 선정하였다. 실제 자료에서는 다양한 프렌차이즈를 비교하였으나, 데이터 수집의 유사성을 생각하여 6개 업체로 줄여보았다(실제 가맹점명을 사용한 것이 조금 걱정되기는 하지만, 이미 공개된 데이터를 바탕으로 하였기에 문제가 되지 않으리라 생각된다. 데이터의 오류가 있다고 판단되는 프렌차이즈 업체가 있다면, 알려주면 수정하도록 하겠다).

9.2.1 비비큐 매장 정보: HTML 태그 내 정보 찾기

비비큐 매장 정보를 검색하기 위해 홈페이지에 접속하면 그림 71과 같은 화면이 뜬다. 여기서 '지역 별', '구·군 및 가맹점명' 데이터를 입력하고 [검색] 버튼을 누르면 해당 지역의 주소를 확인할 수 있다.

그림 71. BBQ 매장 찾기 홈페이지 화면

실제 주소의 검색이 어떤 방식으로 이루어지는지 확인하기 위해 웹 브라우저의 소스코드 보기(대부분의 웹 브라우저에는 해당 페이지 여백-아무 글자나 이미지가 없는 부분-에서 오른쪽 마우스를 누르면 [페이지 소스보기] 메뉴가 있다. 검색하려는 페이지가 오른쪽 마우스를 막아 놓았다면 BeautifulSoup과 prettify()를 이용하면 되지만 서비스 제공자가 막은 기능을 보는 것에 대한 판단은 독자들의 몫으로 남긴다)를 하면 그림 72와 같이 HTML과 자바스크립트로 구성된 화면이 나온다.

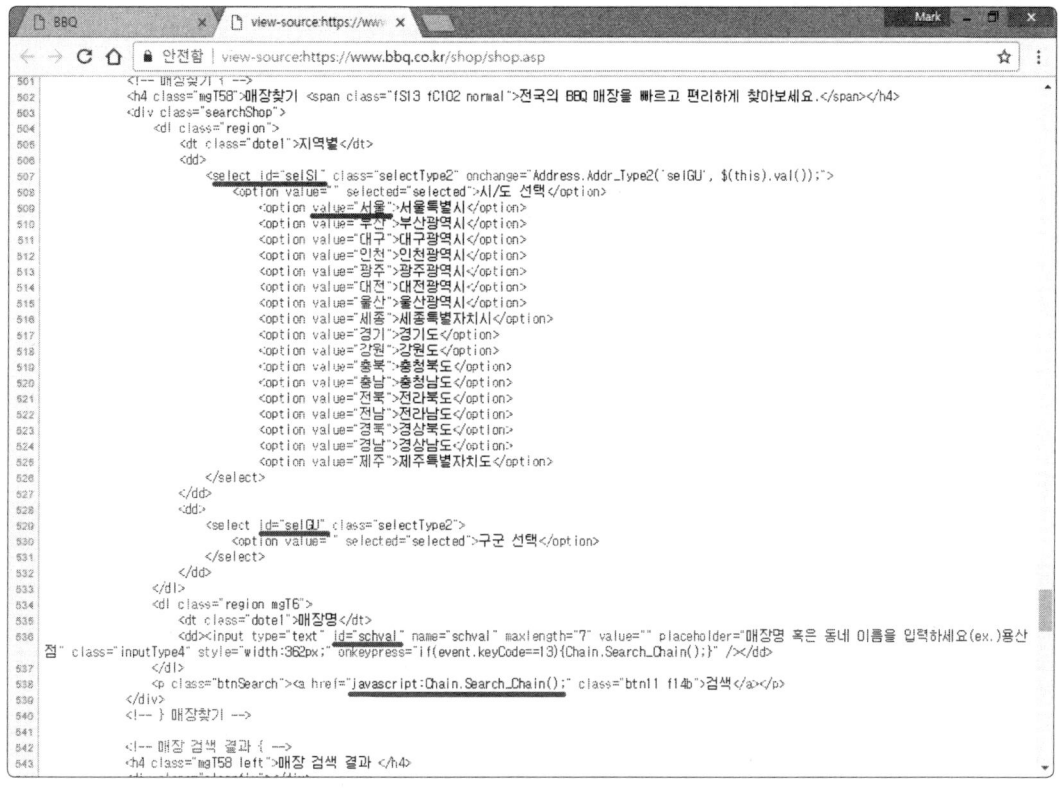

그림 72. BBQ 매장 찾기 HTML

매장 검색을 위하여 기본적으로 id="selSI" 값으로 '시/도' 값을 입력받는다. 화면에 보이는 정보는 우리나라 행정자치구역의 표준 명칭을 따르고 있지만 실제 인자 값은 '서울특별시'를 '서울'로 줄여서 보내는 방식으로 되어 있는 것을 알 수 있다.

id="selGU"의 경우에는 '시/도' 정보가 선택되면 아작스(Ajax)를 이용하여 가지고 오는 것으로 보이며, id="schval"에는 매장명이 입력된다. 그리고 [검색] 버튼을 클릭하면 javascript:Chain.Search_Chain(); 함수를 호출하여 검색 결과를 가지고 오는 것으로 보인다.

웹 브라우저는 개발자를 위하여 '개발자모드'를 제공한다. 원래 홈페이지인 https://www.bbq.co.kr/shop/shop.asp로 이동한 후 개발자모드로 변경하기 위하여 F12 키를 누르면 해당 웹 페이지가 그림 73과 같이 개발자 모드로 바뀐다(인터넷 익스플로어, 크롬, 파이어폭스 모두 개발자 모드는 F12키를 누르면 된다).

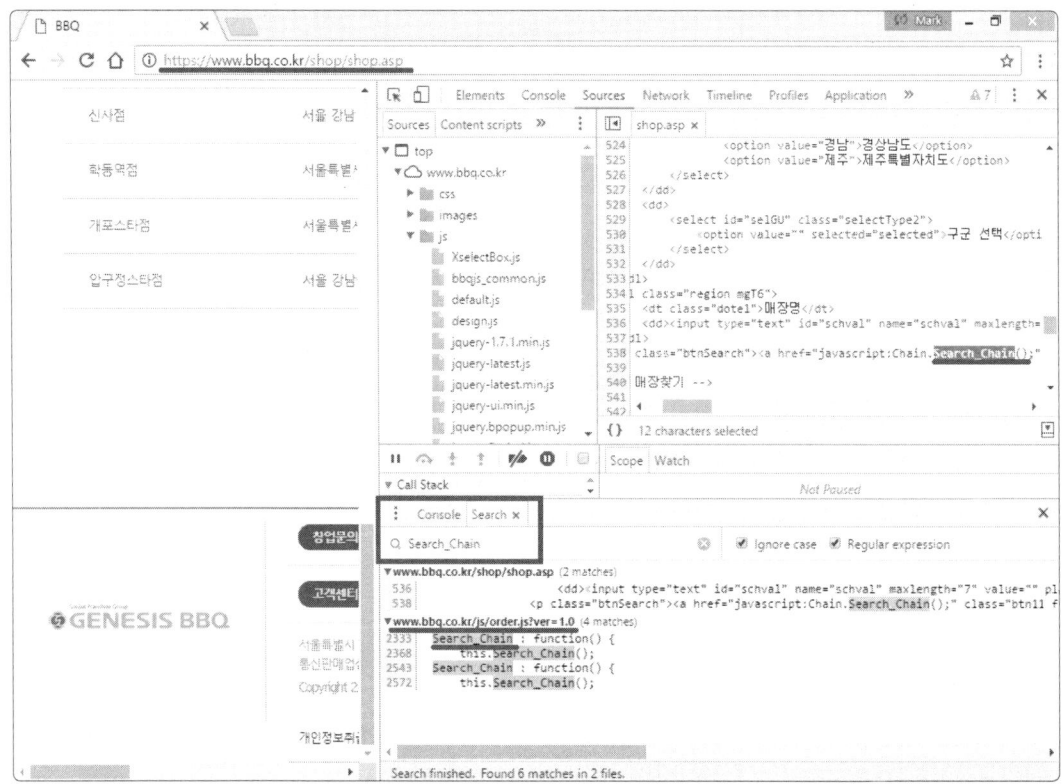

그림 73. HTML 페이지 개발자 모드로 보기

그림 72에서 Chain.Serach_Chain(); 함수가 실행되면 가맹점 주소가 반환될 것으로 예상했다. [Search] 탭에서 Search_Chain을 검색하니 개발자 모드에서 친절하게 해당 함수가 www.bbq.co.kr/js/order.js에 있다는 것을 확인시켜 준다. URL 하단의 함수명을 클릭하면 그림 74와 같이 개발자 환경에서 해당 코드를 친절하게 불러준다.

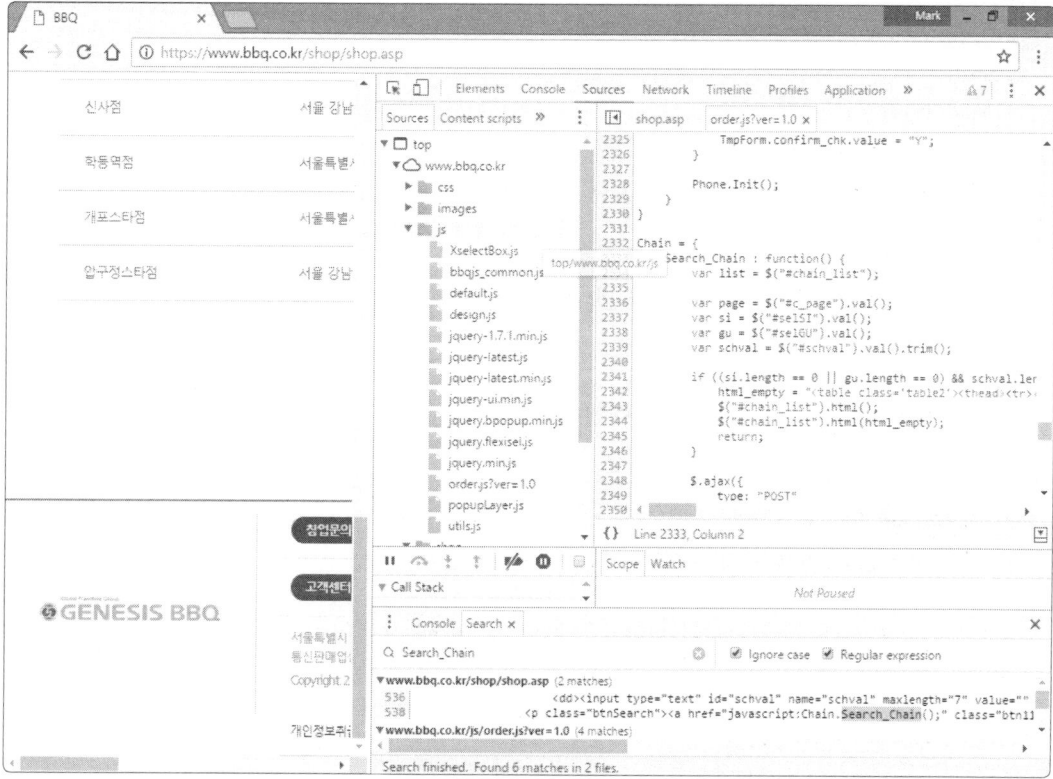

그림 74. Serach_Chain() 함수 보기

Search_Chain() 함수는 코드 37과 같이 구성되어 있다.

코드 37. Search_Chain()과 Change_Page() 함수

```
Chain = {
  Search_Chain : function() {
    var list = $("#chain_list");

    var page = $("#c_page").val();
    var si = $("#selSI").val();
    var gu = $("#selGU").val();
    var schval = $("#schval").val().trim();

    if ((si.length == 0 || gu.length == 0) && schval.length < 2) {
       html_empty = "<table class='table2'><thead><tr><th>매장명</th><th>주소</th><th>전화번호</th><th>매장유형</th><th>상세정보</th></tr></thead><tbody><tr><td colspan=5 align='center'>검색 지역
```

```
        을 선택하여 주시기 바랍니다.</td></tr></tbody></table>";
        $("#chain_list").html();
        $("#chain_list").html(html_empty);
        return;
    }

    $.ajax({
        type: "POST"
        , url: "/shop/shop_ajax.asp"
        , data: {page:page, pagesize:10, si:si, gu:gu, schval:schval}
        , cache: false
        , beforeSend : function() {
            $(".wrap-loading").removeClass("display-none");
        }
        , complete:function() {
            $(".wrap-loading").addClass("display-none");
        }
        , success: function (html) {
            $("#chain_list").html();
            $("#chain_list").html(html);
        }
        , error: function (event, request, settings) { alert(event.responseText); }
    });
},
Change_Page : function(page) {
    $("#c_page").val(page);
    this.Search_Chain();
},
```

예상했던 대로 Search_Chain() 함수에서는 입력된 인자를 page, si, gu, schval로 가지고 온 후 AJAX를 이용하여 /shop/shop_ajax.asp 페이지를 호출한다. 데이터 값에 pagesize라는 변수가 있는데, 프로그램을 많이 짜본 독자들의 경우에는 직관적으로 한 페이지 당 나오는 데이터 행의 개수라고 추측할 것이다.

일반적으로 홈페이지의 가맹점 주소 같은 경우에는 처음에 페이지에 접속하면 전체 가맹점 주소가 페이징 (paging)을 하면서 나타나는데 BBQ의 경우에는 초기에 아무것도 나타나지 않고, 시/도와 군/구를 선택한 후 검색을 누르면 나타나는 구조로 되어 있다. 그러나 본 AJAX 코드를 보면 Change_Page()에서 페이지 이동 값이 전달되는 것으로 보인다. 그렇다면 페이지 사이즈를 크게 해서 보내면 페이징을 위해 여러 페이지 값을 전달하면서 조회하지 않고, 하나의 페이지에 모든 데이터를 불러올 수 있도록 페이지 사이즈만 크게 해서 넘기면 모든 레코드를 불러 올 것 같다. https://www.bbq.co.kr/shop/shop_ajax.asp?pagesize=2000이라고 URL을 만들어 직접 AJAX를 호출해 본다(여기서 POST로 매시지를 보내게 되어 있고, 확장자가 .asp이므로 수신자측에서 Request.

Form()으로 처리를 한다면 제대로 된 결과를 얻지 못할 것이다. 그러나 일단 실행한다). 다행스럽게도 모든 데이터가 HTML Table 형태로 깔끔하게 호출되는 것을 그림 75와 같이 확인할 수 있다.

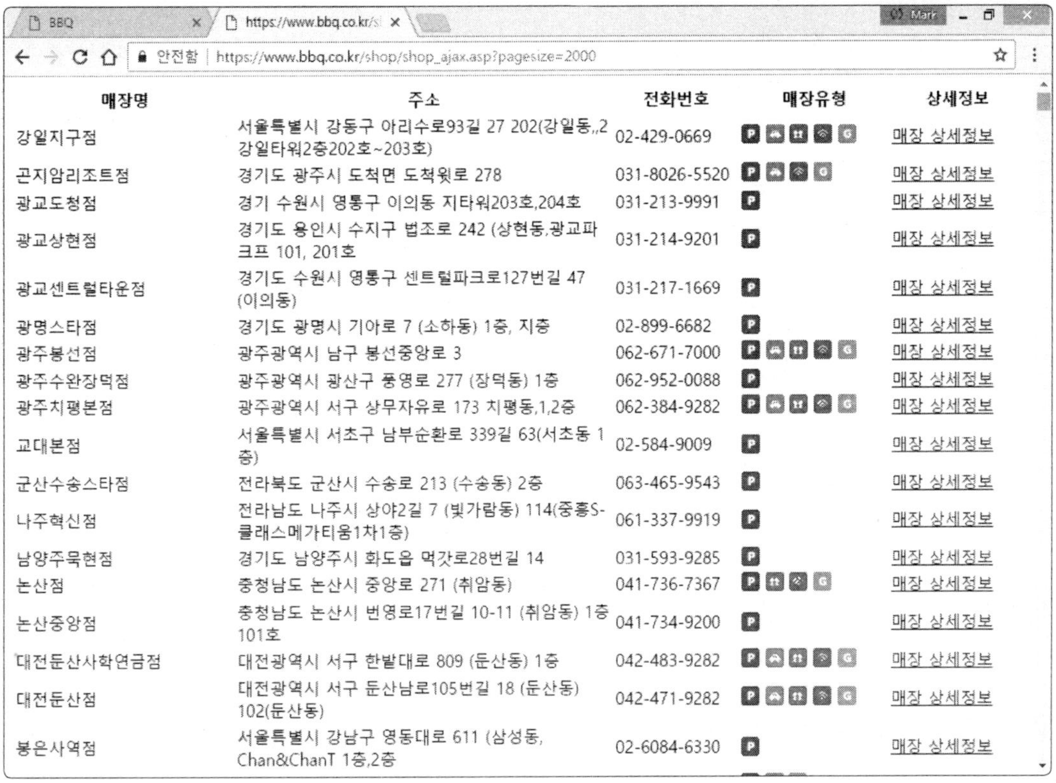
BBQ
https://www.bbq.co.kr/s
안전함 | https://www.bbq.co.kr/shop/shop_ajax.asp?pagesize=2000

매장명	주소	전화번호	매장유형	상세정보
강일지구점	서울특별시 강동구 아리수로93길 27 202(강일동,,2 강일타워2층202호~203호)	02-429-0669		매장 상세정보
곤지암리조트점	경기도 광주시 도척면 도척윗로 278	031-8026-5520		매장 상세정보
광교도청점	경기 수원시 영통구 이의동 지타워203호,204호	031-213-9991		매장 상세정보
광교상현점	경기도 용인시 수지구 법조로 242 (상현동,광교파크프 101, 201호	031-214-9201		매장 상세정보
광교센트럴타운점	경기도 수원시 영통구 센트럴파크로127번길 47 (이의동)	031-217-1669		매장 상세정보
광명스타점	경기도 광명시 기아로 7 (소하동) 1층, 지층	02-899-6682		매장 상세정보
광주봉선점	광주광역시 남구 봉선중앙로 3	062-671-7000		매장 상세정보
광주수완장덕점	광주광역시 광산구 풍영로 277 (장덕동) 1층	062-952-0088		매장 상세정보
광주치평본점	광주광역시 서구 상무자유로 173 치평동,1,2층	062-384-9282		매장 상세정보
교대본점	서울특별시 서초구 남부순환로 339길 63(서초동 1층)	02-584-9009		매장 상세정보
군산수송스타점	전라북도 군산시 수송로 213 (수송동) 2층	063-465-9543		매장 상세정보
나주혁신점	전라남도 나주시 상야2길 7 (빛가람동) 114(중흥S-클래스메가티움1차1층)	061-337-9919		매장 상세정보
남양주묵현점	경기도 남양주시 화도읍 먹갓로28번길 14	031-593-9285		매장 상세정보
논산점	충청남도 논산시 중앙로 271 (취암동)	041-736-7367		매장 상세정보
논산중앙점	충청남도 논산시 번영로17번길 10-11 (취암동) 1층 101호	041-734-9200		매장 상세정보
대전둔산사학연금점	대전광역시 서구 한밭대로 809 (둔산동) 1층	042-483-9282		매장 상세정보
대전둔산점	대전광역시 서구 둔산남로105번길 18 (둔산동) 102(둔산동)	042-471-9282		매장 상세정보
봉은사역점	서울특별시 강남구 영동대로 611 (삼성동, Chan&ChanT 1층,2층	02-6084-6330		매장 상세정보

그림 75. 자바스크립트 AJAX 데이터를 직접 호출한 결과

AJAX 호출을 하면서 pagesize를 2000으로 준 것은 BBQ 매장이 2,000개는 넘지 않으리라는 가정에서 지정한 것이고, 만약 2,000개 이상의 매장을 가지고 있다면 페이지 기법을 사용해서 다음 페이지를 호출해서 데이터를 가지고 와야 할 것이다. 수신된 데이터를 확인하기 위하여 HTML 소스보기를 수행하면 다음과 같은 구조로 데이터가 생성된 것을 확인할 수 있다.

```
<tbody>
  <tr>
    <td class="pdL25">강일지구점</td>
    <td>서울특별시 강동구 아리수로93길 27 202(강일동,,2강일타워2층202호~203호)</td>
    <td class="alignC">02-429-0669</td>
    <td class="alignL"><img src='/images/shop/ico_cafe.png' title='프리미엄카페'> <img src='/images/shop/ico_parking.png' alt='주차가능' title='주차가능'> <img src='/images/shop/ico_family.png' alt='패밀리룸' title='패밀리룸'> <img src='/images/shop/ico_wifi.png' alt='와이파이' title='와이파이'> <img src='/images/shop/ico_gg.png' alt='단체주문' title='단체주문'></td>
    <td class="alignC"><a href="/shop/shop_view.asp?CHAINID=3203" class="f12bG btn8">매장 상세 정보</a></td>
  </tr>
  ... (이하 반복)
</tbody>
```

표 13. BBQ 매장 정보 HTML 구조

수신된 데이터는 <tbody> 태그 안에 매장 당 하나의 <tr> 태그로 둘러싸여 있음을 알 수 있다. 우리는 앞 절에서 BeautifulSoup를 이용하여 데이터를 획득하는 방법에 대해 충분히 연습하였으므로 데이터를 가지고 오는 것이 그리 어려운 일은 아닐 것이다. 실제 데이터를 수집하기 위하여 파이썬 셸을 실행시킨 후 코드를 작성해 보자.

```
>>> import urllib.request
>>> from bs4 import BeautifulSoup
>>> html = urllib.request.urlopen('https://www.bbq.co.kr/shop/shop_ajax.asp?pagesize=2000')
>>> soupData = BeautifulSoup(html, 'html.parser')
>>> tbody = soupData.find('tbody')
>>> tbody
<tbody>
<tr>
<td class="pdL25">강일지구점</td>
<td>서울특별시 강동구 아리수로93길 27 202(강일동,,2강일타워2층202호~203호)</td>
<td class="alignC">02-429-0669</td>
<td class="alignL"><img src="/images/shop/ico_cafe.png" title="프리미엄카페"> <img alt="주차가능" src="/images/shop/ico_parking.png" title="주차가능"> <img alt="패밀리룸" src="/images/shop/ico_family.png" title="패밀리룸"> <img alt="와이파이" src="/images/shop/ico_wifi.png" title="와이파이">
```

```
<img alt="단체주문" src="/images/shop/ico_gg.png" title="단체주문"/></img></img></img></td>
<td class="alignC"><a class="f12bG btn8" href="/shop/shop_view.asp?CHAINID=3203">매장 상세정보</a></td>
</tr>
...(이하 반복)
</tbody>
>>>
```

먼저 해당 웹 페이지를 가지고 오기 위하여 urllib.request를 import하고, HTML 파싱을 위하여 BeautifulSoup를 import한다. JSON Data를 가지고 오기 위하여 urlopen() 메소드를 이용하여 해당 URL을 호출하고 이를 BeautifulSoup 객체로 생성한다. 우리는 이미 소스보기에서 해당 정보가 〈tbody〉 내부에 존재한다고 알고 있으므로, 해당 객체에서 〈tbody〉에 해당하는 부분만을 가지고 와서 출력해 보았다. 이제는 각각의 〈tr〉을 가지고 오면서 데이터를 추출하기만 하면 된다.

```
>>> result = []
>>> for store_tr in tbody.findAll('tr'):
        tr_tag = list(store_tr.strings)
        store_name = tr_tag[1]
        store_address = tr_tag[3]
        store_sido_gu = store_address.split()[:2]
        result.append([store_name] + store_sido_gu + [store_address])
>>> len(result)
1460
>>> result[0]
['강일지구점', '서울특별시', '강동구', '서울특별시 강동구 아리수로93길 27 202(강일동,,2강일타워2층202호~203호)']
>>> result[len(result)-1]
['SK이천하이닉스점', '경기도', '이천시', '경기도 이천시 부발읍 경충대로 2102 101']
>>> import pandas as pd
>>> bbq_table = pd.DataFrame(result, columns=('store', 'sido', 'gungu', 'store_address'))
>>> bbq_table.to_csv("d:/temp/chicken_data/bbq.csv", encoding="cp949", mode='w', index=True)
>>>
```

먼저, 저장할 리스트를 만들기 위하여 result 리스트를 생성하고, 추출한 tbody에서 모든 〈tr〉 태그를 findAll()로 찾은 후 For 문을 이용하여 순차적으로 가지고 온다. strings() 함수를 이용하면 해당 객체의 모든 값을 어레이 형태로 가지고 오는데 예를 들면 다음과 같은 구조이다.

```
>>> tr_tag
['\n', 'SK이천하이닉스점', '\n', '경기도 이천시 부발읍 경충대로 2102 101', '\n', '031-632-9282', '\n', '\n', '매장 상세정보', '\n']
```

[1] 인덱스에는 가맹점 이름이, [3] 인덱스에는 주소가 들어 있는 것을 확인할 수 있으므로 store_name과 store_address 변수에 저장하고, store_address의 주소 구조가 "시/도[공란]군/구[공란] 이하 주소"의 형식으로 되어 있으므로 split()을 이용하여 분리하여 저장한 후 이를 하나의 리스트로 만들어 추가한 후 확인하면, 총 1460개의 레코드가 생성되었고, 데이터가 정상적으로 들어가 있는 것을 확인할 수 있다.

파이썬에서는 데이터 분석 시 표 형태로 데이터를 다루는 것이 편리하기 때문에 pandas라는 패키지를 사용한다. pip를 이용하여 이를 인스톨한 후 저장을 한다(pandas에 대해서는 다음 장에서 자세하게 설명한다). 데이터가 정확하게 저장되었는지 확인하기 위하여 지정한 경로에 있는 .csv 파일을 열면 그림 76과 같이 1460개의 데이터가 저장된 것을 확인할 수 있다.

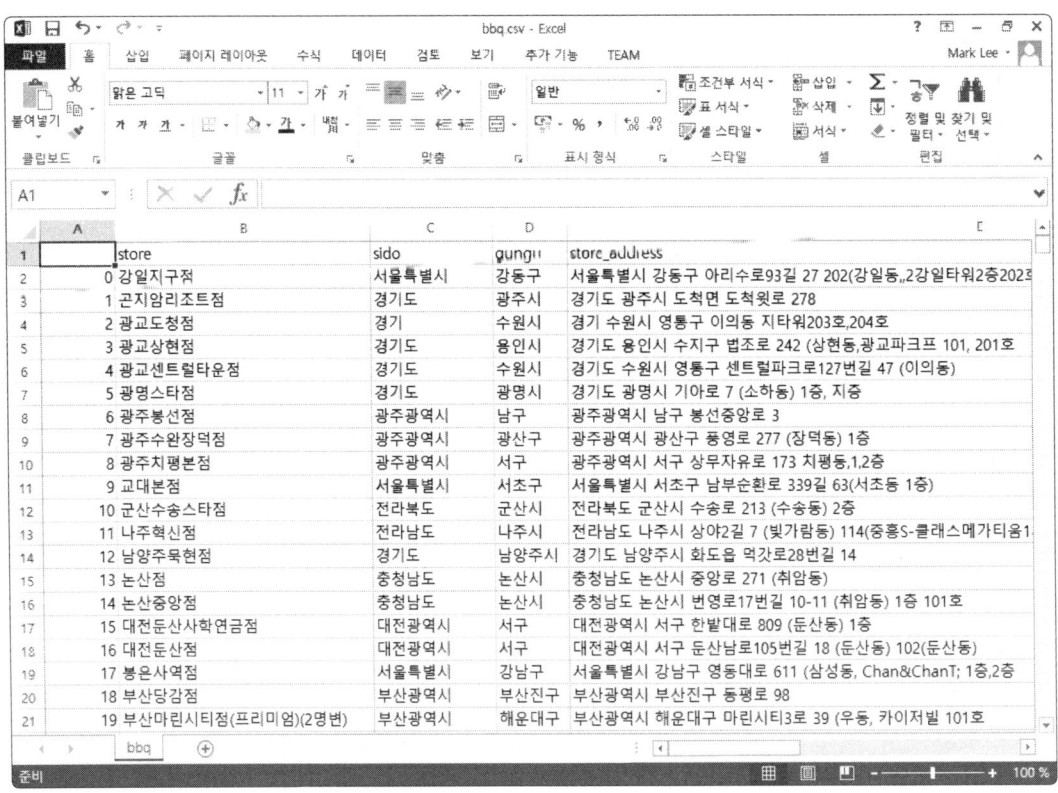

그림 76. BBQ 매장 정보 저장

실제 저장된 데이터를 확인해 보면 중복되거나 주소 부분이 잘못 입력되어서 시·도와 군·구 정보가 제대로 분리 안 된 부분이 있는데, 이는 데이터 처리를 통해 해결할 수 있으므로 일단은 그냥 두기로 하자.

9.2.2 페리카나 매장 정보: 중복된 HTML 태그 내 추출

페리카나 매장 정보를 검색하기 위하여 홈페이지에 접속하면 그림 77과 같이 초기 페이지에서 매장에 대한 리스트가 나타나고, 하단에 페이지로 이동할 수 있는 페이지 인덱스가 부여되어 있는 것을 확인할 수 있다.

그림 77. 페리카나 매장 찾기

앞 절에서 BBQ 매장 정보 호출 방법을 확인한 것처럼 HTML 소스를 그림 78처럼 불러온다.

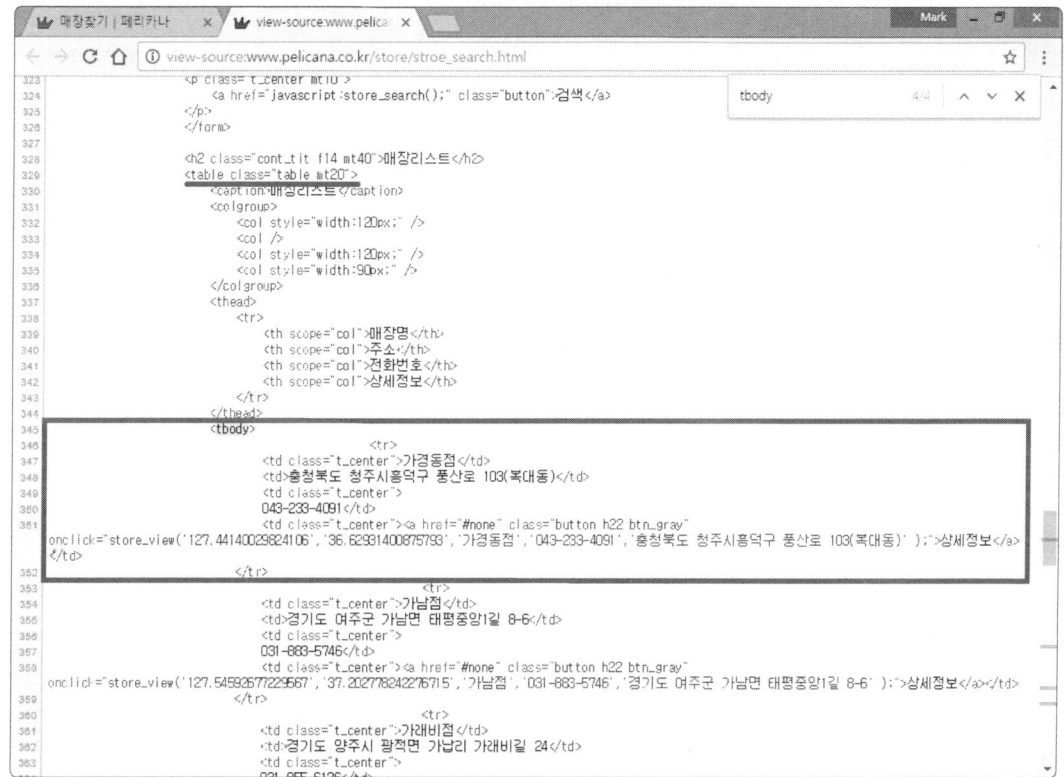

그림 78. 페리카나 홈페이지 매장 정보 HTML

그림 78에서 확인하면 BBQ 매장과 같이 <tbody> 태그 내에 <tr> 태그로 둘러싸여 각 매장 정보가 있는 것이 확인되었다. 그런데 검색을 해보니 <tbody> 태그가 HTML 하단에 그림 79와 같이 하나 더 있는 것이 확인된다.

그림 79. 또 다른 <tbody> 태그 존재

하나의 홈페이지에 <tbody> 태그가 두 개 존재하므로 BeautifulSoup을 이용하여 <tbody> 태그를 가지고 오면 하나는 원하지 않는 정보를 가지고 있을 것이 분명하다. 물론 처음에 나온 <tbody> 태그의 데이터만 사용하면 되겠지만, HTML을 자세히 확인해 보니 그림 78의 실제 정보가 있는 <tbody> 태그의 상위 <table> 태그의 클래스명이 class="table mt20"이고 그림 79의 경우에는 class="table left_tbl mt20"로 다른 것을 확인할 수 있다. 그러므로 클래스명을 이용하여 원하는 태그들만을 가지고 올 수 있는 구조라는 것이 확인되었다.

페이징 처리는 하단의 페이지 태그를 확인해 보면 그림 80과 같다는 것을 확인할 수 있다.

그림 80. 페이지 이동

페이지의 이동은 URL 뒤에 'page=#페이지번호#'의 형태로 전달하는 것으로 확인된다. 결론적으로 페리카나 가맹점 주소를 가지고 오기 위해서는 http://www.pelicana.co.kr/store/stroe_search.html?page=[페이지번호]&branch_name=&gu&si=의 URL 형식을 가지면 된다는 것이 확인되었다(주의: store_search가 아니고 stroe_search이다).

다음 코드를 살펴보자.

```
>>> del result[:]
>>> from itertools import count
for page_idx in count():
    html = urllib.request.urlopen('http://www.pelicana.co.kr/store/stroe_search.html?page=%s&branch_name=&gu&si=' % str(page_idx+1))
    soupData = BeautifulSoup(html, 'html.parser')
    store_table = soupData.find('table', attrs={'class':'table mt20'})
    tbody = store_table.find('tbody')
    bEnd = True
    for store_tr in tbody.findAll('tr'):
        bEnd = False
        tr_tag = list(store_tr.strings)
        store_name = tr_tag[1]
        store_address = tr_tag[3]
        store_sido_gu = store_address.split()[:2]
        result.append([store_name] + store_sido_gu + [store_address])
        if (bEnd == True):
            break
```

먼저 앞 절에서 데이터를 저장한 result 리스트를 del 함수를 이용해 초기화한다. 페리카나 가맹점 주소 검색 페이지 URL에 페이지 번호를 증가시키면서 호출하기 위하여 iterrools를 이용하여 url의 page 파라미터 값을 하나씩 증가시키며 for문을 수행한다.

수신한 HTML 파일은 BeautifulSoup을 이용하여 객체로 만들고, 두 개의 〈tbody〉 태그를 분리하기 위해 class가 table mt20에 해당하는 〈tbody〉만 가지고 온다. 맨 마지막 페이지의 경우 〈tbody〉 태그는 존재하지만 내부의 〈tr〉 태그가 존재하지 않으므로 반복문을 종료하기 위해 bEnd라는 변수를 하나 부여한다. tbody 객체의 모든 〈tr〉 태그를 가지고 온 후 태그의 값을 어레이에서 비비큐 매장 검색과 동일한 방법으로 찾아오면 된다.

그 다음 코드를 살펴보자.

```
>>> len(result)
1202
>>> result[0]
['가경동점', '충청북도', '청주시흥덕구', '충청북도 청주시흥덕구 풍산로 103(복대동)']
>>> result[len(result)-1]
['CNTTEST', '00', '18', '00 18 신사동 주소']
>>> tr_tag
['\n', 'CNTTEST', '\n', '00 18 신사동 주소', '\n', '\r\n\t\t\t\t\t\t02-123-1234 ', '\n', '상세정보', '\n']
```

총 1202개의 데이터를 수신하였고, 이 중 맨 마지막 데이터를 확인해 보니 조금은 이상한 정보가 있어서 실제 홈페이지의 맨 마지막 데이터를 살펴 보니 동일한 데이터가 있었다. 아마도 개발자가 페이지 테스트와 카운트 테스트를 위해 집어넣은 데이터를 삭제하지 않은 것으로 보인다.

그 다음 코드를 살펴보자.

```
>>> pericana_table = pd.DataFrame(result, columns=('store', 'sido', 'gungu', 'store_address'))
>>> pericana_table.to_csv("d:/temp/chicken_data/pericana.csv", encoding="cp949", mode='w', index=True)
>>>
```

마찬가지로 데이터 프레임을 하나 생성하고 pandas에서 제공하는 to_csv() 메소드를 이용하여 데이터를 저장한 후 확인해 보면 그림 81과 같이 정상적으로 저장된 것을 확인할 수 있다.

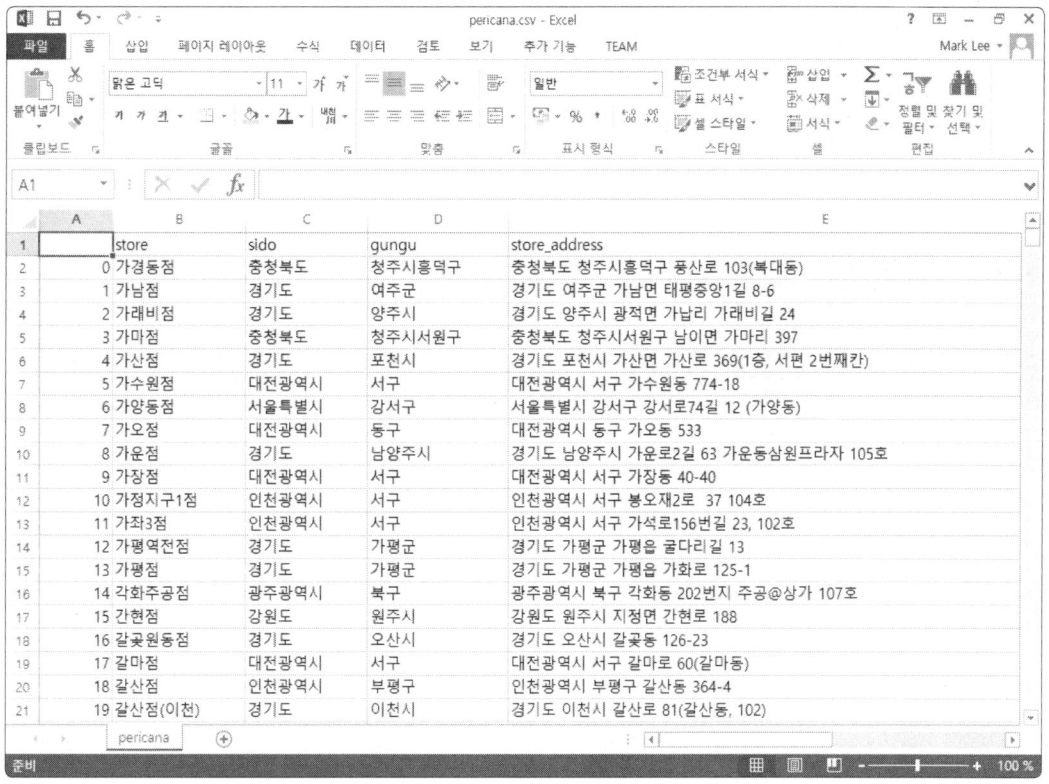

그림 81. 페리카나 매장 정보 저장

그림 81을 보면 '군구' 정보가 원하는 형태가 아닌 다른 형태로 저장된 것이 보인다. 원 주소가 "충청북도 청주시 흥덕구…"의 형식으로 들어가 있다면 '군구' 정보에 '청주시'만 들어가 있을텐데 띄어쓰기가 부정확해서 함께 붙어서 입력된 것을 볼 수 있다. 데이터는 추후에 보정하기로 하자.

9.2.3 네네치킨 매장 정보: XML 형식

네네치킨 정보를 얻기 위하여 http://nenechicken.com/subpage/where_isNene.asp?value=41로 이동하면 데이터가 지리 정보와 함께 그림 82와 같이 나타나는 것을 확인할 수 있다.

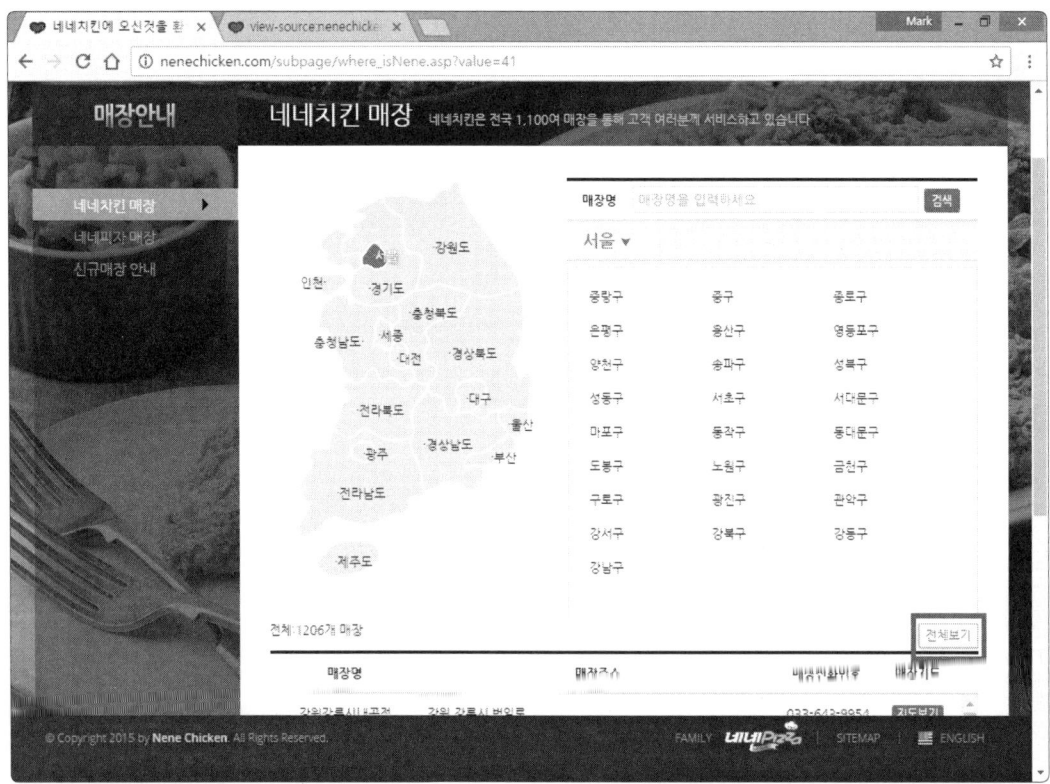

그림 82. 네네치킨 매장 정보 검색

그림 82와 같이 초기 페이지에서 서울을 중심으로 데이터를 가지고 오지만 [전체보기]라는 페이지가 있는 것이 확인된다. [전체보기]가 호출되는 형식을 확인하기 위하여 개발자 모드(F12)를 호출한다(HTML 소스보기를 하지 않는 이유는 분명히 자바스크립트를 이용해 AJAX 호출을 하는 형태로 구성되었을 것이 예상되기 때문이다).

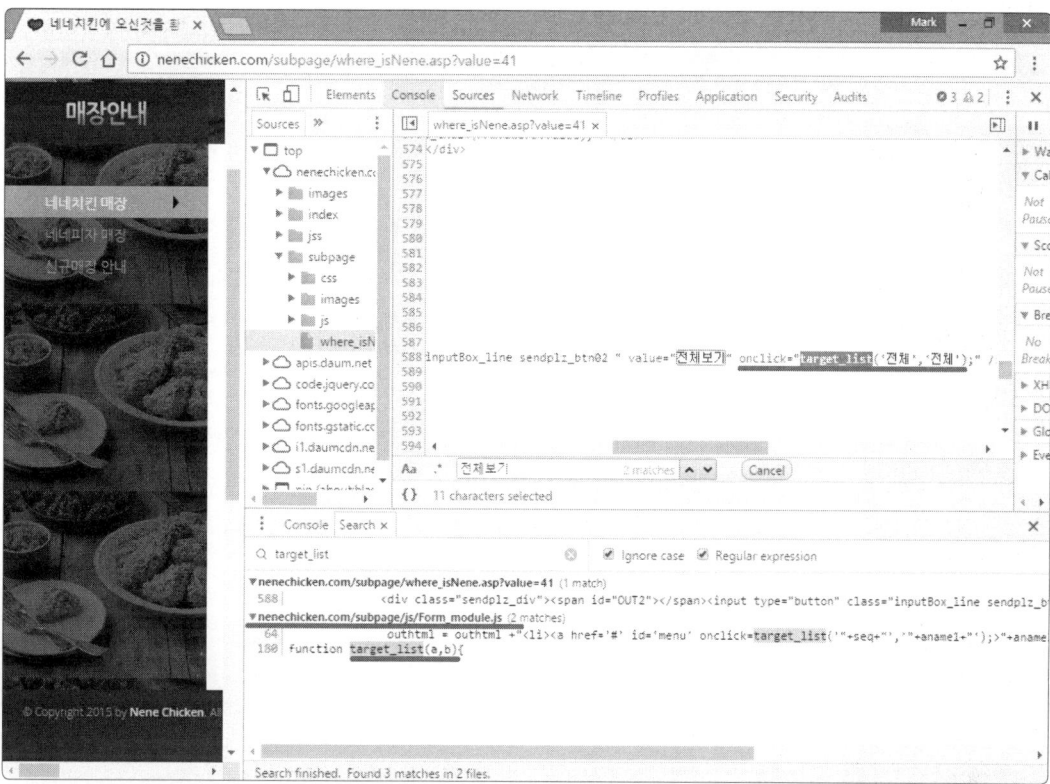

그림 83. 개발자 모드(F12)에서의 확인

개발자 모드로 변경한 후 해당 페이지에서 '전체보기' 라는 태그를 검색해 보니 예상대로 target_list()라는 자바스크립트 함수를 호출하고 있다. 하단의 [search] 탭에서 target_list라는 함수를 검색해보니 nenechicken/subpage/js/Form_module.js 파일에 선언되어 있는 것이 확인된다. 해당 함수를 클릭하여 접근해 보면 그림 84와 같이 함수가 구성되어 있는 것을 확인할 수 있다.

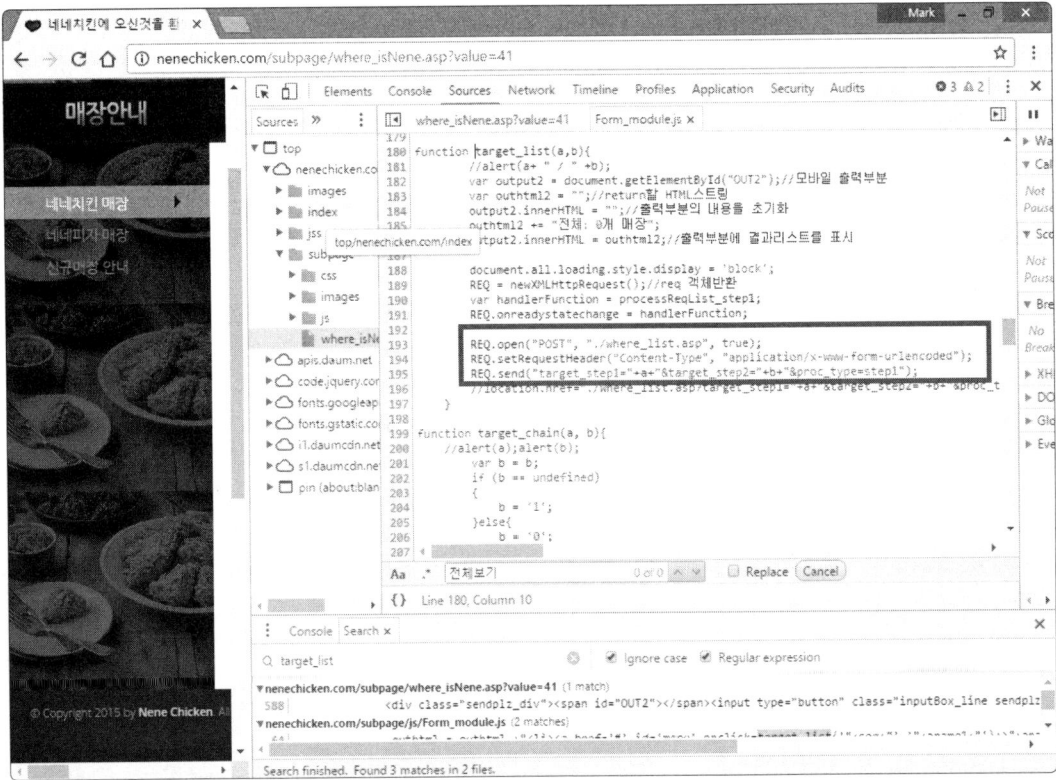

그림 84. target_list(a, b) 자바스크립트 함수

그림 84를 보면 함수에서는 AJAX 형식으로 URL에 두 개의 인자를 http://nenechicken.com/subpage/where_list.asp?target_step1="+a+"&target_step2="+b+"&proc_type=step1 형식으로 전송한다. 이 때 전체 페이지의 경우 그림 83에서 확인되듯이 a=전체, b=전체가 인자가 되므로 전체 페이지를 가지고 오는 URL은 http://nenechicken.com/subpage/where_list.asp?target_step1=전체&target_step2=전체&proc_type=step1의 형식이 될 것이다. 해당 URL로 페이지를 호출해 보면 그림 85와 같다.

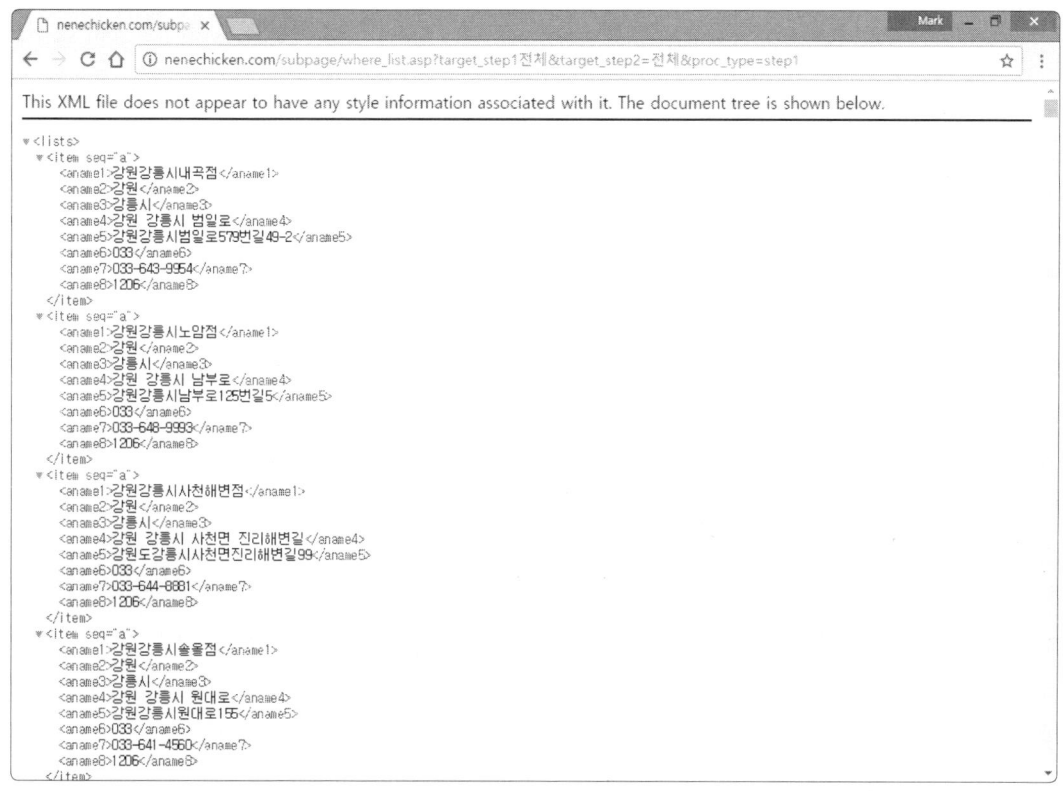

그림 85. XML 형식으로 구성되어 있는 가맹점 주소 리스트

그림 85에서 보듯이 전체 리스트를 가지고 왔는데, HTML 형식이 아니고 XML 형식으로 되어 있다. BeautifulSoup에서도 XML 형식의 데이터를 파싱할 수 있으나, 이번에는 파이썬 내장 라이브러리인 ElementTree를 사용하겠다. ElementTree는 외부 라이브러리로 존재하다가 파이썬 2.5 버전 이후에 통합되어 사용되고 있다.

코드를 자세히 살펴보자.

```
>>> del result[:]
>>> import xml.etree.ElementTree as ET
>>> response = urllib.request.urlopen('http://nenechicken.com/subpage/where_list.asp?target_step2=%s&proc_type=step1&target_step1=%s' % (urllib.parse.quote('전체'), urllib.parse.quote('전체')))
>>> html = response.read().decode('UTF-8')
>>> root = ET.fromstring(html)
>>> for element in root.findall('item'):
        store_name = element.findtext('aname1')
        store_sido = element.findtext('aname2')
        store_gungu = element.findtext('aname3')
        store_address = element.findtext('aname5')

        result.append([store_name] + [store_sido] + [store_gungu] + [store_address])
>>> len(result)
1206
>>> result[0]
['강원강릉시내곡점', '강원', '강릉시', '강원강릉시범일로579번길49-2']
>>> result[len(result)-1]
['충북충주시한국교통대점', '충북', '충주시', '충북충주시대소원면대학로28']
>>>
```

이번 예에서는 BeautifulSoup을 사용하지 않기 때문에 urlopen()을 이용해 얻어온 HTTPResponse 객체의 데이터 내용을 read() 함수를 이용하여 읽어온 후 decode('UTF-8')을 이용하여 디코딩하였다. 그림 85의 XML 형식을 확인하면 [Root] > [item] > [aname] 구조로 되어 있는 것을 확인할 수 있다. 그러므로 먼저 ElementTree를 이용하여 Root의 값을 가지고 온 후 findAll()을 이용하여 모든 item 객체를 가지고 온 후 각각의 객체에서 필드 값을 가지고 오면 된다. 수집한 데이터는 result 리스트에 계속 추가하면서 for문을 반복하면 우리가 필요로 하는 데이터가 편리하게 리스트에 저장된다.

그 다음 코드를 살펴보자.

```
>>> nene_table = pd.DataFrame(result, columns=('store', 'sido', 'gungu', 'store_address'))
>>> nene_table.to_csv("d:/temp/chicken_data/nene.csv", encoding="cp949", mode='w', index=True)
>>>
```

마찬가지로, 데이터 프레임을 하나 생성하고 pandas에서 제공하는 to_csv() 메소드를 이용하여 데이터를 저장한 후 확인해 보면 그림 86과 같이 정상적으로 저장된 것을 확인할 수 있다.

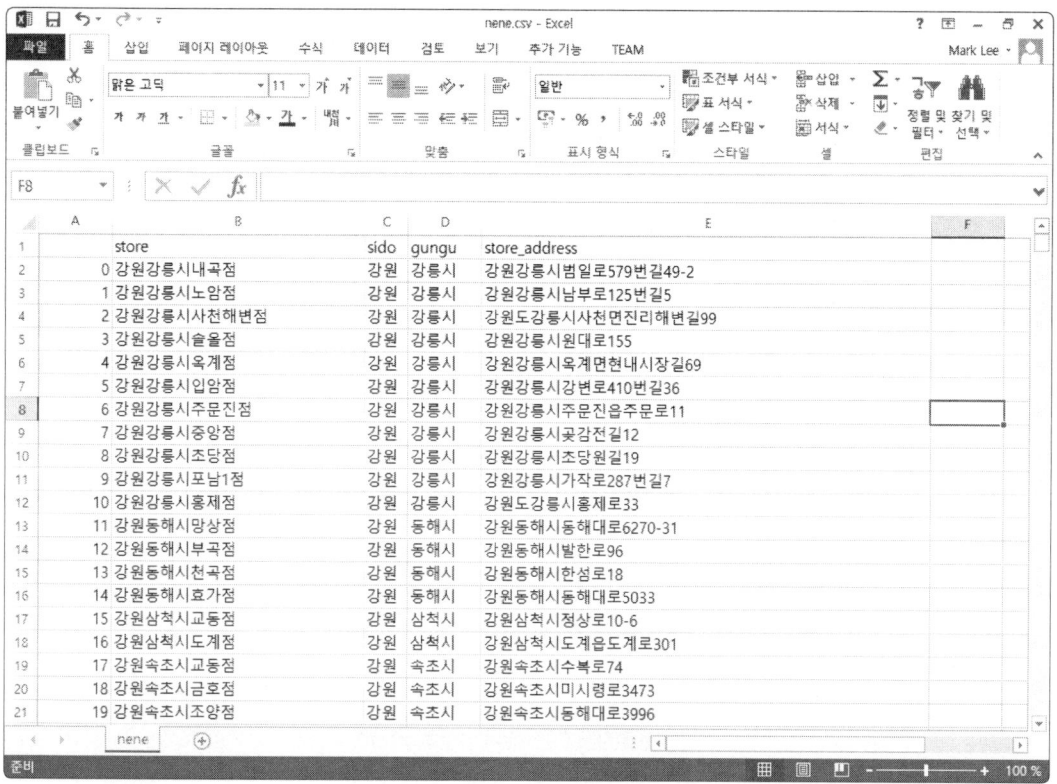

그림 86. 네네치킨 주소록

그림 86에서 확인한 것처럼 XML 형식의 데이터도 파이썬 내장 라이브러리를 이용하여 손쉽게 처리할 수 있다.

9.2.4 교촌치킨 매장 정보: 태그 내 다양한 태그 추출

교촌 치킨의 국내 매장 정보를 확인하기 위하여 http://www.kyochon.com/shop/domestic.asp로 이동하면 그림 87과 같이 AJAX를 이용하여 데이터를 가지고 오는 형식이라는 것이 직관적으로 느껴진다.

그림 87. 교촌치킨 매장찾기 초기 화면

초기에 매장에 대한 정보로 서울시 정보 중 일부를 가지고 오는 것 같으며, 전국의 매장을 '시/도' 중에 선택하면 그에 해당하는 '시/구/군' 정보를 AJAX를 이용하여 가지고 온다. [검색] 버튼을 누르면 동작하는 방법을 확인하기 위하여 개발자 모드(F12)를 호출한 후 [검색]을 찾아보면 그림 88과 같이 http://www.kyochon.com/shop/domestic.asp 페이지 내부의 search() 함수를 사용하고 있는 것이 확인된다.

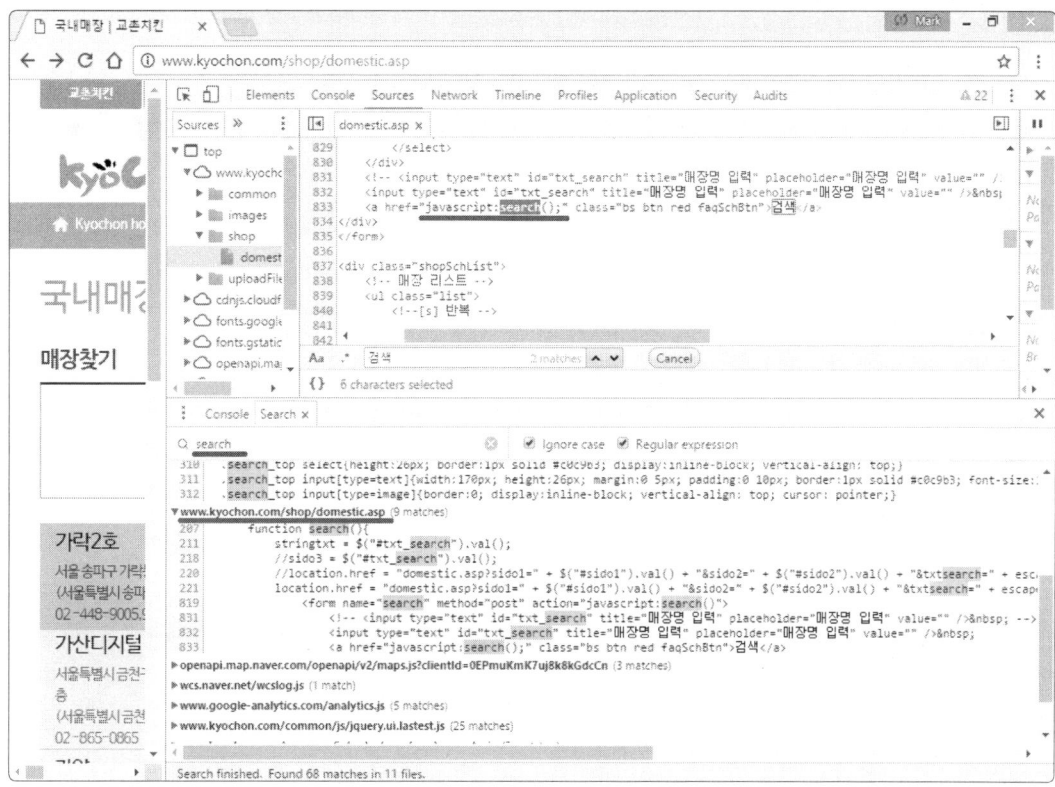

그림 88. search() 함수를 이용한 가맹점 정보 찾기

search() 함수는 두개의 Text field 값을 가지고 와서 URL을 코드 38과 같이 생성한다.

코드 38. search() 함수

```
function search(){
   sido1 = $("#sido1").val();
   sido2 = $("#sido2").val();

   stringtxt = $("#txt_search").val();
   var intlength = stringtxt.length;
   if (stringtxt.substr(-1) == "점" || stringtxt.substr(-1) == "역") {
      sido3 = stringtxt.substr(0, intlength-1);
   } else {
      sido3 = stringtxt;
   }
```

```
//sido3 = $("#txt_search").val();

//location.href = "domestic.asp?sido1=" + $("#sido1").val() + "&sido2=" + $("#sido2").val() +
"&txtsearch=" + escape($("#txt_search").val());
    location.href = "domestic.asp?sido1=" + $("#sido1").val() + "&sido2=" + $("#sido2").val() +
"&txtsearch=" + escape(sido3);
}
```

[코드 38]의 sido1의 값은 그림 87의 행정자치구역 정보 중 선택된 값인 것 같은데, 실제 HTML에서는 sido의 값을 가지고 있지 않고, 페이지가 로드되면서 가지고 오는 것으로 판단된다. 이를 확인하기 위하여 페이지가 처음 호출될 때 수행하는 $(document).ready(function() 함수의 내부에서 sido1이라는 id를 사용하는 부분이 있는지 확인하면 코드 39와 같이 AJAX 코드가 숨어 있는 것을 알 수 있다.

코드 39. sido1 선택이 바뀌는 경우를 위한 AJAX 코드

```
$.ajax({
    url: "/common/xml/district/sido.xml",
    dataType: 'text',
    success: function(data) {

        var sd = $(data).find("sidonm");
          sd.each(function(i){
              $(".shopSch .selType02 .selectCus").eq(0).append('<option value="'+(i+1)+'">'+$(this).text()+'</option>')

            if (i == ($(data).length - 1)) {
                bindNextS()
            }
        });

        $('#sido1').val('0').trigger('change');

    },
    error: function() {
        alert("error");
    }
});
```

해당 AJAX에서는 sido.xml 파일을 가지고 오는 것이 확인되므로 브라우저를 이용하여 sido.xml 파일을 열어보면 [코드 40]과 같이 구성되어 있다.

코드 40. sido.xml 파일

```
<list>
 <sidolist>
  <sido>11</sido>
  <sidonm>서울</sidonm>
 </sidolist>
 <sidolist>
  <sido>26</sido>
  <sidonm>부산</sidonm>
 </sidolist>
 ... (이하 중략)
</list>
```

코드 39의 find() 함수를 보면 〈option〉의 value 값으로 i+1의 값을 지정하는 것을 볼 수 있다. 즉, XML에서는 실질적으로 총 개수만이 의미가 있고, 실제 '시도'에 대한 값은 1, 2, …, 17까지 전달되는 것을 확인할 수 있다(실제는 XML 파일의 총 item 개수를 세서 확인해야 하지만 우리나라 시도 데이터를 선택하면 행정구역상의 17개가 들어 있다). XML 태그에서 자바스크립트 코딩을 살펴보면 서울은 1 값을 가지고 부산의 경우에는 2 값을 가지게 된다. 마찬가지로 sido2의 경우에는 해당 '시/도'에 따른 '시/군/구' 정보를 호출하는데 이는, 각 '시/도'마다 개수가 다르므로 원칙적으로는 xml의 개수를 확인해야 한다. 그러나 프로그램을 해본 경험으로는 인덱스가 맞지 않으면 오류를 발생하거나 데이터가 없다고 반환할 것이다. 이를 확인하기 위해 URL을 코드 38의 location.href에서 지정하는 형식으로 구성하여 http://www.kyochon.com/shop/domestic.asp?txtsearch=&sido1=1&sido2=100과 같은 형식으로 호출해 보면 그림 89처럼 500번 오류를 발생한다.

결론적으로, 500번 오류를 발생하면 해당 '시/도'에 더 이상 '시/군/구' 데이터가 없다는 의미로 판단해도 무리가 없다(사실 책을 쓰면서는 원칙에 맞게 코딩을 해야 한다. 필자는 현업에서 코딩을 하면서 원칙대로 코딩을 하지 않는다고 가끔 잔소리(?)를 듣는다. 시간이 된다면 앞에서 배운 ElementTree를 이용해 root를 얻은 후 len(root.getchildren()) 함수를 이용하면 된다. 이 방법이 몇 줄 걸리지 않지만 사용하지 않는 이유는 어차피 정상적인 코드를 만들기 위해서는 HTTPResponse 객체를 가지고 올 때 오류 처리를 하기 때문이다. 절대로 필자의 귀차니즘 때문은 아니다).

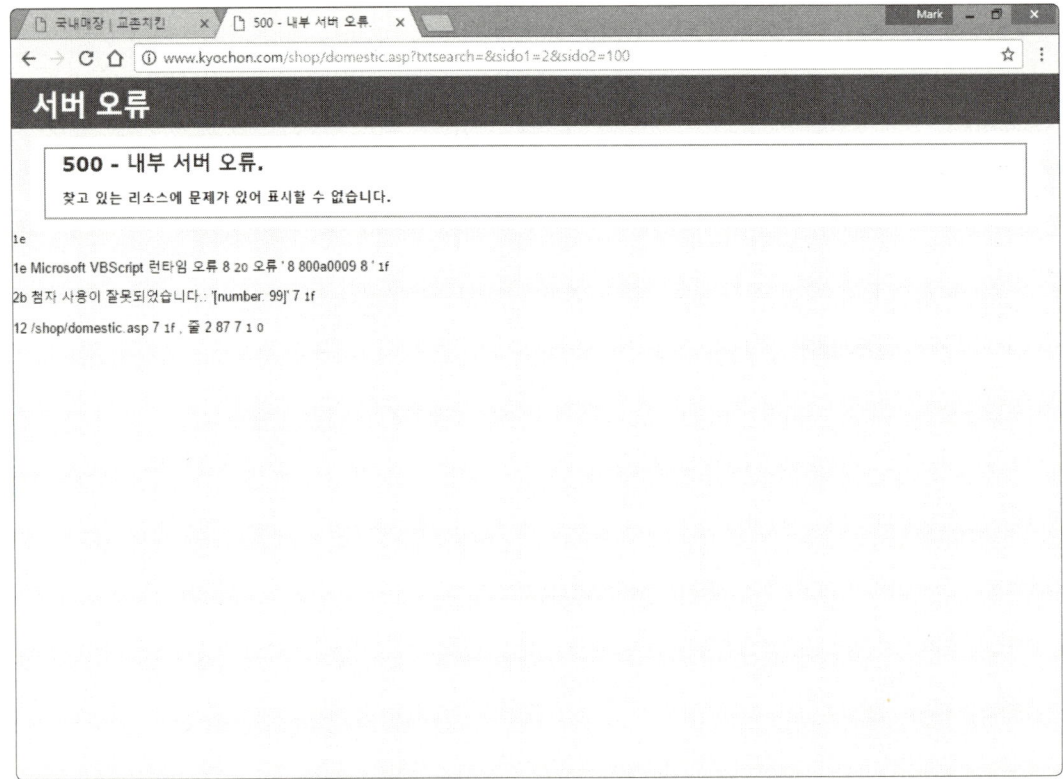

그림 89. 인덱스 오류에 따른 500번 오류 반환

AJAX 요청을 통해 수신되는 데이터 형식을 확인하기 위하여 http://www.kyochon.com/shop/domestic.asp?txtsearch=&sido1=1&sido2=1과 같은 형식의 데이터를 요청하면 코드 41과 같은 형식의 데이터가 수신된다.

코드 41. 교촌치킨 가맹점 정보 수신 HTML 형식

```
<div class="shopSchList">
  <!-- 매장 리스트 -->
  <ul class="list">
    <li>
      <a href="javascript:mapchange('서울 강동구 고덕동 650-1','고덕1호','541');">
        <dl>
          <dt>고덕1호</dt>
          <dd>
            서울 강동구 고덕동 650-1<br />
            (서울특별시 강동구 고덕로61길 116)<br />
            02 -481-9503~4
          </dd>
        </dl>
      </a>
```

```
            <p class="goView" onclick="return location.href='/shop/domestic_sch.asp?shop_
  id=541&sido1=1&sido2=2'"><img src="../images/shop/bg_btn_shop_on.gif" alt="상세" /></p>
      </li>
      … (이하 반복)
    </ul>
    <!-- 지도 -->
    <div class="mapBox" id="itfsMap">
    </div>
 </div>
```

코드 41을 확인하면 〈ul class="list"〉 태그 내부에 〈li〉 태그 형식으로 가맹점 정보가 연속적으로 존재하는 것이 확인된다. 데이터를 연속적으로 수신하기 위하여 다음과 같이 코드를 작성한다.

코드를 자세히 살펴보자.

```
>>> del result[:]
>>> for sido1 in range(1, 18):
    for sido2 in count():
        Kyochon_URL = 'http://www.kyochon.com/shop/domestic.asp?txtsearch=&sido1=%s&sido2=%s' % (str(sido1), str(sido2 +1))
        print (Kyochon_URL)
        try:
            html = urllib.request.urlopen(Kyochon_URL)
            soupData = BeautifulSoup(html, 'html.parser')

            ul_tag= soupData.find('ul', attrs={'class': 'list'})
            for store_data in ul_tag.findAll('a', href=True):
                store_name = store_data.find('dt').get_text()
                store_address = store_data.find('dd').get_text().strip().split('\r')[0]
                store_sido_gu = store_address.split()[:2]
                result.append([store_name] + store_sido_gu + [store_address])
        except:
            break

http://www.kyochon.com/shop/domestic.asp?txtsearch=&sido1=1&sido2=1
http://www.kyochon.com/shop/domestic.asp?txtsearch=&sido1=1&sido2=2
http://www.kyochon.com/shop/domestic.asp?txtsearch=&sido1=1&sido2=3
http://www.kyochon.com/shop/domestic.asp?txtsearch=&sido1=1&sido2=4
… (이하 중략)
http://www.kyochon.com/shop/domestic.asp?txtsearch=&sido1=17&sido2=1
http://www.kyochon.com/shop/domestic.asp?txtsearch=&sido1=17&sido2=2
http://www.kyochon.com/shop/domestic.asp?txtsearch=&sido1=17&sido2=3
>>> len(result)
1026
>>> result[0]
['개포1호', '서울', '강남구', '서울 강남구 개포4동 1212-3 선광빌딩 1층']
>>> result[len(result)-1]
['한림협재', '제주도', '제주시', '제주도 제주시 한림읍 한림리 1582-8']
>>>
```

먼저 17개 광역시도의 값을 인덱스로 주기 위하여 range() 값을 부여한 for문을 수행하면서 '시/군/구' 인덱스를 for문으로 만들어 낸다. 앞에서 언급한 것처럼 try…except 문을 이용하여 HTTPResponse 객체를 요청하다가 500번 오류가 발생하면 내부의 for문을 종료한다. 수신한 ul_tag 객체는 ⟨a⟩ 태그를 가맹점수만큼 가지고 있으므로 findAll()을 이용하여 모두 가지고 온 후 각 태그의 데이터를 get_text() 메소드를 이용하여 가지고 와서 result 리스트에 추가한다.

그 다음 코드를 살펴보자.

```
>>> kyochon_table = pd.DataFrame(result, columns=('store', 'sido', 'gungu', 'store_address'))
>>> kyochon_table.to_csv("d:/temp/chicken_data/kyochon.csv", encoding="cp949", mode='w', index=True)
>>>
```

마찬가지로 데이터 프레임을 하나 생성하고 pandas에서 제공하는 to_csv() 메소드를 이용하여 데이터를 저장한 후 확인해 보면 그림 90과 같이 정상적으로 저장된 것을 확인할 수 있다.

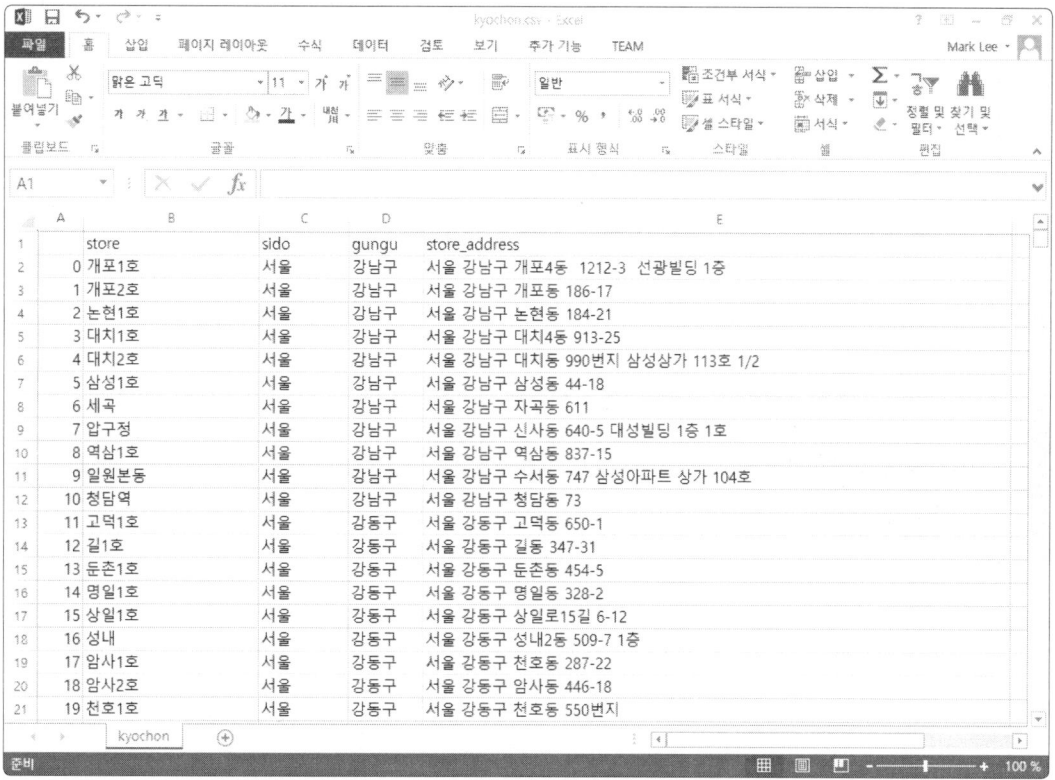

그림 90. 저장된 교촌치킨 가맹점 목록

9.2.5 처갓집양념치킨 매장 정보: CP949 인코딩

처갓집양념치킨의 가맹점 정보는 초기 화면에 접속한 후 [SEARCH] 버튼을 누르면 그림 91과 같이 http://www.cheogajip.co.kr/establish02_02.html 페이지에서 전체 가맹점 정보가 페이징되면서 나타난다.

그림 91. 처갓집양념치킨 가맹점 정보 페이지

우리는 이미 다양한 형태의 HTML 파일을 파싱하여 가지고 오는 방법을 알아보았다. HTML 페이지를 확인하기 위하여 개발자 모드(F12)로 전환하여 보니 웹 페이지상에는 정상으로 보이는 체인명 및 주소가 그림 92처럼 전부 깨져서 보인다.

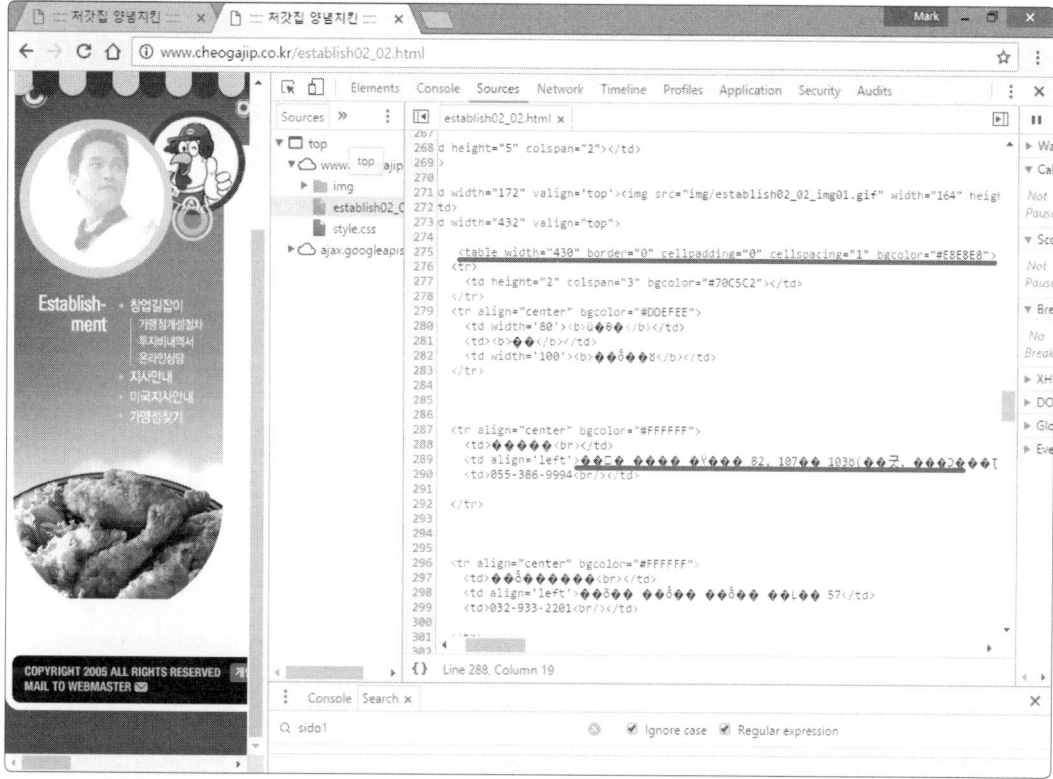

그림 92. 한글이 깨져 보이는 처갓집양념치킨 HTML

기본적으로 HTML은 영어권을 대상으로 초기에 만들어졌고, 다국어를 제공하기 위하여 lang=ko 태그와 〈meta charset="utf-8"〉 태그를 이용하여 HTML 페이지의 인코딩을 지정한다. 그런데 처갓집양념치킨 웹 사이트의 경우에는 페이지 인코딩 정보가 없고 한글이 깨져 보인다. 이런 경우 일반적으로 윈도우 환경에서 HTML을 작성하고 그대로 서버에 저장하여 발생하는 경우가 대부분인데, 윈도우는 기본적으로 CP949 인코딩 방법을 사용한다. 웹 브라우저의 소스보기에서는 기본 인코딩 정보를 UTF-8로 인식하기 때문에 그림 92와 같이 한글이 깨져 보이는 현상이 나타나는 것이다.

다음 코드를 살펴보자.

코드 42. 처갓집양념치킨 HTML 구조

```
<table width="430" border="0" cellpadding="0" cellspacing="1" bgcolor="#E8E8E8">
<tr>
  <td height="2" colspan="3" bgcolor="#70C5C2"></td>
```

```
</tr>
<tr align="center" bgcolor="#DDEFEE">
   <td width='80'><b>체인명</b></td>
   <td><b>주소</b></td>
   <td width='100'><b>전화번호</b></td>
</tr>
<tr align="center" bgcolor="#FFFFFF">
   <td>강화남산점<br/></td>
   <td align='left'>인천시 강화군 강화읍 충렬사로 57</td>
   <td>032-933-2201<br/></td>
</tr>
… (이하 반복)
</table>
```

코드 42는 처갓집양념치킨의 HTML 구조를 확인한 것이다. <table> 태그 내부에서 <tr> 태그를 이용하여 가맹점 정보를 표시하고 있는데, class 태그 등을 이용하여 타이틀 부분(체인명, 전화번호라고 기록된 부분)과 실제 가맹점 정보 부분을 분리하지 않고 있다. 그러나 <tr> 태그 내부를 보니 두 태그의 bgcolor가 다른 것을 확인할 수 있다. <tr> 태그의 bgcolor="#FFFFFF" 값만 가지고 오면 가맹점 정보만 가지고 올 수 있을 것이다. 페이지 처리는 page=#page번호#의 형식으로 쿼리 스트링(Query String)을 만들어 전달하면 된다.

다음 코드를 살펴보자.

```
>>> del result[:]
>>> for page_idx in count():
    Cheogajip_URL = 'http://www.cheogajip.co.kr/establish02_02.
html?&search=&keyword=&page=%s' % str(page_idx+1)
    print (Cheogajip_URL)
    response = urllib.request.urlopen(Cheogajip_URL)
    soupData = BeautifulSoup(response.read().decode('CP949'), 'html.parser')

    store_trs = soupData.findAll('tr', attrs={'align': 'center', 'bgcolor':'#FFFFFF'})

    if (store_trs):
      for store_tr in store_trs:
        tr_tag = list(store_tr.strings)
        if (tr_tag[1].count('[휴점]') == 0):
          store_name = tr_tag[1]
          store_address = tr_tag[3]
          store_sido_gu = store_address.split()[:2]
          result.append([store_name] + store_sido_gu + [store_address])
    else:
      break

http://www.cheogajip.co.kr/establish02_02.html?&search=&keyword=&page=1
http://www.cheogajip.co.kr/establish02_02.html?&search=&keyword=&page=2
http://www.cheogajip.co.kr/establish02_02.html?&search=&keyword=&page=3
... (이하 중략)
http://www.cheogajip.co.kr/establish02_02.html?&search=&keyword=&page=98
http://www.cheogajip.co.kr/establish02_02.html?&search=&keyword=&page=99
>>> len(result)
962
>>> result[0]
['평산점', '경상남도', '양산시', '경상남도 양산시 신명로 82, 107동 103호(평산동, 동일스위트1차)']
>>> result[len(result)-1]
['제주서귀포점', '제주특별자치도', '서귀포시', '제주특별자치도 서귀포시 동홍동 113-3']
>>>
```

먼저 각 page 인덱스를 만들기 위하여 itertools를 사용하여 인덱스 값을 하나씩 증가시키면서 URL을 생성한다. 앞서 이야기했듯이 처갓집양념치킨은 HTML이 CP949로 인코딩되어 있으므로 디코딩한 HTML을 BeautifulSoup을 이용하여 객체로 생성한다. 모든 <tr> 태그 중 bgcolor 값이 #FFFFFF인 것만 가지고 온 후 만약 데이터가 없는 경우에는 for문을 종료하고, 그렇지 않은 경우에는 각 태그 값에서 데이터를 가지고 온다. if문을 둬서 [휴점]을 걸러낸 이유는 현재 영업하지 않는 가맹점의 경우에는 가맹점 이름 앞에 [휴점]이라고 명기되어 있기 때문이다.

다음 코드를 살펴보자.

```
>>> cheogajip_table = pd.DataFrame(result, columns=('store', 'sido', 'gungu', 'store_address'))
>>> cheogajip_table.to_csv("d:/temp/chicken_data/cheogajip.csv", encoding="cp949", mode='w', index=True)
>>>
```

마찬가지로 데이터 프레임을 하나 생성하고 pandas에서 제공하는 to_csv() 메소드를 이용하여 데이터를 저장한 후 확인해 보면 그림 93과 같이 정상적으로 저장된 것을 확인할 수 있다.

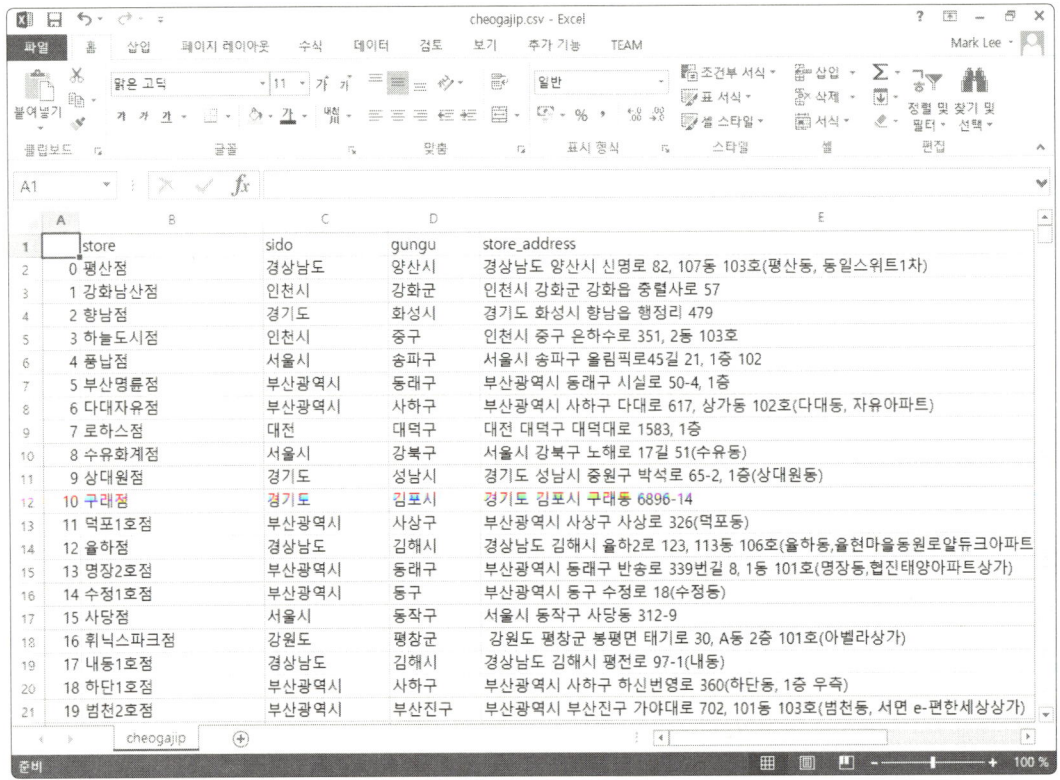

그림 93. 저장된 처갓집양념치킨 가맹점 목록

9.2.6 굽네치킨 매장 정보: selenium - 브라우저 시뮬레이션

굽네치킨의 가맹점 정보를 확인하기 위하여 http://www.goobne.co.kr/store/search_store.jsp로 이동하면 그림 94와 같이 초기에 가맹점 리스트를 전부 보여주고 있다.

그림 94. 굽네치킨 가맹점 조회 화면

초기에 HTML이 로딩되면서 전체 가맹점 리스트를 보여주고 있으며, 페이징은 자바스크립트를 이용하여 javascript:store.getList('#페이지번호#');와 같은 형식으로 호출하고 있는 것으로 확인된다. HTML이 어떻게 전달되는지 확인하기 위하여 소스보기를 해보면 그림 95와 같이 자바스크립트를 이용하여 <tbody> 태그 부분의 값을 고쳐 쓰는 것으로 판단된다.

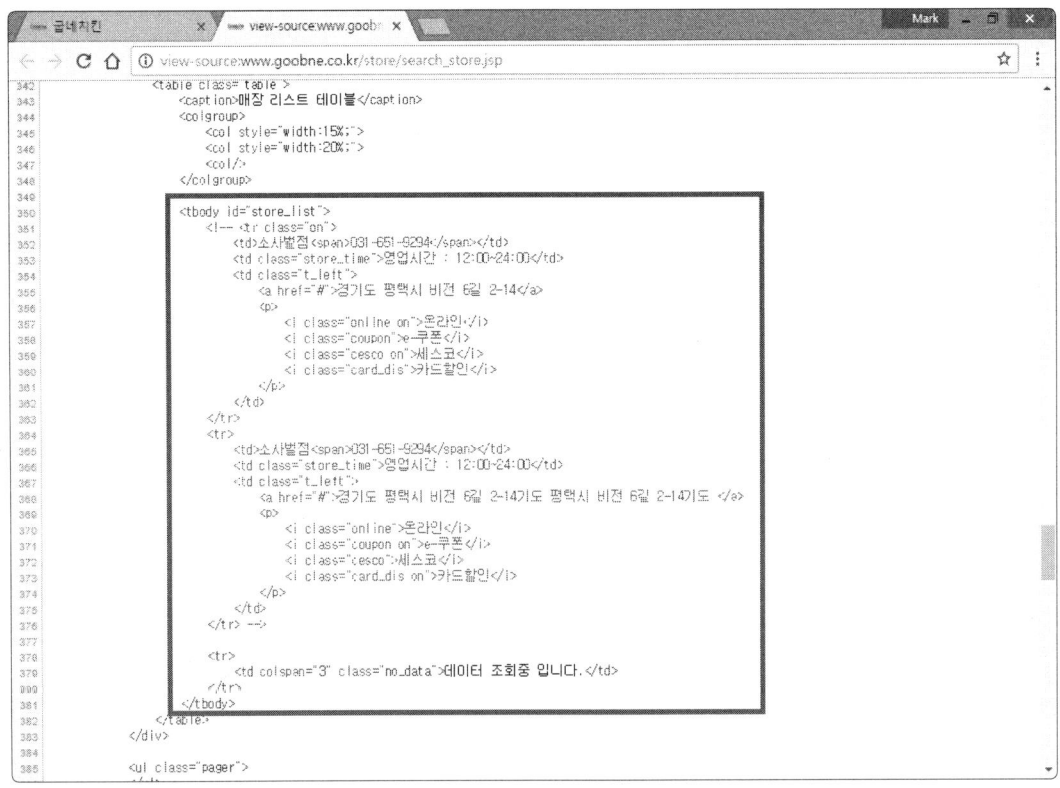

그림 95. 굽네치킨의 가맹점 정보 HTML

실제 해당 자바스크립트 파일을 보면 onclick 이벤트를 해당 id 값으로 분류하여 필요한 함수를 호출하고 있고, 작성된 API를 이용하여 데이터를 수신하고 있다. BeautifulSoup의 경우에는 수신한 HTML을 정적으로 파싱하고 urlopen() 함수의 경우에도 자바스크립트 함수는 실행을 시킬 수 없기 때문에 이를 처리하기 위한 다른 방법이 필요하다.

Selenium은 원래 웹 사이트의 테스트를 목적으로 제작된 라이브러리로써 테스트 절차를 코드로 구성하면 실제 브라우저를 동작시켜 해당 절차를 수행하도록 설계되었다. 그러나 이 기능을 이용하면 자바스크립트 등을 실행하고 이에 대한 결과를 가지고 올 수 있기 때문에 동적으로 구성된 페이지의 데이터를 크롤링하거나 스크린 캡처(테스트 동작 자체를 하나의 동영상으로 만들 수 있다) 용도로도 많이 사용된다.

Selenium 파이썬 패키지는 WebDriver와 함께 구동되는데 WebDriver란 특정 웹 브라우저의 원격 제어 인터페이스(remote control interface)를 제공함으로써 웹 브라우저를 이용하여 DOM 요소나 자바스크립트 등을 동작할 수 있도록 한다. WebDriver는 자신이 사용할 운영체제와 웹 브라우저를 지원하는 버전을 다운로드 받아 설치해야 정상적으로 동작한다.

1. selenium과 WebDriver의 설치

먼저 파이썬이 설치된 경로로 이동하여 selenium을 인스톨한다.

> [파이썬 설치 경로]>pip install selenium

인스톨이 정상적으로 되면 웹 브라우저를 실행시킨 후 http://www.seleniumhq.org/download/로 이동하면 그림 96과 같이 각종 라이브러리와 드라이버를 다운로드할 수 있다.

그림 96. Selenium 공식 홈페이지

그림 96에서 Third Party Driver 항목 중 Google Chrome Driver를 선택하면(만약 독자 중 다른 웹 브라우저를 사용한다면 해당 드라이버를 선택하면 된다) 그림 97과 같이 구글 WebDriver 페이지로 이동한다.

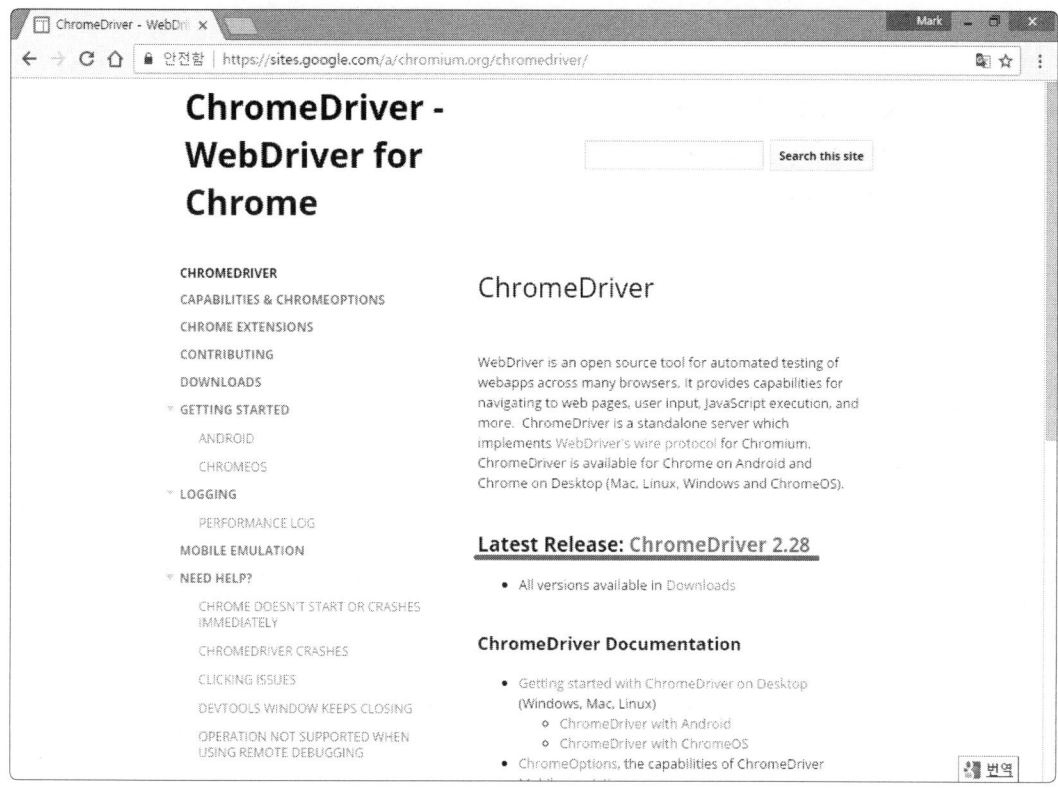

그림 97. 최신 크롬 WebDriver 다운로드 페이지

그림 97에서 최근 발표된(Latest Release) ChromeDriver 2.28 링크를 선택하면 그림 98과 같이 변경된 사항에 대한 정보를 보여준다.

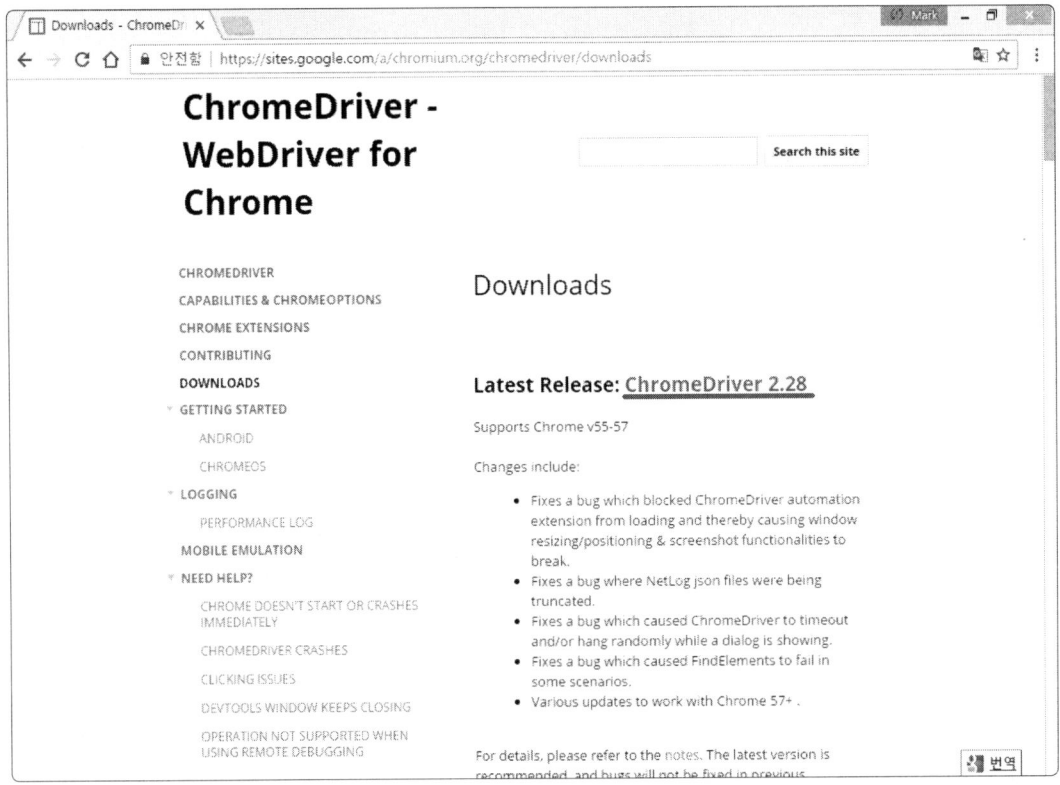

그림 98. 최신 버전의 WebDriver 다운로드

다운로드를 위하여 최신 버전의 링크를 누르면 그림 99와 같이 파일을 다운로드 받을 수 있는 링크가 나타난다.

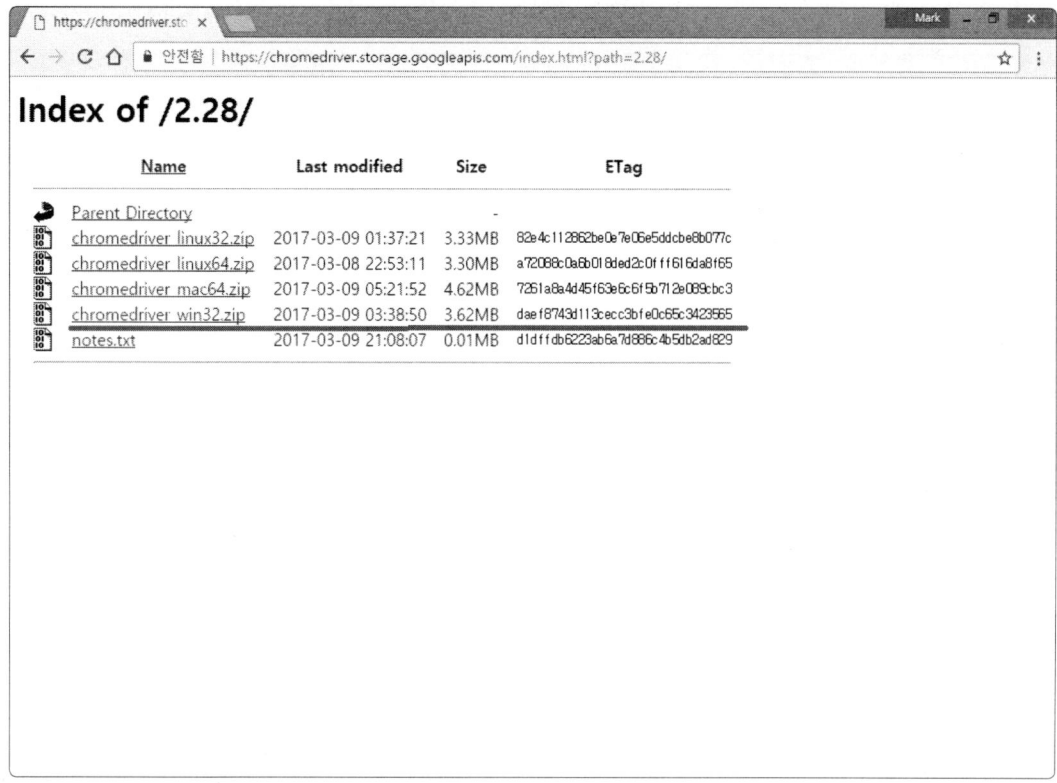

그림 99. 운영체제별 크롬 WebDriver 다운로드

자신의 운영체제에 맞는 파일을 선택한 후 다운로드 받아 그림 100과 같이 적당한 위치에 저장하고 압축을 푼다 (필자의 경우에는 파이썬이 설치된 디렉터리 아래에 WebDrive 폴더를 만들고 압축을 해제하였다).

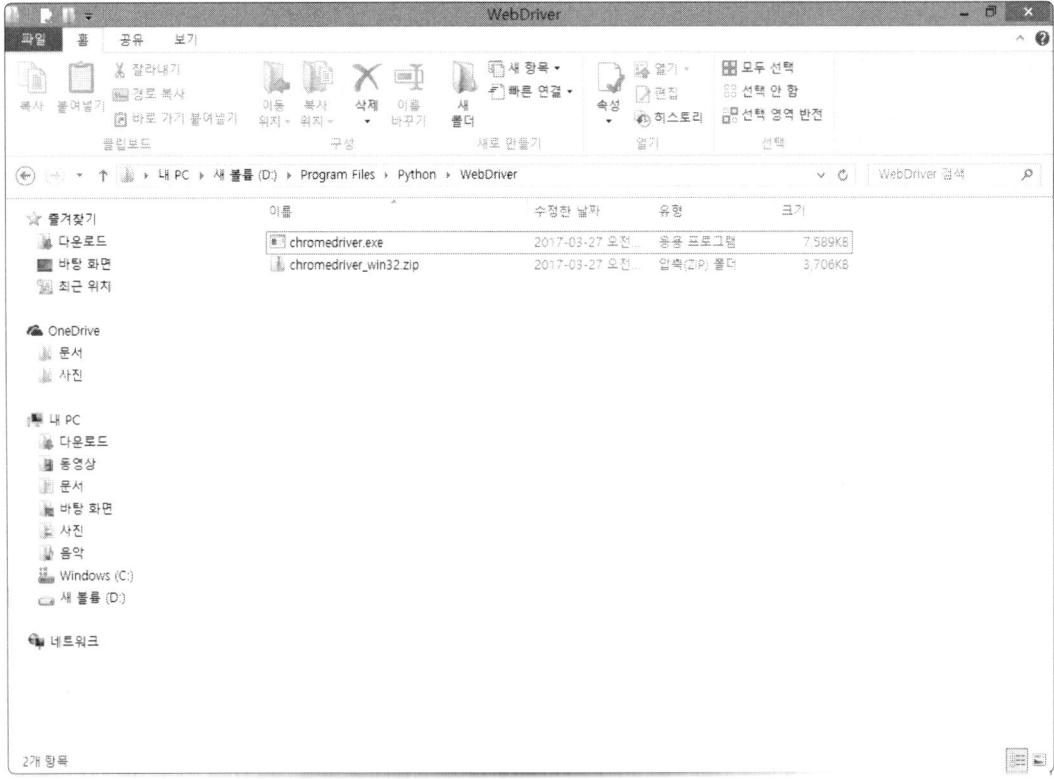

그림 100. 다운로드 받은 압축 파일의 해제

이로써 간단하게 웹 테스팅을 지원하는 Selenium과 크롬 WebDriver를 설치하였다.

2. Selenium 테스트

파이썬에서 테스트를 하기 위하여 파이썬 쉘을 띄운 후 다음과 같이 실행한다.

```
>>> from selenium import webdriver
>>> wd = webdriver.Chrome('d:/Program Files/Python/WebDriver/chromedriver.exe')
>>> wd.get('http://www.google.com')
>>>
```

selenium과 WebDriver가 정상적으로 설치되었으면 Chrome()의 인자로 다운로드 받은 크롬 웹드라이버의 경로를 지정하고 get() 함수를 이용하여 URL을 지정하면 그림 101과 같이 해당 URL을 포함한 크롬 웹 브라우저가 나타날 것이다.

그림 101. 크롬 WebDriver를 이용하여 브라우저를 호출

호출한 브라우저를 닫기 위한 명령은 다음과 같이 quit()를 사용한다. 정상적으로 quit()가 수행되면 호출한 브라우저가 자동으로 닫힌다.

```
>>> wd.quit()
>>>
```

이제 굽네치킨의 데이터를 가지고 오기 위하여 다음의 코드를 실행해 보자.

```
>>> from selenium import webdriver
>>> wd = webdriver.Chrome('d:/Program Files/Python/WebDriver/chromedriver.exe')
>>> wd.get('http://www.goobne.co.kr/store/search_store.jsp')
>>> wd.execute_script("store.getList('1')")
>>> html = wd.page_source
>>> print (html)
<!DOCTYPE html><html xmlns="http://www.w3.org/1999/xhtml" lang="ko"><head>
<!-- Header doc -->
… (이하 중략)
<table class="table">
<caption>매장 리스트 테이블</caption>
<colgroup>
<col style="width:15%;" />
<col style="width:20%;" />
<col />
</colgroup>
<tbody id="store_list">
<tr class="on lows" idx="788" onclick="store.viewdt('788','37.2755111612','127.070853941');" id="788">
<td>흥덕지구점<span><!--031-651-9294--></span></td>
<td class="store_phone"><a href="javascript:void(0);" onclick="store.tel
dt('031 212 9203');">031 212 9203</a></td>
<td class="t_left">
    <a href="javascript:void(0);">경기도 용인시 기흥구 흥덕1로 79번길 9, 105호</a>
    <p>
      <i class="online ">온라인</i>
      <i class="coupon ">e-쿠폰</i>
      <!--<i class="cesco on">세스코</i>-->
      <i class="card_dis ">카드할인</i>
    </p>
  </td>
</tr>
… (이하 반복)
```

Selenium을 이용하여 크롬 웹 브라우저를 실행시키고 수행하여야 할 페이지를 get()을 이용하여 로드한 후 execute_script()를 이용하여 페이지 내의 자바스크립트 코드를 수행한 후 page_source 프로퍼티를 이용하여 html 데이터를 읽어 보았다. 예상한 대로 수집된 HTML 코드의 중간에 store_list 아이디를 가지는 〈tbody〉 태그가 수신되었고, 해당 가맹점 정보가 〈tr〉 태그 내에 존재하는 것이 확인된다.

이제 페이지를 이동하면서 데이터를 수신하도록 코드를 수정해 보자.

```
>>> import time
>>> def GoobneAddress(result):

    Goobne_URL = 'http://www.goobne.co.kr/store/search_store.jsp'

    wd = webdriver.Chrome('d:/Program Files/Python/WebDriver/chromedriver.exe')
    wd.get(Goobne_URL)
    time.sleep(10)

    for page_idx in count():

        wd.execute_script("store.getList('%s')" % str(page_idx + 1))
        print ("PageIndex [%s] Called" % (str(page_idx + 1)))

        time.sleep(5)

        rcv_data = wd.page_source

        soupData = BeautifulSoup(rcv_data, 'html.parser')

        for store_list in soupData.findAll('tbody', attrs={'id': 'store_list'}):
            for store_tr in store_list:
                tr_tag = list(store_tr.strings)
                if (tr_tag[0] == '등록된 데이터가 없습니다.'):
                    return result

                store_name = tr_tag[1]
                if (tr_tag[3] == ''):
                    store_address = tr_tag[5]
                else:
                    store_address = tr_tag[6]
                store_sido_gu = store_address.split()[:2]

                result.append([store_name] + store_sido_gu + [store_address])
>>> del result[:]
>>> GoobneAddress(result)
PageIndex [1] Called
PageIndex [2] Called
… (이하 중략)
PageIndex [97] Called
PageIndex [98] Called
>>> len(result)
961
>>> result[0]
['흥덕지구점', '경기도', '용인시', '경기도 용인시 기흥구  흥덕1로 79번길 9, 105호']
>>> result[len(result)-1]
['가곡수동점', '경기도', '남양주시', '경기도 남양주시 수동면 비룡로 716']
>>>
```

코드의 중간에 get() 함수를 이용하여 크롬 브라우저를 호출한 후 sleep()을 이용하여 10초 동안 잠시 멈춘다. WebDriver가 비동기식으로 수행되기 때문에 다음 코드로 너무 빨리 넘어가면 웹 브라우저가 해당 URL을 미처 호출하기 전에 다음 코드를 수행하게 되어 오류가 발생할 수 있기 때문이다. 마찬가지로 execute_script()를 이용하여 주소록을 불러오는 경우에도 5초의 슬립을 준 이유는 해당 페이지를 웹 서버로부터 수신하기 전에 다른 코드가 수행되면 원하지 않는 결과를 얻을 수 있기 때문이다(슬립 시간은 테스트 PC의 환경, 인터넷 속도와 상관이 있으므로 적절히 조절하기 바란다).

코드가 정상적으로 수행된다면 크롬 웹 브라우저의 페이지 내에서 가맹점 정보가 계속 바뀌는 것을 확인할 수 있을 것이다. 이러한 원리로 웹 페이지 테스팅(부하 테스트 등)도 자동화할 수 있다.

데이터를 수신하다가 "등록된 데이터가 없습니다."라는 데이터가 나오면 해당 페이지가 더 이상 존재하지 않는 상황이므로 데이터 수집을 멈춘다.

다음 코드를 살펴보자.

```
>>> goobne_table = pd.DataFrame(result, columns=('store', 'sido', 'gungu', 'store_address'))
>>> goobne _table.to_csv("d:/temp/chicken_data/goobne.csv", encoding="cp949", mode='w', index=True)
>>>
```

앞에서와 마찬가지로 데이터 프레임을 하나 생성하고 pandas에서 제공하는 to_csv() 메소드를 이용하여 데이터를 저장한 후 확인해 보면 그림 102와 같이 정상적으로 저장된 것을 확인할 수 있다.

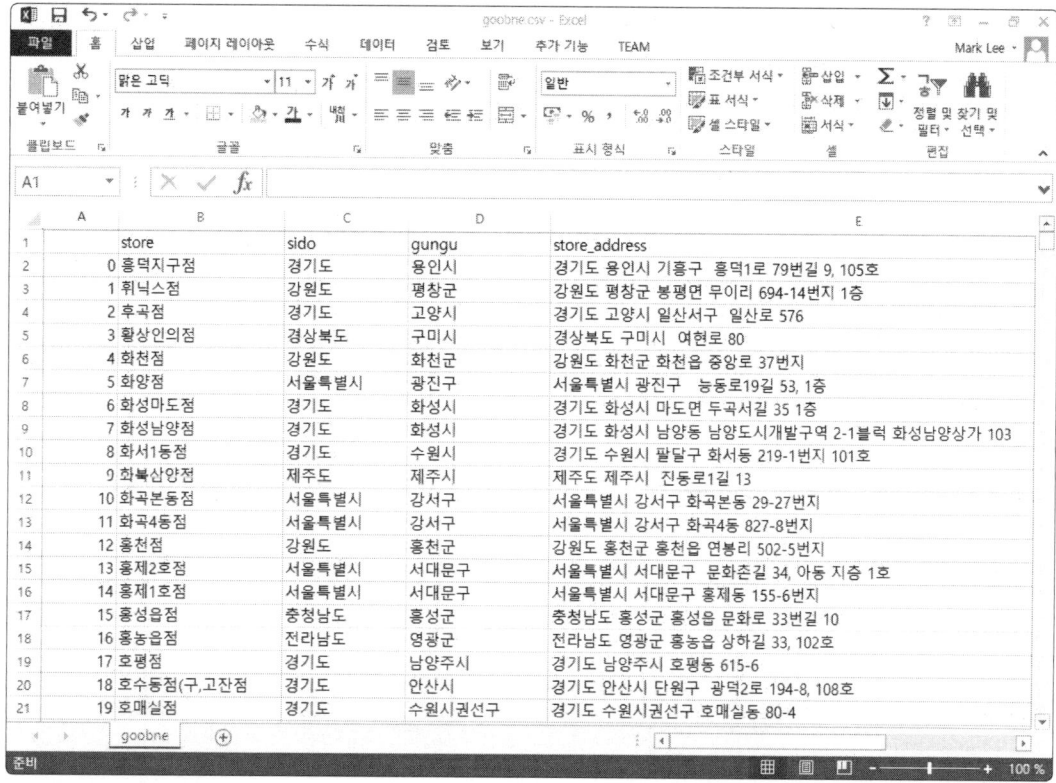

그림 102. 저장 내용 확인

9.2.7 통합 데이터 수집 코드

우리는 앞서 단위별로 코드를 수행하면서 데이터를 수집하였다. 이를 보기 좋게 하나의 코드로 정리했다.

코드 43. 국내 6개 프렌차이즈 닭집 주소록 수집 코드

```python
import urllib.request
from bs4 import BeautifulSoup
import pandas as pd
import datetime
from itertools import count
import xml.etree.ElementTree as ET

def get_request_url(url, enc='utf-8'):

    req = urllib.request.Request(url)
```

```python
    try:
        response = urllib.request.urlopen(req)
        if response.getcode() == 200:
            try:
                rcv = response.read()
                ret = rcv.decode(enc)
            except UnicodeDecodeError:
                ret = rcv.decode(enc, 'replace')

            return ret

    except Exception as e:
        print(e)
        print("[%s] Error for URL : %s" % (datetime.datetime.now(), url))
        return None

def getBBQAddress(result):

    BBQ_URL = 'https://www.bbq.co.kr/shop/shop_ajax.asp?page=1&pagesize=2000&gu=&si='
    print(BBQ_URL)

    rcv_data = get_request_url(BBQ_URL)
    soupData = BeautifulSoup(rcv_data, 'html.parser')

    tbody = soupData.find('tbody')

    tr_tag = []

    for store_tr in tbody.findAll('tr'):
        tr_tag = list(store_tr.strings)
        store_name = tr_tag[1]
        store_address = tr_tag[3]
        store_sido_gu = store_address.split()[:2]

        result.append([store_name] + store_sido_gu + [store_address])

    return

def getPelicanaAddress(result):

    for page_idx in count():

        Pelicana_URL = 'http://www.pelicana.co.kr/store/stroe_search.html?&branch_name=&gu=&si=&page=%s' % str(page_idx + 1)
        print ("[Pericana Page] : [%s]" % (str(page_idx + 1)))

        rcv_data = get_request_url(Pelicana_URL)
        soupData = BeautifulSoup(rcv_data, 'html.parser')
```

```python
        store_table = soupData.find('table', attrs={'class':'table mt20'})
        tbody = store_table.find('tbody')
        bEnd = True
        for store_tr in tbody.findAll('tr'):
            bEnd = False
            tr_tag = list(store_tr.strings)
            store_name = tr_tag[1]
            store_address = tr_tag[3]
            store_sido_gu = store_address.split()[:2]

            result.append([store_name] + store_sido_gu + [store_address])

        if (bEnd == True):
            return

    return

def getNeneAdddress(result):

    Nene_URL = 'http://nenechicken.com/subpage/where_list.asp?target_step2=%s&proc_type=step1&target_step1=%s' % (urllib.parse.quote('전체'), urllib.parse.quote('전체'))

    rcv_data = get_request_url(Nene_URL)

    root = ET.fromstring(rcv_data)

    for element in root.findall('item'):
        store_name = element.findtext('aname1')
        store_sido = element.findtext('aname2')
        store_gungu = element.findtext('aname3')
        store_address = element.findtext('aname5')

        result.append([store_name] + [store_sido] + [store_gungu] + [store_address])

    return

def getKyochonAddress(sido1, result):

    for sido2 in count():
        Kyochon_URL = 'http://www.kyochon.com/shop/domestic.asp?txtsearch=&sido1=%s&sido2=%s' % (str(sido1), str(sido2+1))
        print (Kyochon_URL)

        try:
            rcv_data = get_request_url(Kyochon_URL)
            soupData = BeautifulSoup(rcv_data, 'html.parser')

            ul_tag= soupData.find('ul', attrs={'class': 'list'})
```

```python
        for store_data in ul_tag.findAll('a', href=True):
            store_name = store_data.find('dt').get_text()
            store_address = store_data.find('dd').get_text().strip().split('\r')[0]
            store_sido_gu = store_address.split()[:2]
            result.append([store_name] + store_sido_gu + [store_address])
      except:
         break

   return

def CheogajipAddress(result):

   for page_idx in count():

      Cheogajip_URL = 'http://www.cheogajip.co.kr/establish02_02.html?&search=&keyword=&page=%s' % str(page_idx+1)

      print (Cheogajip_URL)
      response = urllib.request.urlopen(Cheogajip_URL)
      soupData = BeautifulSoup(response.read().decode('CP949'), 'html.parser')

      store_trs = soupData.findAll('tr', attrs={'align': 'center', 'bgcolor':'#FFFFFF'})

      if (store_trs):
         for store_tr in store_trs:
            tr_tag = list(store_tr.strings)
            if (tr_tag[1].count('[휴점]') == 0):
               store_name = tr_tag[1]
               store_address = tr_tag[3]
               store_sido_gu = store_address.split()[:2]
               result.append([store_name] + store_sido_gu + [store_address])
      else:
         break

   return

from selenium import webdriver
import time
def GoobneAddress(result):

   Goobne_URL = 'http://www.goobne.co.kr/store/search_store.jsp'

   wd = webdriver.Chrome('d:/Program Files/Python/WebDriver/chromedriver.exe')
   wd.get(Goobne_URL)
   time.sleep(10)

   for page_idx in count():
```

```python
        wd.execute_script("store.getList('%s')" % str(page_idx + 1))
        print ("PageIndex [%s] Called" % (str(page_idx + 1)))

        time.sleep(5)

        rcv_data = wd.page_source

        soupData = BeautifulSoup(rcv_data, 'html.parser')

        for store_list in soupData.findAll('tbody', attrs={'id': 'store_list'}):
            for store_tr in store_list:
                tr_tag = list(store_tr.strings)
                if (tr_tag[0] == '등록된 데이터가 없습니다.'):
                    return result

                store_name = tr_tag[1]
                if (tr_tag[3] == ''):
                    store_address = tr_tag[5]
                else:
                    store_address = tr_tag[6]
                store_sido_gu = store_address.split()[:2]

                result.append([store_name] + store_sido_gu + [store_address])

    return

def main():

    result = []

    print('BBQ ADDRESS CRAWLING START')
    getBBQAddress(result)
    bbq_table = pd.DataFrame(result, columns=('store', 'sido', 'gungu', 'store_address'))
    bbq_table.to_csv("d:/temp/chicken_data/bbq.csv", encoding="cp949", mode='w', index=True)
    del result[:]

    print('PERICANA ADDRESS CRAWLING START')
    getPelicanaAddress(result)
    pericana_table = pd.DataFrame(result, columns=('store', 'sido', 'gungu', 'store_address'))
    pericana_table.to_csv("d:/temp/chicken_data/pericana.csv", encoding="cp949", mode='w', index=True)
    del result[:]

    print('NENE ADDRESS CRAWLING START')
    getNeneAdddress(result)
    nene_table = pd.DataFrame(result, columns=('store', 'sido', 'gungu', 'store_address'))
    nene_table.to_csv("d:/temp/chicken_data/nene.csv", encoding="cp949", mode='w', index=True)
```

```
    del result[:]

    print('KYOCHON ADDRESS CRAWLING START')
    for sido1 in range(1, 18):
        getKyochonAddress(sido1, result)
    kyochon_table = pd.DataFrame(result, columns=('store', 'sido', 'gungu', 'store_address'))
    kyochon_table.to_csv("d:/temp/chicken_data/kyochon.csv", encoding="cp949", mode='w', index=True)
    del result[:]

    print('CHEOGAJIP ADDRESS CRAWLING START')
    CheogajipAddress(result)
    cheogajip_table = pd.DataFrame(result, columns=('store', 'sido', 'gungu', 'store_address'))
    cheogajip_table.to_csv("d:/temp/chicken_data/cheogajip.csv", encoding="cp949", mode='w', index=True)
    del result[:]

    print('GOOBNE ADDRESS CRAWLING START')
    GoobneAddress(result)
    goobne_table = pd.DataFrame(result, columns=('store', 'sido', 'gungu', 'store_address'))
    goobne_table.to_csv("d:/temp/chicken_data/goobne.csv", encoding="cp949", mode='w', index=True)

    print('FINISHED')
if __name__ == '__main__':
    main()
```

우리는 9장에서 API를 제공하지 않는 일반 웹 서비스의 데이터를 크롤링하기 위하여 BeautifulSoup 패키지를 이용하여 HTML 페이지를 파싱하는 방법에 대해 알아보았고, 자바스크립트로 동작하는 페이지를 위하여 Selenium 패키지를 사용하는 방법을 알아보았다. 저장된 데이터는 파트 3에서 지리 정보와 함께 사용할 예정이니, 성미가 급한 독자라면 바로 파트 3의 12장으로 이동해서 코드를 계속 확인해 보기 바란다.

파트 3 데이터 분석과 시각화

10장 빈도 분석: 형태소 분석 기반 그래프 및 워드 클라우드

11장 데이터 기반 추천: 데이터 상관관계 분석

12장 지리정보기반 시각화: 지리정보와 시각화

우리는 이전 파트에서 SNS 및 공공데이터포털에서 데이터를 수신하는 방법에 대해 이해하였다. 앞서서 이야기했듯이 데이터는 그 자체만으로는 큰 의미를 갖기 힘들다. 데이터는 사용자의 요구에 맞도록 가공, 분석되어 일목 요연하게 "정보"로 만들어져야 한다. 이번 파트에서는 데이터를 이용하여 필요한 분석을 수행하고 이를 시각화(Visualization)하여 좀 더 이해하기 쉬운 형태로 정보를 제공하는 방법에 대해 알아보도록 하겠다.

먼저 10장에서는 자연어 처리를 통하여 추출된 명사를 바탕으로 다빈도 숫자를 계산하고, 분석된 데이터에서 가장 많이 검출되는 명사가 어떤 것인지 알아보도록 하겠으며, 11장에서는 통계적 기법인 데이터 상관관계 분석을 통하여 데이터에 기반한 추천 서비스의 구성 방법을 알아보겠다. 마지막으로 12장에서는 지도 데이터를 생성하고, 이를 시각화함으로써 주요 지역 별 정보를 효율적으로 보여주는 방법을 제시하려고 한다.

10장 빈도 분석: 형태소 분석 기반 그래프 및 워드 클라우드

10.1 코엔엘파이(KoNLPy)의 설치 및 활용[KoNLPy 1]

10.2 그래프를 그리자: matplotlib

10.3 명사 추출 및 빈도 분석

자연어 처리는 우리가 사용하는 문장을 기계적으로 분석하여 컴퓨터가 이해할 수 있는 형태로 만드는 기술이라고 할 수 있다. 자연어 분석은 요즘 경쟁적으로 개발되는 인공지능(AI) 기술에서 고전적으로 요구되는 기술로써 수집한 데이터를 효율적으로 가공하기 위해 필수적이라 할 수 있다.

형태소 분석이란 어떤 대상 어절의 모든 가능한 분석 결과를 출력하는 것을 의미한다. 정보를 효율적으로 검색하기 위해서는 문장 중 주요 단어(색인어)를 추출할 수 있어야 하며, 이를 위해서 문장 중에 명사에 해당하는 부분만 추출해야 하는데 한글은 조사와 복합명사(명사 두개가 합쳐져 만들어진 명사) 등을 분리하기가 영어권 문장에 비해 상대적으로 힘들다.

복합 명사의 예	논밭 → '논' + '밭' 또는 "논밭" 눈물 → '눈' + '물' 또는 "눈물"
조사의 예	나는 → '나'(대명사) + '는'(조사)
어미의 예	나는 → '나'(동사: 날다) + '는'(관형형 어미)

위의 예에서 보듯이 다양한 형태의 활용과 의미 분석이 필요하므로 자연어 처리와 형태소 분석은 단순한 문제가 아니다. 국내에서는 형태소 분석을 효율적으로 처리하고 명사를 추출하는 것과 관련된 오픈소스 프로젝트가 몇 개 진행되고 있는데, 대표적으로 코엔엘파이와 은전한닢이 있다. 이 책에서는 코엔엘파이(KoNLPy)를 이용하여 형태소 분석을 진행한다.

10.1 코엔엘파이(KoNLPy)의 설치 및 활용[KoNLPy 1]

본 절에서는 코엔엘파이를 설치하고 간단한 프로그램을 작성하여 정상적으로 동작하는지 확인하도록 한다. 본 과정은 윈도우를 기반으로 하기 때문에 다른 OS의 경우에는 참고 문헌[KoNLPy 1]을 확인하여 진행하기 바란다.

코엔엘파이를 설치하기 위해서는 다음과 같은 절차가 필요하다. 만약 자바가 설치되어 있는 경우에는 1과 2의 과정은 수행하지 않아도 된다.

1. JAVA 1.7 이상 설치[KoNLPy 2]

오라클(Oracle) 사이트(http://www.oracle.com/technetwork/java/javase/downloads/index.html)로 이동하여 해당 OS에 맞는 JDK를 설치한다.

2. JAVA_HOME Path 설정

- JDK가 정상적으로 동작하기 위하여 JAVA_HOME 경로(Path)를 설정한다. 탐색기의 [내 컴퓨터]를 선택한 후 오른쪽 마우스를 눌러 [속성]을 선택한다.

- [고급 시스템 설정]을 선택한 후 [고급] 탭을 누르고 [환경변수]를 선택한다.
- [시스템 변수] 영역의 [새로 만들기]를 선택한 후 변수 이름에 JAVA_HOME을 기입하고, 변수 값 부분에 JDK가 설치되어 있는 경로를 입력한다.

3. JPype1(>=0.5.7) 설치

코엔엘파이의 경우 JAVA로 작성된 모듈을 로드해야 하므로 JPype1 0.5.7 이상이 설치되어야 한다.

```
[파이썬이 설치된 경로]\ pip install jpype1
```

만약 정상적으로 설치가 안되는 경우에는 http://www.lfd.uci.edu/~gohlke/pythonlibs/#jpype로 이동하여 시스템에 맞는 whl(윈도우 wheel 파일)을 다운로드 받아 설치하기 바란다.

4. KoNLPy 설치

파이썬이 설치된 디렉터리로 이동하여 표 14와 같이 KoNLPy를 설치하고, 테스트해 보자(필자의 경우 파이썬 설치 경로는 D:₩Program Files₩Python이다).

```
D:\Program Files\Python>pip install JPype1
Collecting JPype1
  Using cached JPype1-0.6.2.tar.gz
Installing collected packages: JPype1
  Running setup.py install for JPype1 ... done
Successfully installed JPype1-0.6.2

D:\Program Files\Python>pip install KoNLPy
Collecting KoNLPy
  Using cached konlpy-0.4.4-py2.py3-none-any.whl
Installing collected packages: KoNLPy
Successfully installed KoNLPy-0.4.4

D:\Program Files\Python>python
Python 3.5.2 (v3.5.2:4def2a2901a5, Jun 25 2016, 22:18:55) [MSC v.1900 64 bit (AMD64)] on win32
Type "help", "copyright", "credits" or "license" for more information.
>>> from konlpy.tag import Kkma
>>> from konlpy.utils import pprint
>>> kkma = Kkma()
>>> pprint(kkma.nouns(u'명사만을 추출하여 워드클라우드를 그려봅니다'))
['명사', '추출', '워드', '워드클라우드', '클라우드']
>>>
```

표 14. KoNLPy의 설치 및 확인

정상적으로 설치가 되었다면 파이썬을 실행하여 Kkma 클래스의 nouns() 함수를 이용하여 문장 중 명사만 추출하는지를 확인한다.

5. 설치가 안될 경우

설치 중 오류가 발생하거나 정상적으로 동작을 하지 않는 경우에는 다음을 살펴 보도록 한다.

1) JAVA_HOME의 경로 확인: 자신이 설치한 JAVA 경로와 일치하는지 확인한다.

```
D:\Program Files\Python>set java
JAVA_HOME=c:\Program Files\Java\Jre1.8.0_111
D:\Program Files\Python>
```

2) numpy 설치: 우리는 앞 장에서 matplotlib를 설치하면서 numpy 패키지를 설치하였다. 만약 설치가 되지 않았다면 numpy 패키지를 설치한다.

```
D:\Program Files\Python>pip list
JPype1 (0.6.2)
konlpy (0.4.4)
matplotlib (2.0.0)
numpy (1.12.0)
pip (9.0.1)
...
D:\Program Files\Python>
```

3) "dll load failed 지정된 모듈을 찾을 수 없습니다" 오류: matplotlib 패키지 설치 시 언급했던 Visual Studio 재배포 패키지를 설치하면 해결된다.

10.2 그래프를 그리자: matplotlib

우리는 앞 장의 '출입국 관광객 정보 서비스' 부분에서 matplotlib를 활용하여 그래프를 그리는 방법에 대해 알아보았다. matplotlib은 파이썬을 이용한 데이터 분석에 있어서 가장 일반적으로 사용되는 라이브러리로 수치 해석에 많이 사용되는 MATLAB과 유사한 형태의 차트를 그릴 수 있는 다양한 함수를 제공해 준다.

10.2.1 기본 그래프 그리기

이 중 pyplot의 이용 방법을 먼저 알아보자. 단위 코딩을 하기 위하여 python 에뮬레이터를 실행시키거나 python IDLE를 실행시킨 후 다음과 같이 작성한다.

```
>>> import matplotlib.pyplot as plt
>>> plt.plot([1,2,3,4])
>>> plt.xlabel('X-axis label')
>>> plt.ylabel('Y-axis label')
>>> plt.show()
```

plt.show()를 실행하면 그림 103과 같이 그래프 윈도우가 나타날 것이다.

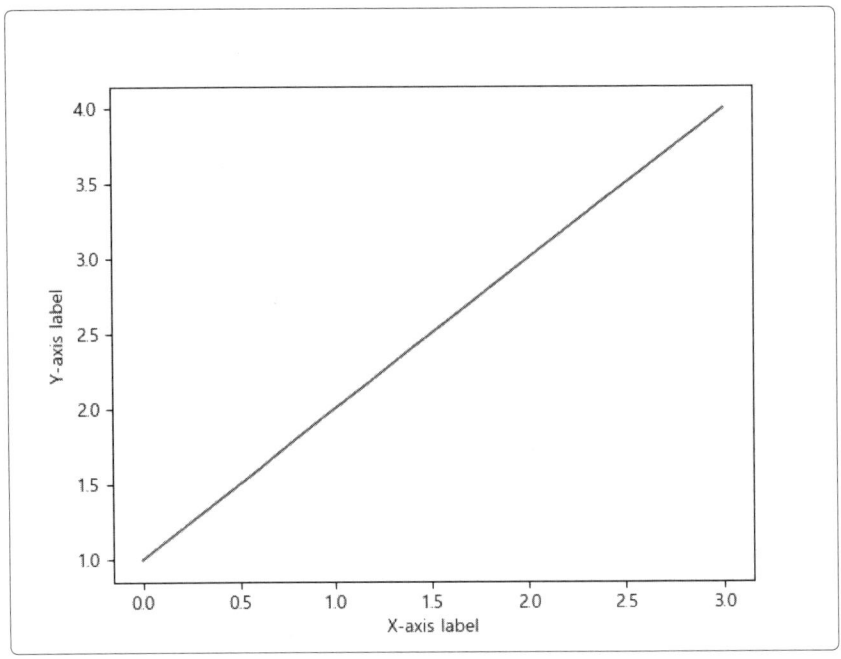

그림 103. pyplot 예제 1

plot() 함수는 다양한 형태의 인자 값을 가진다. 먼저, 그림 103을 보면 y축의 값은 1부터 시작되는데 x축의 값은 0부터 시작함을 알 수 있다. 이는 우리가 plot() 함수에 y 값만 할당하고 x 값은 함수 내부에서 지정하는 값(인덱스 값이므로 0부터 시작)으로 매칭되도록 했기 때문이다. 만약 인덱스를 주고 싶다면 다음과 같이 plot() 함수를 수정한 후 수행해 보자.

```
>>> plt.plot([1,2,3,4],[1,2,3,4])
>>> plt.show()
```

코드를 수행하면 그림 104와 같이 x축의 인덱스가 1부터 시작하는 것을 확인할 수 있다.

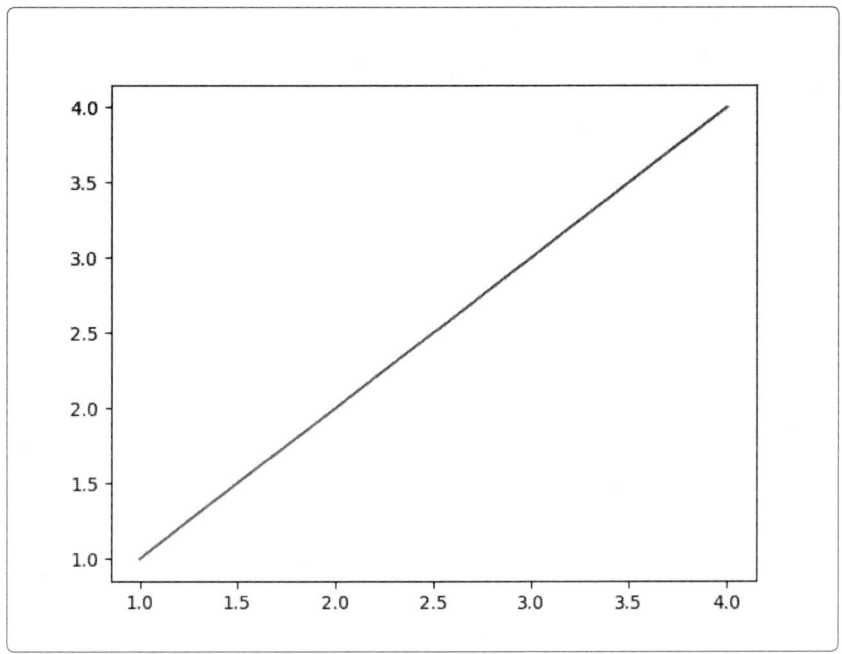

그림 104. x축에 인덱스를 준 경우

그런데 이상한 점은 이 그래프가 직선을 유지하고 있다는 것이다. 원래 원하는 것은 x=1일 때 y=1이고 x=2일 때 y=2인 그래프를 그리는 것이 목적일 수 있다. plot() 함수는 기본적으로 꺾은선 그래프를 기본 값으로 하고 있다. 이 인자 값을 바꾸기 위하여 다음과 같이 해보자.

```
>>> plt.plot([1,2,3,4], [1,2,3,4], 'ro')
>>> plt.show()
```

코드를 수행하면 그림 105와 같이 화면에 나타나는 것을 확인할 수 있다.

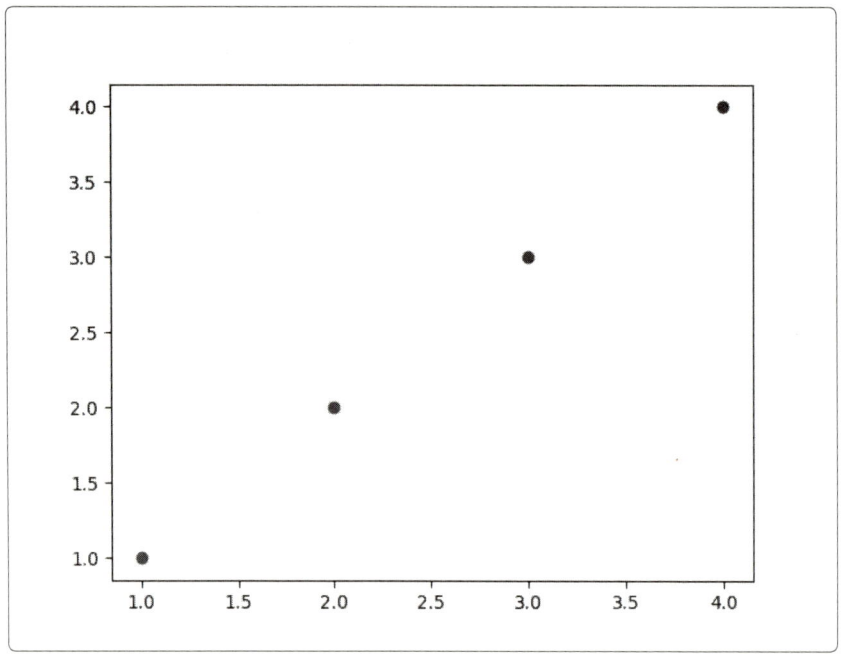

그림 105. ro 옵션으로 값 표시하기

기본적으로 plot()은 b- 옵션을 기본 값으로 가지고 있는데, 파란색(b) 라인(-)이라는 뜻이고, ro 옵션을 주면 적색(r)으로 o 표시를 의미한다. 만약 파란색을 이용하여 v 마크를 표시하고 싶다면 인자 값으로 bv라고 지정하면 된다. 두 개의 리스트가 같은 인덱스에 해당하는 값으로 표시하는 것을 알 수 있다. plot()의 옵션으로 사용되는 값들은 그래프 형식 이외에 여러 가지가 있는데 matplotlib 공식 사이트에서 확인하기 바란다.

10.2.2 다수의 그래프 그리기

이제는 한 개의 그래프에 여러 개의 데이터를 표현하는 방법에 대해 알아보자.

```
>>> plt.plot([1,2,3,4],[1,2,3,4],'r-', [1,2,3,4],[3,4,5,6],'v-')
>>> plt.show()
```

코드를 수행하면 그림 106과 같이 두 개의 그래프를 하나의 그림에 나타낼 수 있다.

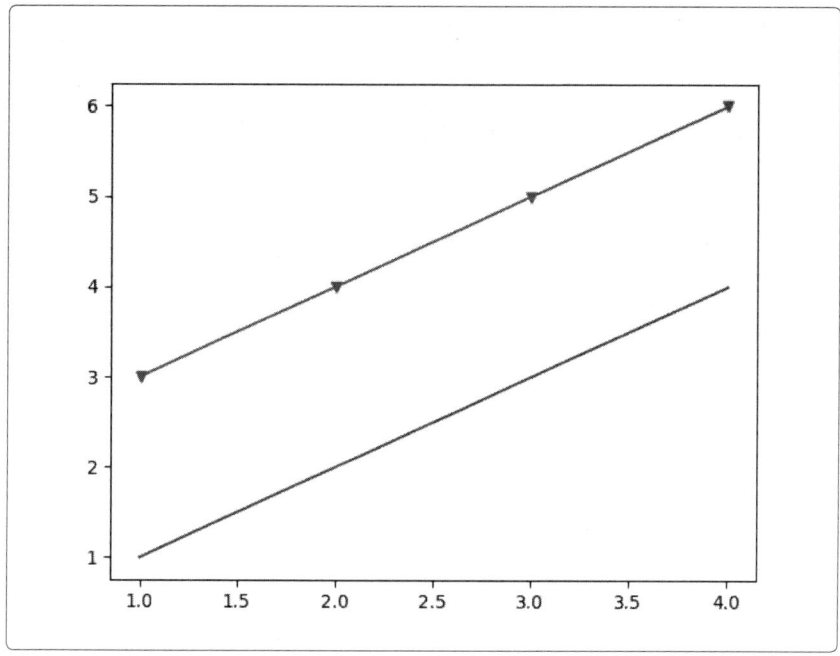

그림 106. 하나의 화면에 여러 개의 그래프 그리기

10.2.3 한글 처리

그림 103과 같이 xlabel()과 ylabel()을 이용하여 X축과 Y축에 라벨을 넣을 수 있었다. 그런데 아래와 같이 입력한 후 수행하면 그림 107처럼 글자가 깨져 나오는 것을 확인할 수 있다.

```
>>> plt.plot([1,2,3,4])
>>> plt.xlabel('x축 한글표시')
>>> plt.show()
```

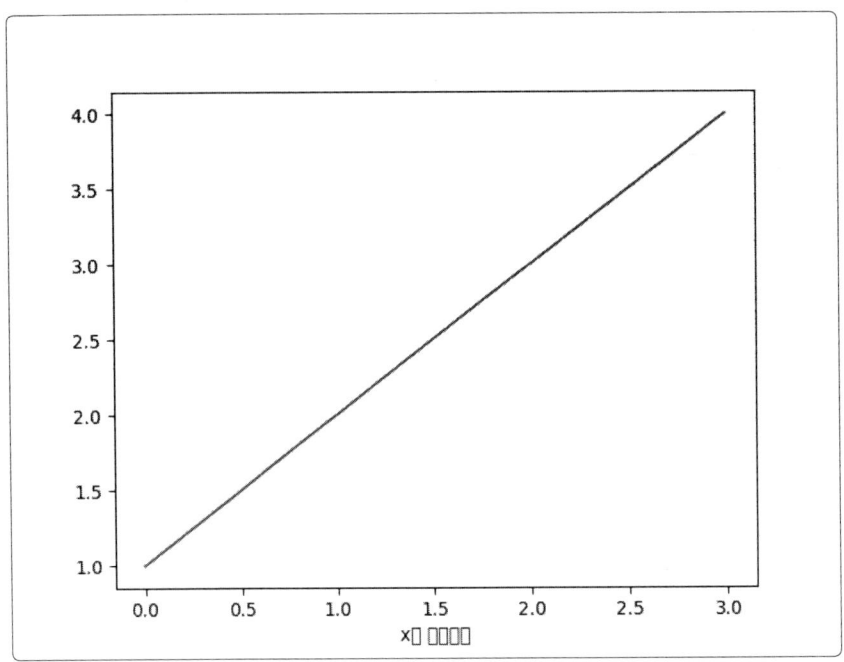

그림 107. pyplot에서의 한글 깨짐

matplotlib에서 한글을 사용하기 위해서는 약간의 작업이 필요하다. 먼저 탐색기를 이용하여 그림 108과 같이 윈도우 폰트 디렉터리로 이동한다.

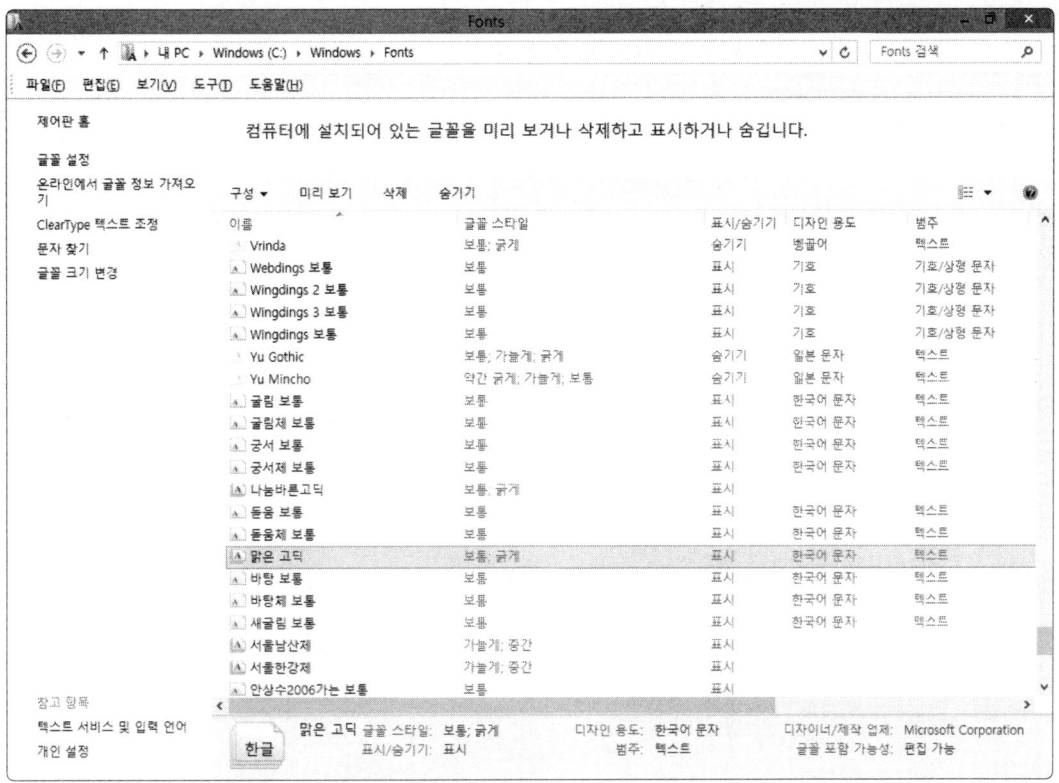

그림 108. 윈도우 설치 디렉터리 아래 Fonts 폴더로 이동

상당한 수의 폰트가 설치되어 있는 것을 확인할 수 있는데, 아쉽게도 여기서는 폰트의 파일명을 확인할 수 없고 적용된 폰트 리스트만 확인된다. 그 이유는 실제 폰트 파일은 일반 폰트, 두꺼운(bold) 폰트 등 여러 개의 파일로 구성되어 있는 패키지이기 때문이다. 해당 파일(여기서는 맑은 고딕)을 선택한 후 오른쪽 마우스를 눌러 [열기]를 선택하면 그림 109와 같이 다수의 폰트가 존재함을 확인할 수 있다.

그림 109. 폰트 파일명 확인

이제 폰트 패키지의 개별 파일들이 보이므로 사용할 파일을 선택한 후 오른쪽 마우스를 눌러 속성을 확인하면 상단에 파일명이 나타나는 것을 확인할 수 있다. matplotlib에서는 직접 설치된 폰트 파일명을 경로와 함께 지정하면 해당 폰트를 사용할 수 있도록 해준다.

이제 다음과 같이 코드를 작성해 보자.

```
>>> from matplotlib import font_manager, rc
>>> import matplotlib
>>> font_location = "c:/Windows/fonts/malgun.ttf"
>>> font_name = font_manager.FontProperties(fname=font_location).get_name()
>>> matplotlib.rc('font', family=font_name)
>>> plt.plot([1,2,3,4])
>>> plt.xlabel('x축 한글표시')
>>> plt.show()
```

코드를 수행하면 그림 110과 같이 한글이 정상적으로 표현되는 것을 확인할 수 있다.

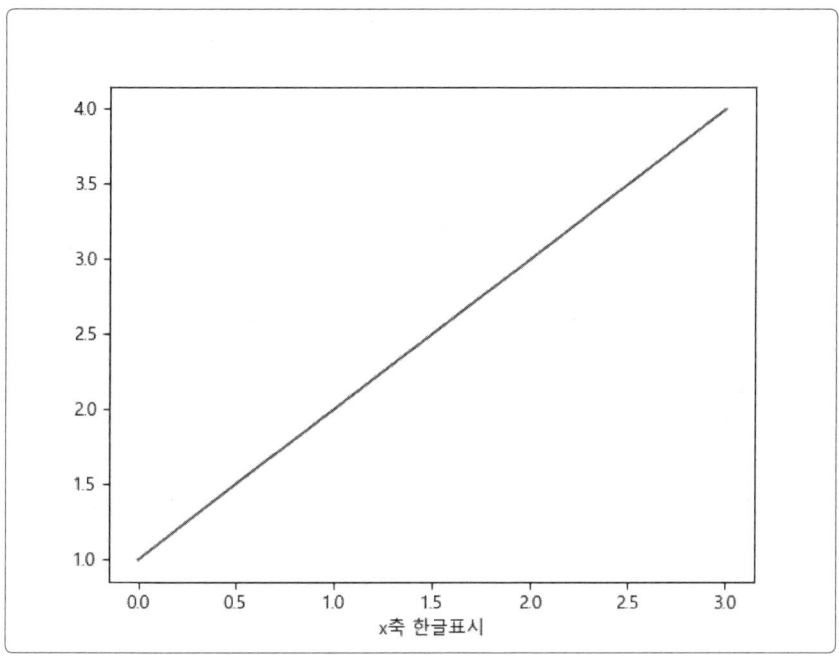

그림 110. pyplot에서 한글 사용하기

matplotlib는 폰트 관리를 위한 fontmanager와 리소스 관리를 위한 rc를 제공한다. fontmanager를 이용하여 그림 109에서 확인한 내 컴퓨터상의 한글 폰트 파일명을 가지고 온 후 이를 리소스에 할당하면 해당 폰트를 사용할 준비가 된다. 이 후 matplotlib 내에서 한글을 사용하면 그림 110처럼 정상적으로 나타난다.

10.2.4 여러 개의 그래프 그리기

앞서 우리는 그림 106과 같이 하나의 그래프에 여러 개의 데이터를 그리는 방법을 알아보았다. 이와 함께 하나의 화면에 여러 개의 그래프를 개별적으로 그려야 하는 경우가 있다. 이를 위하여 다음과 같이 작성해 보자.

```
>>> plt.figure()
>>> plt.subplot(2, 1, 1)
>>> plt.plot([1,2,3,4], [1,2,3,4])
>>> plt.subplot(2,1,2)
>>> plt.plot([5,6,7,8],[5,6,7,8])
>>> plt.show()
```

코드를 실행하면 그림 111과 같이 하나의 창에 두개의 그래프가 그려지는 것을 확인할 수 있다.

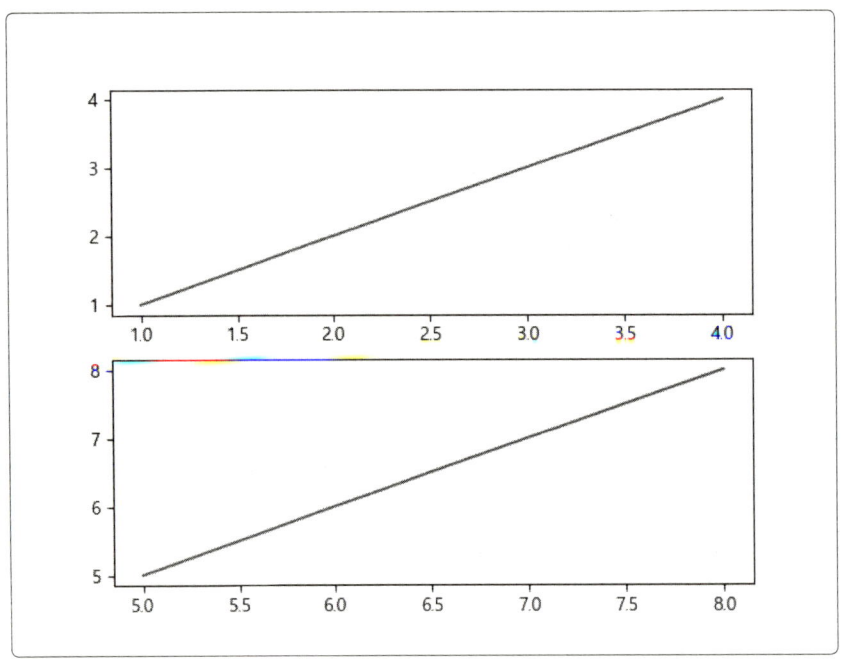

그림 111. 한 개의 창에 여러 개의 그래프 그리기(세로형)

기본적으로 pyplot은 figure()라는 함수를 이용하여 하나의 캔버스(그림 창)를 생성한다. 그리고 이 창에 여러 개의 그래프를 넣기 위해 subplot(m , n, idx) 함수를 사용한다.

m과 n은 매트릭스(matrix) 형태로써 2,1을 지정하면 행(row)이 2개이고 열(column)이 1개인 창을 의미한다. 그리고 idx는 m x n 형태의 창 중에 idx 번째 위치를 의미하는 것이다. 우리가 앞에서 plt.subplot(2, 1, 1)을 이용하여 그린 것이 그림 111의 상단의 그래프가 되는 것이고 plt.subplot(2, 1, 2)가 하단의 그래프가 되는 것이다(총 2 x 1 의 그래프를 생성하였고 1은 첫 번째 열, 2는 두 번째 열(컬럼이 한 개밖에 없으므로 다음 번으로 넘어가게 된다).

만약 하나의 행에 여러 개의 열(column)을 표시하는 형태라면 다음과 같이 작성한다.

```
>>> plt.figure()
>>> plt.subplot(1, 2, 1)
>>> plt.plot([1,2,3,4], [1,2,3,4])
>>> plt.subplot(1, 2, 2)
>>> plt.plot([5,6,7,8],[5,6,7,8])
>>> plt.show()
```

그림 112에서는 1 x 2 형태의 캔버스를 생성하였다. (1, 2, 1)은 1행의 첫 번째 컬럼을 의미하고, (1, 2, 2)는 1행의 두 번째 컬럼을 의미한다.

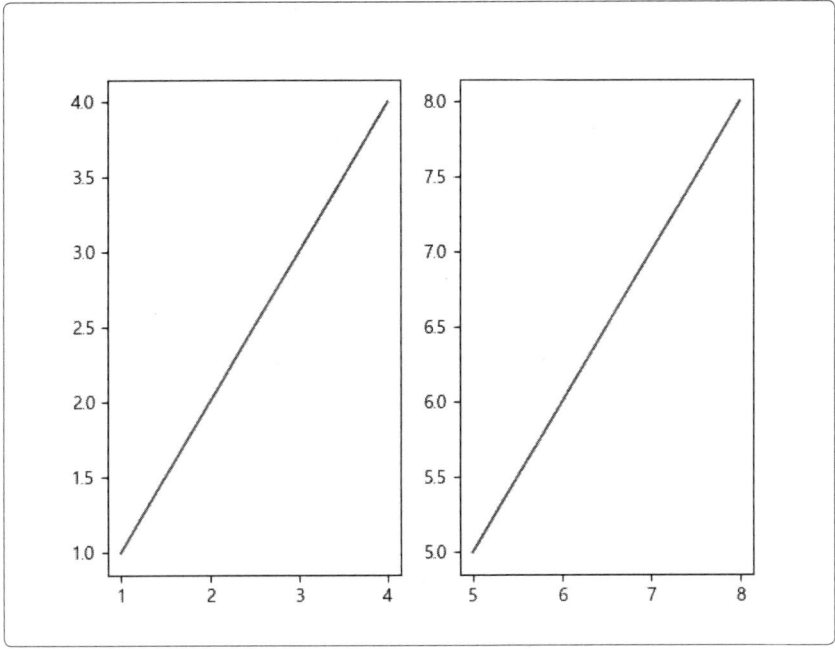

그림 112. 한 개의 창에 여러 개의 그래프 그리기(가로형)

10.2.5 그래프에 문자 삽입

그래프 표현을 하면서 특정 값을 그래프 안에 삽입하여 표시해야 하는 경우가 많이 생긴다. 문자열 처리를 위하여 다음과 같이 코드를 작성한다.

```
>>> plt.plot([1,2,3,4], [1,2,3,4])
>>> plt.xlabel('x축')
>>> plt.ylabel('y축')
>>> plt.title('matplotlib 활용')
>>> plt.text(3.5, 3.0, '평균:2.5')
>>> plt.grid(True)
>>> plt.show()
```

코드를 수행하면 그림 113과 같이 나타난다.

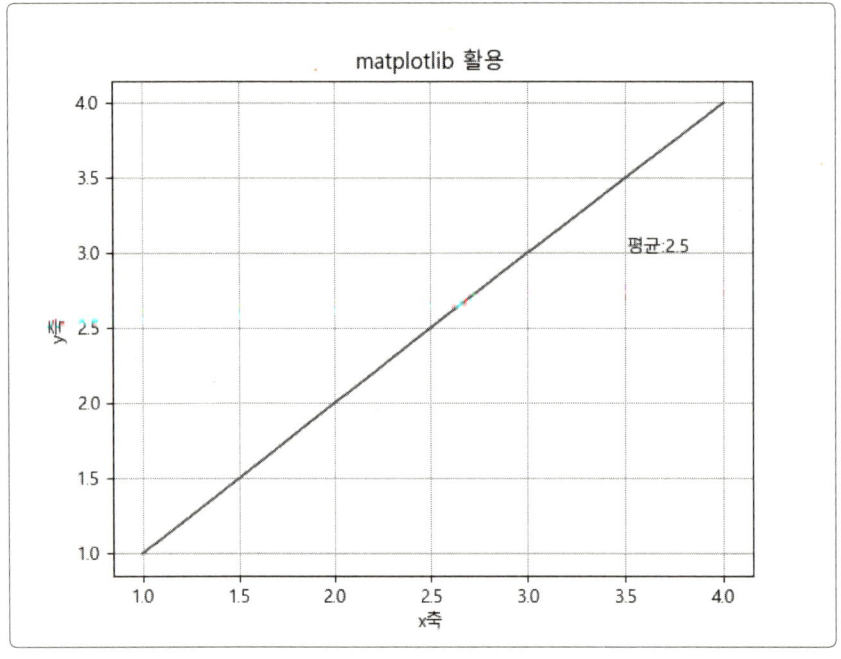

그림 113. 문자열 할당

xlabel()은 x축의 라벨을, ylabel()은 y축의 라벨에 문자열을 지정한다. title()은 그래프의 제목을 상단에 표시한다. text(x, y, 문자열)은 그래프의 지정 위치에 문자열을 표시하는데, x와 y의 값은 그래프상의 x축과 y축의 값을 의미한다. grid()는 각 인덱스마다 격자를 표시하는 데 사용한다. 모든 함수들은 위치 값과 문자 색상 등을 지정할 수 있으며, 자세한 내용은 공식 홈페이지에서 확인하기 바란다.

10.3 명사 추출 및 빈도 분석

이번 절에서는 앞에서 알아본 코엔엘파이를 이용하여 수집된 데이터의 명사를 추출하고, 이를 matplotlib를 이용하여 그래프로 표시하고, pytagcloud를 이용하여 워드 클라우드로 표현해 본다. 먼저, 데이터 수집을 위하여 페이스북의 조선일보(chosun)와 JTBC 뉴스(jtbcnews)에서 2016-10-01부터 2017-03-12까지의 데이터를 앞에서 제작한 페이스북 크롤러를 이용하여 수집했다. 먼저 코드 44와 같이 코드를 작성한다.

코드 44. 다빈도 명사 추출을 통한 워드 클라우드 그리기

```
import json
import re

from konlpy.tag import Twitter
from collections import Counter

import matplotlib.pyplot as plt
import matplotlib
from matplotlib import font_manager, rc

import pytagcloud
import webbrowser

#[CODE 1]
def showGraph(wordInfo):

    font_location = "c:/Windows/fonts/malgun.ttf"
    font_name = font_manager.FontProperties(fname=font_location).get_name()
    matplotlib.rc('font', family=font_name)

    plt.xlabel('주요 단어')
    plt.ylabel('빈도수')
    plt.grid(True)

    Sorted_Dict_Values = sorted(wordInfo.values(), reverse=True)
    Sorted_Dict_Keys = sorted(wordInfo, key=wordInfo.get, reverse=True)

    plt.bar(range(len(wordInfo)), Sorted_Dict_Values, align='center')
    plt.xticks(range(len(wordInfo)), list(Sorted_Dict_Keys), rotation='70')

    plt.show()

#[CODE 2]
def saveWordCloud(wordInfo, filename):

    taglist = pytagcloud.make_tags(dict(wordInfo).items(), maxsize=80)
    pytagcloud.create_tag_image(taglist, filename, size=(640, 480), fontname='korean', rectangular=False)
    webbrowser.open(filename)
```

```python
def main():

    openFileName = 'd:/Temp/FB_DATA/chosun_facebook_2016-10-01_2017-03-12.json'
    #openFileName = 'd:/Temp/FB_DATA/jtbcnews_facebook_2016-10-01_2017-03-12.json'
    cloudImagePath = openFileName + '.jpg'

    rfile = open(openFileName, 'r', encoding='utf-8').read()

    jsonData = json.loads(rfile)
    message = ''

    #[CODE 3]
    for item in jsonData:
        if 'message' in item.keys():
            message = message + re.sub(r'[^\w]', ' ', item['message']) + ' '

    #[CODE 4]
    nlp = Twitter()
    nouns = nlp.nouns(message)
    count = Counter(nouns)

    #[CODE 5]
    wordInfo = dict()
    for tags, counts in count.most_common(50):
        if (len(str(tags)) > 1):
            wordInfo[tags] = counts
            print ("%s : %d" % (tags, counts))

    showGraph(wordInfo)
    saveWordCloud(wordInfo, cloudImagePath)

if __name__ == "__main__":

    main()
```

코드 44를 수행하여 조선일보와 jtbc뉴스에 대한 다빈도 명사를 확인하면 그림 114 및 그림 115와 같다.

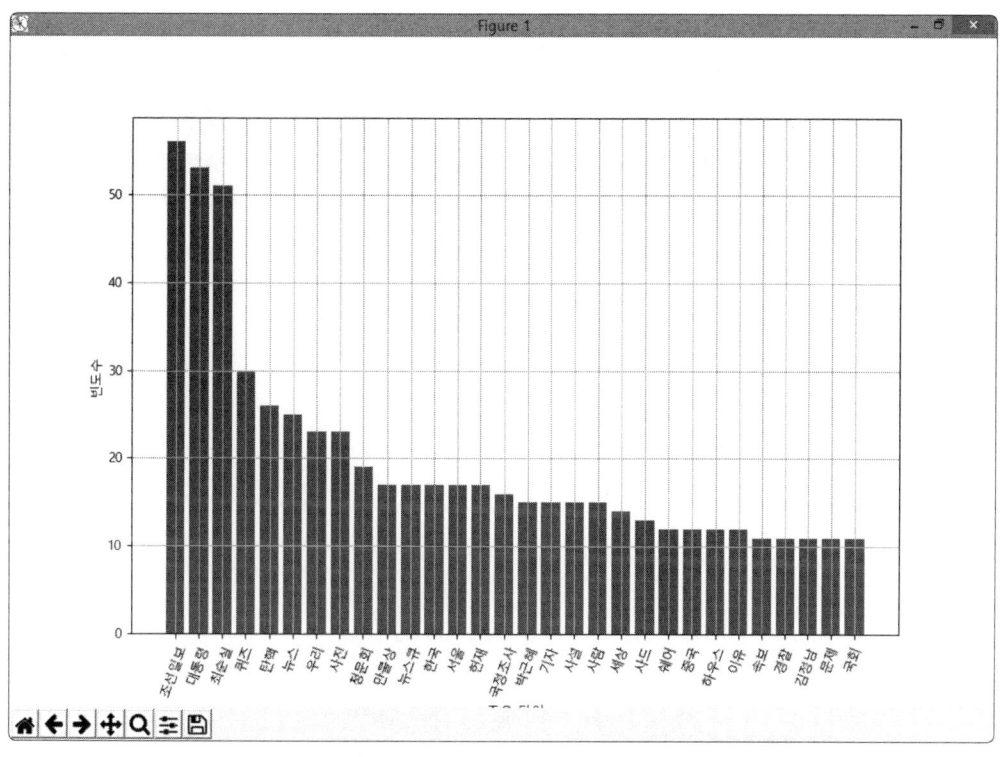

그림 114. 조선일보 페이스북에서 2016-10-01~2017-03-12간 사용한 다빈도 명사

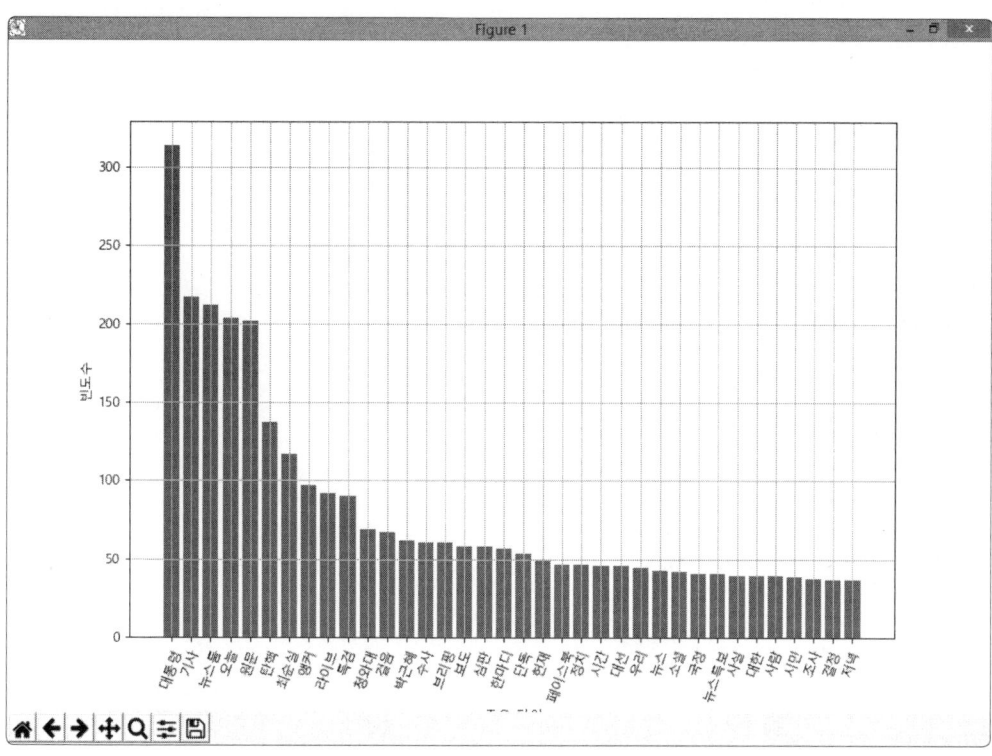

그림 115. JTBC뉴스 페이스북에서 2016-10-01~2017-03-12간 사용한 다빈도 명사

그림 114와 그림 115에서 보면 의미없는 명사들도 보이는데, 이러한 데이터는 분석을 위해 제거하고 사용하는 것이 좋을 듯 하다. 조선일보의 경우에는 '최순실'이라는 단어가 '탄핵'이라는 단어보다 많이 나오지만, JTBC의 경우에는 반대 경우로 나타난다. 또한 조선일보의 경우에는 상대적으로 '박근혜'라는 이름을 적게 언급한 것으로 볼 수 있다. 또한 조선일보에서는 '사드'라는 단어가 보이지만 JTBC의 경우에는 상위 부분에서 '사드'라는 단어가 검색되지 않았음이 확인되었다. 그러나 전체 기사의 총수가 포함되지 않은 상태에서 이를 비교하기란 조금 억지스러운 부분이 있고, 추출된 데이터를 각 페이스북의 기사 수로 정규화하여 비교하는 것이 의미있을 것이다.

그림 116과 그림 117은 추출된 단어들을 가지고 워드 클라우드 – 글자들로 구성된 구름 모양의 그림이라고 해석해야 할 것 같다 – 를 생성한 것이다.

그림 116. 조선일보 페이스북 단빈도 명사 워드 클라우드

그림 117. JTBC뉴스 페이스북 단빈도 명사 워드 클라우드

그럼, 이제 코드를 살펴 보도록 하자. CODE 1을 먼저 보자.

코드 45. pyplot을 이용한 막대 그래프 그리기

```
#[CODE 1]
def showGraph(wordInfo):

    font_location = "c:/Windows/fonts/malgun.ttf"
    font_name = font_manager.FontProperties(fname=font_location).get_name()
    matplotlib.rc('font', family=font_name)

    plt.xlabel('주요 단어')
    plt.ylabel('빈도수')
    plt.grid(True)

    Sorted_Dict_Values = sorted(wordInfo.values(), reverse=True)
    Sorted_Dict_Keys = sorted(wordInfo, key=wordInfo.get, reverse=True)

    plt.bar(range(len(wordInfo)), Sorted_Dict_Values, align='center')
    plt.xticks(range(len(wordInfo)), list(Sorted_Dict_Keys), rotation='70')

    plt.show()
```

코드 45의 showGraph()는 wordInfo라고 하는 딕셔너리(Dictionary) 형식의 데이터를 받아 막대 그래프를 그리는 함수이다. 먼저 한글 폰트를 지원하기 위하여 fontmanager와 rc를 사용하였고, 라벨에 값을 부여하였다. 딕셔너리 형식의 데이터에서 키 값과 밸류 값을 별도로 분리하여 리스트 형태로 작성하였으며, 최대빈도부터 표현하기 위하여 sorted() 함수를 사용했다. 이렇게 구성하면 Sorted_Dict_Keys와 Sorted_Dict_Values 쌍에는 최대빈도수 값과 최대빈도수 단어가 저장된다.

pyplot.bar(index, list, args…) 함수는 막대 그래프를 그리는 함수로 필수 인자로는 데이터 인덱스(X축), 데이터 리스트 값(인덱스에 해당하는 데이터 값), 막대그래프의 폭(width), 색상(color), 에러 편차 값(yerr) 등이 있다.

pyplot.xticks(index, list, args…) 함수는 x축의 각 데이터 별 문자열(tick)을 지정한다. rotation을 사용하면 문자열을 회전시킬 수 있어 열에 표시하는 데이터가 많은 경우에는 좌우 문자열(tick)과 겹치지 않도록 하기 위해 많이 사용한다.

CODE 2를 살펴보자.

코드 46. pytagcloud를 이용한 워드 클라우드 그리기

```
#[CODE 2]
def saveWordCloud(wordInfo, filename):

    taglist = pytagcloud.make_tags(dict(wordInfo).items())
```

pytagcloud.create_tag_image(taglist, filename, size=(640, 480), fontname='korean', rectangular=False)
webbrowser.open(filename)

파이썬은 워드클라우드를 만들기 위하여 다양한 패키지를 제공한다. 이 중 일반적으로 많이 사용하는 패키지가 pytagcloud이다. 먼저, 패키지를 설치한다.

[파이썬 설치 경로]\\pip install pytagcloud

pytagcloud도 한글 폰트를 제공하지 않는다. '[파이썬이 설치된 경로]\\Lib\\site-packages\\pytagclod\\fonts' 디렉터리로 이동하면 여러 개의 ttf 파일과 font.json 파일이 그림 118과 같이 있을 것이다(저자의 경우 파이썬이 설치된 경로는 D:\\Program Files\\Python이다).

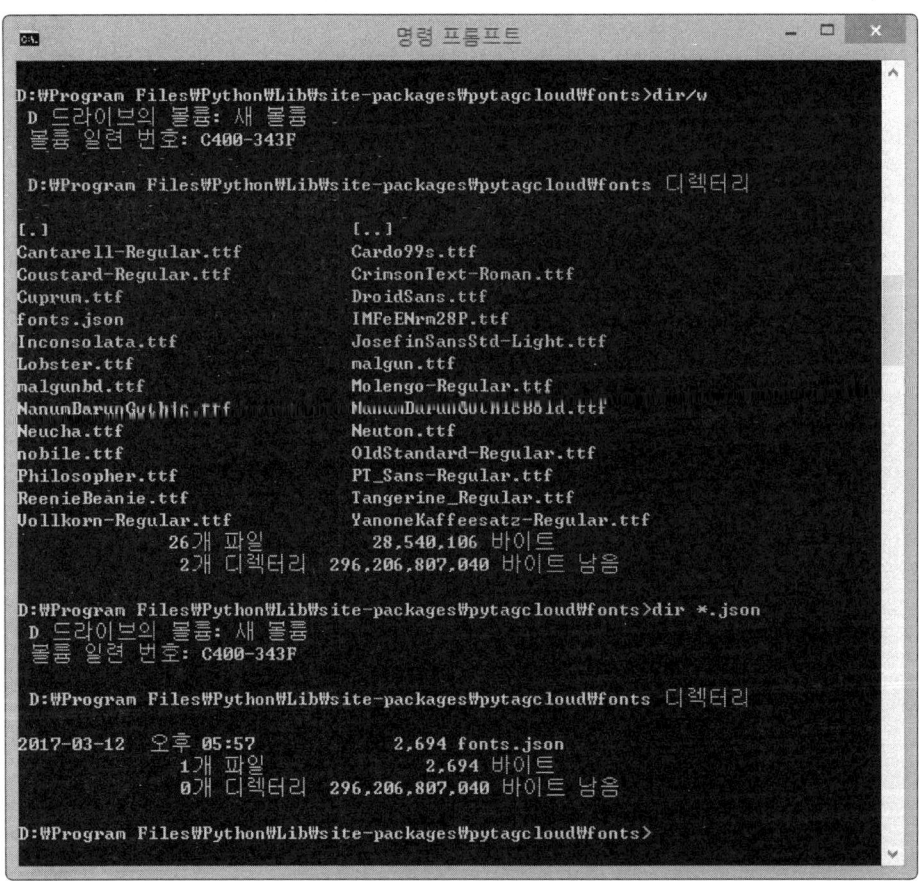

그림 118. pytagcloud font 디렉터리

실제 pytagcloud 코드를 확인해 보면 기본 폰트로 Droid Sans가 지정되어 있고, fonts.json 파일을 참조하여 폰트를 가지고 오게 되어 있다. 먼저, 우리가 사용할 폰트를 윈도우 폰트 디렉터리에서(10.2.3 한글 처리 절에서 설명) 복사하여 '[파이썬이 설치된 경로]\\Lib\\site-packages\\pytagclod\\fonts' 디렉터리에 복사한 후 에디터를 이용하여 fonts.json 파일을 그림 119와 같이 수정한다.

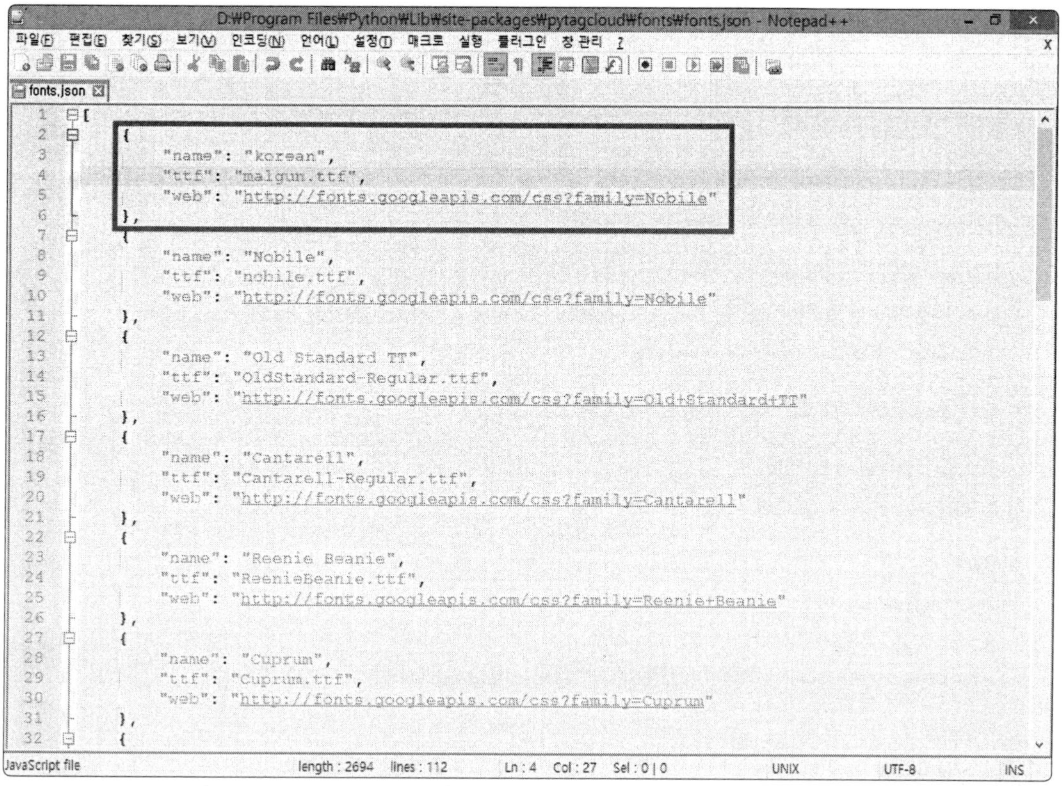

그림 119. 한글 지원을 위한 fonts.json 파일의 수정

pytagcloud는 사용하는 폰트 정보를 fonts.json에서 관리한다. 다음과 같이 수정한다.

코드 47. font.json 파일의 수정

```
{
   "name": "korean",
   "ttf": "malgun.ttf",
   "web": http://fonts.googleapis.com/css?family=Nobile
},
```

JSON 파일에서 접근할 폰트명과 실제 사용할 폰트 파일을 지정한다. pytagcloud의 공식 문서에는 web에 대해 자세히 설명하고 있지 않은데 코드를 찾아 보아도 크게 쓰이는 부분을 확인하기 힘들다.

먼저, 추출된 문자열을 리스트로 생성하여 pytagcloud.create_tag_image(데이터 리스트, 저장할 파일명, 저장할 크기, fontname='korean', args…) 함수로 전달한다. 여기서 fontname은 JSON 파일에서 지정한 name의 값을 지정한다. pytagcloud.create_tag_image() 함수를 사용하면 간단하게 한 줄로 워드 클라우드를 생성할 수 있다(역시 파이썬은 참 편하게 사용할 수 있는 언어이다).

webbrowser 모듈은 open() 함수를 이용하여 HTML 파일이나 이미지 등을 화면에 나타낼 수 있다.

CODE 2의 그 다음 부분부터 나머지 코드를 살펴본다.

코드 48. json 데이터 로드, 자연어 처리 및 워드 클라우드 처리

```
def main():

    openFileName = 'd:/Temp/FB_DATA/chosun_facebook_2016-10-01_2017-03-12.json'
    #openFileName = 'd:/Temp/FB_DATA/jtbcnews_facebook_2016-10-01_2017-03-12.json'
    cloudImagePath = openFileName + '.jpg'

    rfile = open(openFileName, 'r', encoding='utf-8').read()

    jsonData = json.loads(rfile)
    message = ''

    #[CODE 3]
    for item in jsonData:
        if 'message' in item.keys():
            message = message + re.sub(r'[^\w]', ' ', item['message']) + ' '

    #[CODE 4]
    nlp = Twitter()
    nouns = nlp.nouns(message)
    count = Counter(nouns)

    #[CODE 5]
    wordInfo = dict()
    for tags, counts in count.most_common(50):
        if (len(str(tags)) > 1):
            wordInfo[tags] = counts
            print ("%s : %d" % (tags, counts))

    showGraph(wordInfo)
    saveWordCloud(wordInfo, cloudImagePath)

if __name__ == "__main__":

    main()
```

작성된 함수를 사용하기 위해 main()에서는 JSON 형태로 저장된 페이스북 피드 파일을 불러와서 jsonData에 저장하고, CODE 3과 같이 message의 내용을 합쳐 하나의 문자열로 만드는 작업을 수행한다. CODE 3에서 jsonData의 개별 message를 합쳐서 하나의 문자열로 구성한다. 이 때 불필요한 ₩t이나 ₩n 등의 문자를 제거하기 위해 정규식 처리를 하여 문자나 숫자가 아닌 경우에는 공란(' ')으로 변환한다.

CODE 4에서는 konlpy.tag의 Twitter() 품사 클래스를 이용하였다. KoNLPy에는 Kkma, Komoranm Twitter, Mecab(윈도우에서는 사용 불가), Hannanum 등의 여러 품사 클래스가 있는데 사용을 해보면 긴 데이터를 넣는 경우에 일부 클래스에서는 응답이 상당히 늦거나 동작을 안하는 경우가 발생하였다. Twitter() 클래스의 nouns()를 이용하여 명사만 추출한 리스트를 작성한다.

작성된 명사 리스트는 Counter()를 이용하여(인스톨 안되어 있으면 추가) 개수를 세고, most_common(50) 함수를 이용하여 상위 50개의 리스트를 가지고 온다. 이 때 실제 명사가 한 글자인 경우는 제외하였는데 의미있는 명사일 수 있지만 품사 클래스에 따라 의미 없는 것이 많으므로 제외하였다(필터 함수를 제작하여 걸러내는 것도 의미 있을 것이다).

이번 절에서 konlpy()와 pytagclous() 모듈을 이용하여 데이터 열에서 간단하게 명사만을 추출하고, 이를 워드 클라우드 형태의 이미지 파일로 생성하는 방법을 알아 보았다. 파이썬은 편의성을 확장하기 위해 계속 진화하고 있으며, 수많은 개발자들에 의하여 다양한 모듈이 매일 개발되거나 업그레이드되고 있어 어디까지 우리를 편하게 해줄지 상상만해도 즐겁다.

11장 데이터 기반 추천: 데이터 상관관계 분석

11.1 상관분석과 상관계수

11.2 데이터 테이블 생성: pandas 패키지

11.3 공공 데이터를 이용한 상관분석

11.4 히트맵(Heatmap) - seaborn

요즘 빅데이터 열풍이 불면서 '추천 서비스'에 대한 이야기가 많이 들린다. 데이터를 분석해서 사용자에게 필요한 정보를 '맞춤형'으로 제공하려는 시도는 여러 곳에서 이루어지고 있으며 그중에서 가장 많이 사용하는 분석 방법 중 한 가지가 '상관관계 분석'이다. 통계학도가 아니여도 '상관관계 분석'이라는 말은 데이터 분석에 관심이 있는 독자라면 한번쯤은 들어 보았을 것이다. 이 책이 통계학을 논의하는 책은 아니지만 간단하게 '상관관계 분석'이 무엇인지 알아보고 이를 데이터 분석에 활용하는 방법을 알아보자.

11.1 상관분석과 상관계수

우리는 일상생활에서 "키가 크면 발이 크다", "교육 수준이 높을수록 자녀의 대학 진학률이 높다" 등의 이야기를 많이 한다. 이러한 두 개의 변수 '키'와 '발', '교육 수준'과 '자녀 대학 진학률'에 어떤 관계가 있는지 성향을 분석하는 것이 "상관분석"이다. 이를 '산포도' 또는 '산점도'라는 그래프로 그리면 직관적으로 두 변수 사이의 관계를 파악할 수 있다.

어느 집단의 키와 발 크기를 조사하였더니 표 15와 같이 정리되었다고 하자.

키(Cm)	100	120	130	140	150	160	170	180	190
발크기(mm)	200	205	210	220	230	250	270	280	285

표 15. 평균 키와 발 크기(극단적인 예입니다)

직관적으로 표만 보아도 키가 커지면 발 크기가 커지는 것을 확인할 수 있다. 이를 산포도로 그려보기 위하여 다음과 같이 코드를 작성해 보자.

```
>>> import matplotlib.pyplot as plt
>>> from matplotlib import font_manager, rc
>>> import matplotlib
>>> font_location = "c:/Windows/fonts/malgun.ttf"
>>> font_name = font_manager.FontProperties(fname=font_location).get_name()
>>> matplotlib.rc('font', family=font_name)
>>> height = [100, 120, 130, 140, 150, 160, 170, 180, 190]
>>> foot_size = [200, 205, 210, 220, 230, 250, 270, 280, 285]
>>> plt.scatter(height, foot_size)
>>> plt.xlabel('키(Cm)')
>>> plt.ylabel('발크기(mm)')
>>> plt.show()
```

코드를 수행하면 그림 120과 같이 그려진다. 그래프로 그려보니 증가하는 형태가 확실하게 보인다.

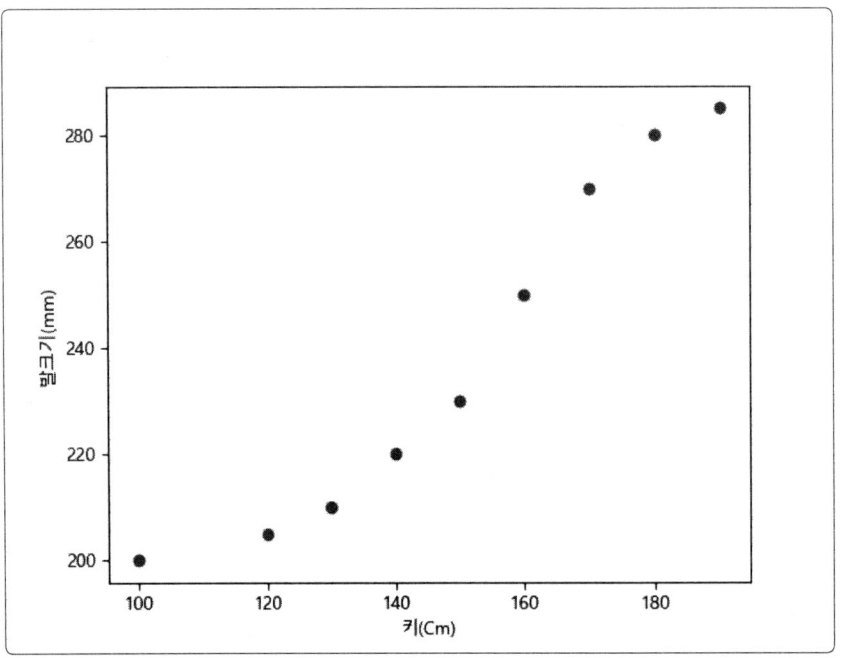

그림 120. x가 증가함에 따라 y가 증가하는 경우

다음으로 산의 높이에 따른 온도의 변화를 표로 나타내보자(일반적으로 산의 높이가 100m 올라갈 때마다 평균 0.65℃~0.75℃ 정도 낮아진다고 한다).

산의 높이(m)	100	200	300	400	500	600	700	800	900
온도(℃)	18.0	17.5	17	16.5	15	14.5	13	12	11

표 16. 산의 높이에 따른 온도 변화(극단적인 예입니다)

표 16을 이용하여 산포도를 그려보자.

코드는 다음과 같다.

```
>>> height = [100, 200, 300, 400, 500, 600, 700, 800, 900]
>>> temperature = [18.0, 17.5, 17, 16.5, 15, 14.5, 13, 12, 11]
>>> plt.scatter(height, temperature)
>>> plt.xlabel('산의높이(m)')
>>> plt.ylabel('온도(℃)')
>>> plt.show()
```

그래프는 다음과 같이 나온다.

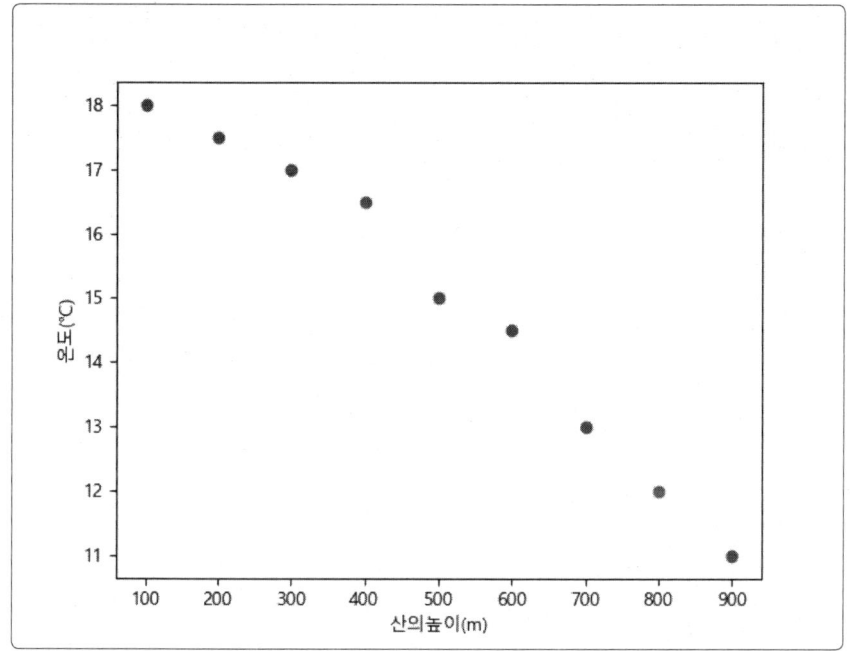

그림 121. 산의 높이에 따른 온도의 변화

그림 121에서 보듯이 산의 높이가 높아질수록 온도가 낮아짐을 확인할 수 있다. 다음의 코드를 작성해 보자.

```
>>> import numpy as np
>>> random_x = np.random.random_integers(0, 100, 50)
>>> random_y = np.random.random_integers(0, 100, 50)
>>> plt.scatter(random_x, random_y)
>>> plt.show()
```

다음의 코드를 생성하면 그림 122와 같이 관계가 명확하게 보이지 않는 데이터가 나타난다.

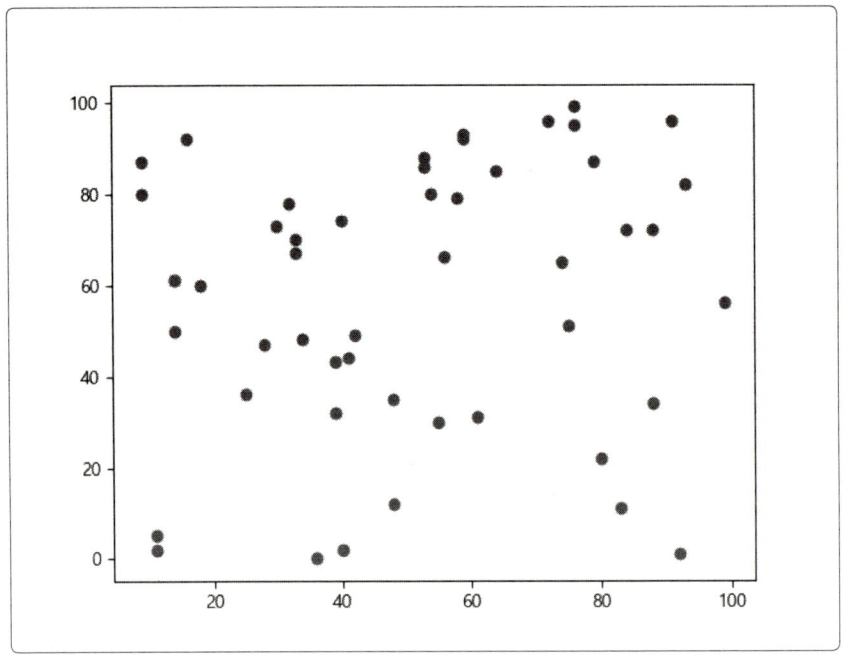

그림 122. 데이터 사이의 관계가 보이지 않는 경우

이 예제에서는 데이터 연관성을 없애기 위하여 numpy 모듈의 random_interger() 함수를 사용하였다. random_interger(arg1, arg2, number)는 arg1과 arg2 사이의 임의의 난수를 number 개수만큼 만들어준다.

상관분석에서는 x의 값이 증가함에 따라 y의 값이 증가하는 경우 "양의 상관관계"를 가지고 있다고 이야기하며 (키 vs. 발크기), 반대로 x가 증가함에 따라 y의 값이 감소(산의 높이 vs. 온도)하는 경우 "음의 상관관계"를 가지고 있다고 이야기한다.

상관계수는 서로 간의 데이터가 어느 정도의 근접도를 가지고 있는지 표현하는 방법이다. 그림 123은 둘 다 양의 상관관계를 가지고 있으나 두 점들이 모여있는 근접도(밀도)에 차이가 있다.

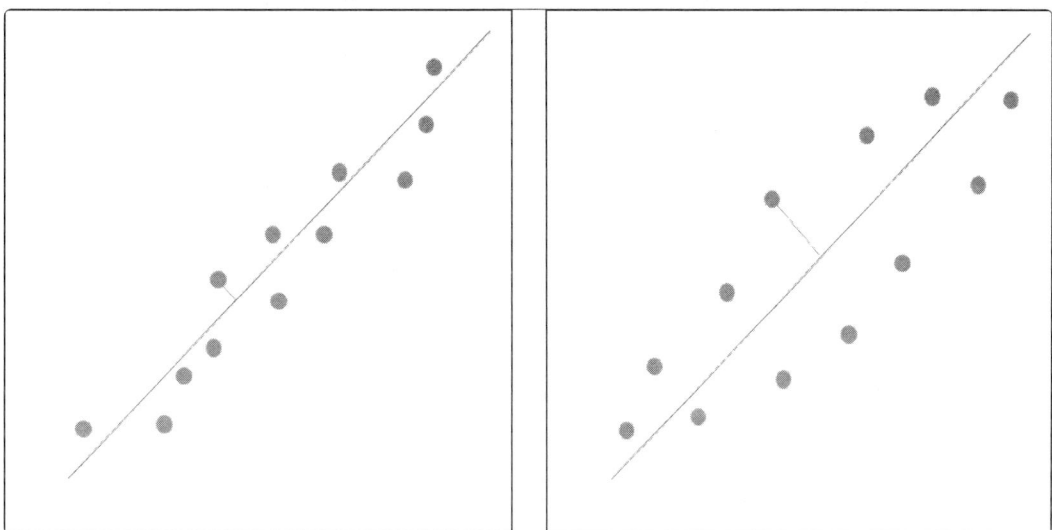

그림 123. 양의 상관관계를 가지고 있으나 근접도가 다른 경우

이러한 근접도를 함께 포함하도록 표현한 방법이 "상관계수(기호로는 r)"이다. 상관계수는 $-1 \leq r \leq 1$ 의 값을 가지며, 수치가 0에 근접할수록 두 변수 사이에 상관관계가 없음을 의미하고, -1의 경우에는 음(-)의 상관관계가 강하며, +1에 근접할수록 양(+)의 상관관계가 크다고 본다.

일반적으로 각 상관계수 값은 다음과 같은 의미로 해석된다(음의 상관계수는 절대값을 붙여 생각하면 된다). 이 해석은 분석하는 사람에 따라 편차가 있다.

- 0.0 ~ 0.2   상관관계가 거의 없다
- 0.2 ~ 0.4   약한 상관관계
- 0.4 ~ 0.6   상관관계가 있다
- 0.6 ~ 0.8   강한 상관관계
- 0.8 ~ 1.0   매우 강한 상관관계

상관관계 분석식은 다음과 같이 표현된다.

$$r = \frac{\sum_{i=1}^{n}(x-\overline{x})(y-\overline{y})}{\sqrt{\sum_{i=1}^{n}(x_i-\overline{x})^2}\sqrt{\sum_{i=1}^{n}(y_i-\overline{y})^2}}$$

11.2 데이터 테이블 생성: pandas 패키지

pandas 패키지는 데이터를 엑셀 스프레드시트(excel spreadsheet)나 SQL 테이블과 같이 서로 다른 속성을 가지는 컬럼들로 구성된 데이터 테이블 형태(DataFrame)나 시계열 데이터와 같이 연속된 데이터 셋(Series)으로 구성하고, 이를 분석하기 위한 도구로 사용된다.

pandas 패키지는 데이터 구조를 위하여 일차원 데이터인 Series와 이차원 데이터인 DataFrame을 사용한다. 먼저 파이썬 에뮬레이터를 실행하고 pandas와 numpy를 import한다. numpy는 파이썬을 이용하여 과학 계산과 같은 고성능 수치 계산을 위해 만들어진 패키지로써 다차원 배열을 사용하기 위해 주로 사용한다(이 책에서는 numpy에 대한 활용은 필요한 부분에서만 잠시 하겠다).

```
>>> import numpy as np
>>> import pandas as pd
```

11.2.1 Series

Series는 이차원 인덱스를 가지는 배열(labeled array)로써 integer, string, float, 파이썬 객체(object) 등 다양한 형식의 데이터 타입을 가질 수 있으며 함수의 사용법은 다음과 같다.

```
pd.Series(data, index=index)
```

1. 일차원(array) 데이터의 활용

```
>>> s = pd.Series(np.random.randn(5))
>>> s
0    0.636579
1    1.429441
2   -0.056851
3   -0.330899
4    0.690789
dtype: float64
>>> s = s = pd.Series(np.random.randn(5), index=['A','B','C','D','E'])
>>> s
A    0.449761
B   -0.288997
C   -0.263346
D    1.673738
E   -0.437203
dtype: float64
```

두 예제에서 보듯이, 인덱스의 값을 부여하지 않으면 pandas는 자동적으로 0부터 len(data)-1까지의 값을 부여하며, 인덱스 값을 부여하는 경우에는 해당 인덱스로 매칭된다. 인덱스를 부여하는 경우에는 인덱스의 개수와 데이터의 개수가 반드시 일치해야 한다.

numpy에서 가장 많이 사용하는 ndarray는 N 차원의 배열 객체로써 기존의 파이썬은 어떠한 형식이라도 어레이에 담을 수 있으나, ndarray는 동일한 형태의 데이터만 배열에 담을 수 있는 차이점을 가지고 있다. 우리가 자료를 임의로 생성하는 경우가 많으므로 난수(random) 데이터를 얻는 함수를 다음의 표와 같이 정리했다.

함수	설명
rand(d0, d1, ..., dn)	N차원 배열의 난수 발생
randn(d0, d1, ..., dn)	표준 정규분포에 따른 N차원 난수 발생
randint(low[, high, size])	low 이상 high 미만의 정수형 난수 발생
random_integers(low[, high, size])	low 이상 high 이하의 정수형 난수 발생
random_sample([size]) random([size]) ranf([size]) sample([size])	0.0 이상 1.0 미만의 실수형 난수 발생
choice(a[, size, replace, p])	주어진 1차원 배열을 기반으로 무작위 샘플 추출
bytes(length)	바이트형 난수 발생

2. 딕셔너리(Dictionary)

```
>>> d = {'a' : 0., 'b' : 1., 'c' : 2.}
>>> pd.Series(d)
a    0.0
b    1.0
c    2.0
dtype: float64
>>> pd.Series(d, index=['a', 'b', 'B', 'c'])
a    0.0
b    1.0
B    NaN
c    2.0
dtype: float64
```

딕셔너리 형태의 데이터는 인덱스를 부여하지 않으면 딕셔너리 키 값이 인덱스로 들어가며, 만약 index 값을 지정하는 경우에는 데이터 값에서 해당 인덱스의 값만을 가지고 들어온다. 위의 예에서 d 인덱스에는 B가 없으므로 생성된 시리즈에는 B의 값이 NaN(Not a Number)으로 들어가게 된다.

3. 스칼라(Scalar) 값

```
>>> pd.Series(7, index=['a', 'b', 'c', 'd', 'e'])
a    7
b    7
c    7
d    7
e    7
dtype: int64
```

스칼라 값을 이용하여 초기화를 하는 경우에는 반드시 인덱스가 들어가야 한다.

이상으로, Series의 데이터 형식을 알아 보았고, 생성된 데이터의 값을 가지고 오는 방법은 배열에서 데이터를 가지고 오는 방법과 동일한 형식을 가지고 있으며 데이터 연산이 다음과 같이 가능하다.

```
>>> s = pd.Series([1,2,3,4,5], index=['a', 'b', 'c', 'd', 'e'])
>>> s[0]
1
>>> s[:3]
a    1
b    2
c    3
dtype: int64
>>> s[[4,1]]
e    5
b    2
dtype: int64
>>> np.power(s, 2)
a     1
b     4
c     9
d    16
e    25
dtype: int64
```

11.2.2 DataFrame

DataFrame은 가장 많이 사용하는 pandas의 객체로 엑셀과 같이 표의 형식으로 데이터를 표현할 수 있어 다양한 형태로 데이터 분석에 사용된다. DataFrame이 데이터 분석에 유리한 이유는 하나의 열은 동일한 데이터 형식을 가져야 하지만 서로 다른 열은 서로 다른 데이터 형식을 허용하기 때문이다. 예를 들어 1열은 날짜, 2열은 지역, 3열은 상점 수와 같이 구성하면 여러 지역의 상점 수를 하나의 표로 구성할 수 있기 때문에 실제 데이터를 알아보기 편하게 구성할 수 있다.

1. Series/Dict 데이터의 활용

```
>>> d = {'one' : pd.Series([1., 2., 3.], index=['a', 'b', 'c']),
     'two' : pd.Series([1., 2., 3., 4.], index=['a', 'b', 'c', 'd'])}
>>> d
{'two':
a   1.0
b   2.0
c   3.0
d   4.0
dtype: float64,
'one':
a   1.0
b   2.0
c   3.0
dtype: float64}
>>> df = pd.DataFrame(d)
>>> df
   one two
a  1.0 1.0
b  2.0 2.0
c  3.0 3.0
d  NaN 4.0
>>> d = {'one' : pd.Series([1., 2., 3.]),
     'two' : pd.Series([1., 2., 3., 4.])}
>>> df = pd.DataFrame(d)
>>> df
   one two
0  1.0 1.0
1  2.0 2.0
2  3.0 3.0
3  NaN 4.0

>>> d = {'one' : [1., 2., 3., 4.],
     'two' : [4., 3., 2., 1.]}
>>> df = pd.DataFrame(d)
>>> df
   one two
0  1.0 4.0
1  2.0 3.0
2  3.0 2.0
3  4.0 1.0
```

인덱스 값을 가지고 있지 않은 두 개의 Series를 합치는 경우 데이터의 개수가 다른 경우에는 0부터 큰 배열의 길이 -1 만큼 부여하고, 배열 길이가 작은 Series는 모자라는 데이터 개수만큼 NaN 값으로 입력된다.

2. Dict 리스트 데이터의 활용

```
>>> data2 = [{'a': 1, 'b': 2}, {'a': 5, 'b': 10, 'c': 20}]
>>> pd.DataFrame(data2)
     a   b     c
0    1   2   NaN
1    5  10  20.0
>>> pd.DataFrame(data2, index=['first', 'second'])
         a   b     c
first    1   2   NaN
second   5  10  20.0
>>> pd.DataFrame(data2, columns=['a', 'b'])
     a   b
0    1   2
1    5  10
>>> df.rename(columns={'a':'COL1'})
    COL1  b
0      1   2
1      5  10
>>> df.set_index('b')
     a
b
2    1
10   5
```

Dict List는 가장 많이 사용하는 데이터 형식으로 원하는 열의 값만 선택하여 하나의 테이블로 만들 수 있는 장점이 있다. 또한 rename()을 이용하여 지정한 열의 이름을 바꿀 수 있으며 특정 열을 인덱스 열로 변경할 수 있다.

3. 데이터 추가 및 합치기(merge)

```
>>> data1 = [{'name':'Mark'},{'name':'Eric'},{'name':'Jennifer'}]
>>> df = pd.DataFrame(data1)
>>> df
      name
0     Mark
1     Eric
2     Jennifer
>>> df['age'] = [10, 11, 12]
>>> df
      name      age
0     Mark      10
1     Eric      11
2     Jennifer  12
>>> data2 = [{'sido':'서울'}, {'sido':'경기'}, {'sido':'인천'}]
>>> df2 = pd.DataFrame(data2)
>>> df2
      sido
0     서울
1     경기
2     인천
>>> pd.merge(df1, df2, left_index=True, right_index=True)
      name      sido
0     Mark      서울
1     Eric      경기
2     Jennifer  인천
```

기존 DataFrame에 새로운 행을 추가하려면 단순하게 컬럼명을 부여하고 데이터 리스트를 만들어 주면 된다. 또한 서로 다른 두 개의 DataFrame을 원하는 형식대로 합치기 위하여 merge() 함수를 제공한다. merge() 함수는 SQL문과 유사하게 여러 형태의 조인(join)을 수행할 수 있으며, 양 쪽 DataFrame이 인덱스를 가지고 있을 경우 이를 이용하여 동일한 행으로 추출하여 새로운 테이블을 만들 수 있다. 이외에도 append()를 이용하면 동일한 형식의 DataFrame을 연결할 수 있다.

pandas는 상당히 광범위한 패키지여서 여기서는 우리가 사용하는 데 필요한 기능만 간략하게 설명했다. 좀 더 자세한 사항은 공식 페이지의 매뉴얼을 확인하기 바란다.

11.3 공공 데이터를 이용한 상관분석

이번 절에서는 파트 2의 "8장 공공 데이터 수집하기"에서 작성한 코드를 이용하여 데이터를 수집하고 분석한다. 먼저, 데이터셋을 만들기 위해 2011년 1월부터 2016년 9월까지의 서울특별시 유료 관광지 입장 정보 파일을 JSON 형태로 저장한다(이 책을 쓸 당시 공공 정보가 업데이트되지 않아 2016년 9월까지의 데이터만 존재했다). 그리고 중국인, 일본인, 미국인의 입국수 정보를 JSON으로 저장한다. 저장이 완료되었으면 코드 49와 같이 작성한다.

코드 49. 서울시 주요 관광지 외국인 입장객과 국내 방문 국가 별 외국인 상관관계 분석

```
import json
import math
import numpy as np

import matplotlib.pyplot as plt
import matplotlib
from matplotlib import font_manager, rc

import pandas as pd

#[CODE 1]
def correlation(x, y):
    n = len(x)
    vals = range(n)

    x_sum = 0.0
    y_sum = 0.0
    x_sum_pow = 0.0
    y_sum_pow = 0.0
    mul_xy_sum = 0.0

    for i in vals:
        mul_xy_sum = mul_xy_sum + float(x[i]) * float(y[i])
        x_sum = x_sum + float(x[i])
        y_sum = y_sum + float(y[i])
        x_sum_pow = x_sum_pow + pow(float(x[i]), 2)
        y_sum_pow = y_sum_pow + pow(float(y[i]), 2)

    try:
        r = ((n * mul_xy_sum) - (x_sum * y_sum)) / math.sqrt( ((n*x_sum_pow) - pow(x_sum, 2)) * ((n*y_sum_pow) - pow(y_sum, 2)) )
    except:
        r = 0.0

    return r
```

```python
#[CODE 2]
def setScatterGraph(tour_table, visit_table, tourpoint):

    #[CODE 8]
    tour = tour_table[tour_table['resNm'] == tourpoint]
    merge_table = pd.merge(tour, visit_table, left_index=True, right_index=True)

    fig = plt.figure()

    fig.suptitle(tourpoint + '상관관계 분석')

    plt.subplot(1, 3, 1)
    plt.xlabel('중국인 입국수')
    plt.ylabel('외국인 입장객수')
    r = correlation(list(merge_table['china']), list(merge_table['ForNum']))
    plt.title('r = {:.5f}'.format(r))
    plt.scatter(list(merge_table['china']), list(merge_table['ForNum']), edgecolor='none', alpha=0.75, s=6, c='black')

    plt.subplot(1, 3, 2)
    plt.xlabel('일본인 입국수')
    plt.ylabel('외국인 입장객수')
    r = correlation(list(merge_table['japan']), list(merge_table['ForNum']))
    plt.title('r = {:.5f}'.format(r))
    plt.scatter(list(merge_table['japan']), list(merge_table['ForNum']), edgecolor='none', alpha=0.75, s=6, c='black')

    plt.subplot(1, 3, 3)
    plt.xlabel('미국인 입국수')
    plt.ylabel('외국인 입장객수')
    r = correlation(list(merge_table['usa']), list(merge_table['ForNum']))
    plt.title('r = {:.5f}'.format(r))
    plt.scatter(list(merge_table['usa']), list(merge_table['ForNum']), edgecolor='none', alpha=0.75, s=6, c='black')

    plt.tight_layout()

    #fig = matplotlib.pyplot.gcf()
    #fig.set_size_inches(10, 7)
    #fig.savefig(tourpoint+'.png', dpi=300)

    plt.show()

def main():

    font_location = "c:/Windows/fonts/malgun.ttf"
    font_name = font_manager.FontProperties(fname=font_location).get_name()
```

```
matplotlib.rc('font', family=font_name)

#[CODE 4]
tpFileName = 'd:/Temp/public_data/서울특별시_관광지입장정보_2011_2016.json'
jsonTP = json.loads(open(tpFileName, 'r', encoding='utf-8').read())
tour_table = pd.DataFrame(jsonTP, columns=('yyyymm', 'resNm', 'ForNum'))
tour_table = tour_table.set_index('yyyymm')

#[CODE 5]
resNm = tour_table.resNm.unique()

#[CODE 6]
fv_CFileName = 'd:/Temp/public_data/중국(112)_해외방문객정보_2011_2016.json'
jsonFV = json.loads(open(fv_CFileName, 'r', encoding='utf-8').read())
china_table = pd.DataFrame(jsonFV, columns=('yyyymm', 'visit_cnt'))
china_table = china_table.rename(columns={'visit_cnt': 'china'})
china_table = china_table.set_index('yyyymm')

fv_JFileName = 'd:/Temp/public_data/일본(130)_해외방문객정보_2011_2016.json'
jsonFV = json.loads(open(fv_JFileName, 'r', encoding='utf-8').read())
japan_table = pd.DataFrame(jsonFV, columns=('yyyymm', 'visit_cnt'))
japan_table = japan_table.rename(columns={'visit_cnt': 'japan'})
japan_table = japan_table.set_index('yyyymm')

fv_UFileName = 'd:/Temp/public_data/미국(275)_해외방문객정보_2011_2016.json'
jsonFV = json.loads(open(fv_UFileName, 'r', encoding='utf-8').read())
usa_table = pd.DataFrame(jsonFV, columns=('yyyymm', 'visit_cnt'))
usa_table = usa_table.rename(columns={"visit_cnt": "usa"})
usa_table = usa_table.set_index('yyyymm')

#[CODE 7]
fv_table = pd.merge(china_table, japan_table, left_index=True, right_index=True)
fv_table = pd.merge(fv_table, usa_table, left_index=True, right_index=True)

for tourpoint in resNm:
    setScatterGraph(tour_table, fv_table, tourpoint)

if __name__ == "__main__":
    main()
```

코드 49를 수행하면 서울시 입장객과 각국 입국수에 따른 상관분석 자료가 그림 124 및 그림 125와 같이 나타난다.

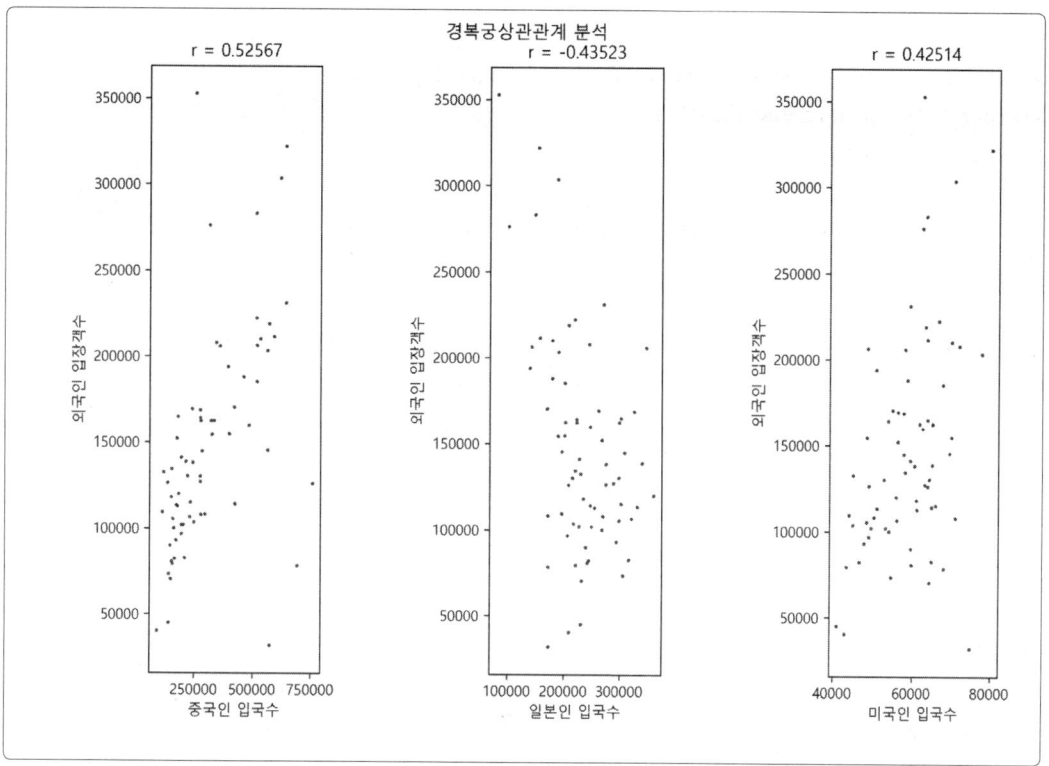

그림 124. 경복궁 입장객 상관관계 분석

그림 이제 코드를 살펴 보도록 하자. CODE 1은 파이썬으로 상관관계 분석을 하는 함수이다. scipy를 이용하면 상관분석 계수가 하나의 함수로 간단하게 나오지만, 여기서는 상관분석 함수를 직접 작성해 보았다.

CODE 2는 scatter() 함수를 이용하여 그래프를 그린다. 1 x 3 의 형태로 나타내기 위하여 subplot() 함수를 사용하였다. pyplot의 그래프는 앞 절에서 설명하였으므로 참고하기 바란다(내용중 CODE 8에 대한 설명은 잠시 후 하기로 한다).

이 책에서는 데이터를 어떻게 분석하는가에 관점이 맞추어져 있으므로 python 쉘에서 CODE 4, CODE 5, CODE 6을 통해 DataFrame을 어떻게 사용하는지 설명하도록 하겠다. 먼저 저장된 파일이 JSON 형태이므로 json을 import하고 DataFrame을 위하여 pandas를 import한다

```
>>> import json
>>> import pandas as pd
```

import를 마치면 저장한 서울특별시 유료 관광객 파일을 JSON 형태로 읽어와서 DataFrame으로 변환한다 (CODE 4 부분).

```
>>> tpFileName = 'd:/Temp/public_data/서울특별시_관광지입장정보_2011_2016.json'
>>> jsonTP = json.loads(open(tpFileName, 'r', encoding='utf-8').read())
>>> tour_table = pd.DataFrame(jsonTP)
>>> tour_table.head()
```

로드된 tour_table은 다음과 같은 형태로 표현된다(DataFrame의 값을 보고 싶으면 head()를 사용한다. 맨 앞 5개의 데이터를 볼 수 있다. 괄호 안에 숫자를 넣으면 해당 숫자만큼 열을 반환하며, 기본 값은 n=5이다).

	ForNum	NatNum	addrCd	gungu	resNm	rnum	sido	yyyymm
0	14137	43677	1111	종로구	창덕궁	1	서울특별시	201101
1	0	6523	1111	종로구	운현궁	2	서울특별시	201101
2	40224	141183	1111	종로구	경복궁	3	서울특별시	201101
3	697	17644	1111	종로구	창경궁	4	서울특별시	201101
4	6837	11486	1111	종로구	종묘	5	서울특별시	201101

상기 표에서 보듯이 JSON 형식의 각 키에 해당하는 값들이 테이블의 형태로 간단하게 입력된 것을 확인할 수 있다. 그러나 우리는 모든 데이터를 사용할 것이 아니고 외국인 입장객수와, 관광지명, 그리고 입장년월만 필요하므로 columns 인자를 사용하여 데이터를 불러온다.

```
>>> tour_table = pd.DataFrame(jsonTP, columns=('yyyymm', 'resNm', 'ForNum'))
>>> tour_table.head()
```

데이터 처리에 필요한 yyyymm, resNm, ForNum만 columns의 인자 값으로 줘서 필요한 데이터만 추출했다.

	yyyymm	resNm	ForNum
0	201101	창덕궁	14137
1	201101	운현궁	0
2	201101	경복궁	40224
3	201101	창경궁	697
4	201101	종묘	6837

이제 출입국자들의 정보와 나중에 합치기 위하여 '연월'에 해당하는 yyyymm을 인덱스 값으로 지정한다. 이를 위해 set_index()를 사용한다.

```
>>> tour_table = tour_table.set_index('yyyymm')
>>> tour_table.head(3)
            resNm    ForNum
yyyymm
201101      창덕궁     14137
201101      운현궁     0
201101      경복궁     40224
```

저장된 데이터 프레임에서 서울시 유료 관광지로 통계가 잡히는 곳이 어떤 곳인지 확인하기 위하여 unique() 함수를 사용할 수 있다. unique()를 사용하면 해당 컬럼의 중복되지 않는 값만 확인할 수 있다(CODE 5 부분).

```
>>> resNm = tour_table.resNm.unique()
>>> resNm
array(['창덕궁', '운현궁', '경복궁', '창경궁', '종묘', '국립중앙박물관', '서울역사박물관', '덕수궁',
       '서울시립미술관 본관', '태릉·강릉·조선왕릉전시관', '서대문형무소역사관', '서대문자연사박물관',
       '트릭아이미술관', '헌릉 · 인릉', '선릉·정릉', '롯데월드'], dtype=object)
```

서울시의 유료 관광객 입장수가 집계되는 곳은 경복궁, 종묘 등 총 16군데이다. 이 값을 resNm 부분에 저장해서 추후에 데이터를 불러오는 키 값으로 사용한다.

이제 앞 장에서 저장한 JSON 형식의 국가 별 입국 정보를 DataFrame으로 변환하고 인덱스 값을 yyyymm 컬럼으로 대치한다(CODE 6 부분).

```
>>> fv_CFileName = 'd:/Temp/public_data/중국(112)_해외방문객정보_2011_2016.json'
>>> jsonFV = json.loads(open(fv_CFileName, 'r', encoding='utf-8').read())
>>> china_table = pd.DataFrame(jsonFV, columns=('yyyymm', 'visit_cnt'))
>>> china_table.head()
   yyyymm    visit_cnt
0  201101    91252
1  201102    140571
2  201103    141457
3  201104    147680
4  201105    154066
>>> china_table = china_table.rename(columns={'visit_cnt': 'china'})
>>> china_table = china_table.set_index('yyyymm')
>>> china_table.head()
           china
yyyymm
201101     91252
201102     140571
201103     141457
201104     147680
201105     154066
```

동일한 방식으로 일본인 입국수와 미국인 입국수를 처리한 후 다음과 같이 국가 별 입국수를 합쳐서 하나의 데이터 프레임으로 만든다.

```
>>> fv_table = pd.merge(china_table, japan_table, left_index=True, right_index=True)
>>> fv_table.head()
         china    japan
yyyymm
201101    91252   209184
201102   140571   230362
201103   141457   306126
201104   147680   239075
201105   154066   241695
>>> fv_table = pd.merge(fv_table, usa_table, left_index=True, right_index=True)
>>> fv_table.head()
         china    japan    usa
yyyymm
201101    91252   209184   43065
201102   140571   230362   41077
201103   141457   306126   54610
201104   147680   239075   59616
201105   154066   241695   59780
```

이제 각 입국자 숫자가 하나의 데이터 프레임으로 만들어졌으니 resNM에서 추출하는 관광지 이름과, tour_table, fv_table을 인자로 하여 setScatterGraph() 함수를 호출하면 함수 내부에서는 전달받은 인자 값으로 데이터 프레임을 생성한다. 다음의 예는 '경복궁'을 관광지 이름으로 받았다는 전제하에서 수행한다(CODE 8 부분).

```
>>> tour = tour_table[tour_table['resNm'] == '경복궁']
>>> tour.head()
         resNm    ForNum
yyyymm
201101    경복궁    40224
201102    경복궁    44906
201103    경복궁    73166
201104    경복궁    89972
201105    경복궁    80539
>>> merge_table = pd.merge(tour, fv_table, left_index=True, right_index=True)
>>> merge_table.head()
         resNm    ForNum    china    japan    usa
yyyymm
201101    경복궁    40224     91252   209184   43065
201102    경복궁    44906    140571   230362   41077
201103    경복궁    73166    141457   306126   54610
201104    경복궁    89972    147680   239075   59616
201105    경복궁    80539    154066   241695   59780
```

전달받은 tour_table은 16개 관광지에 대한 모든 데이터를 가지고 있기 때문에 계산할 관광지명에 해당하는 데이터만을 뽑아 tour 데이터 프레임에 저장하고 이를 전달받은 외국인 방문객 데이터 프레임과 병합(merge)하면 우리가 지정한 관광지에 대한 입장객수, 입국 외국인수가 결합된 데이터 프레임이 완성된다. 이제 그래프를 그리기 위하여 입장객수(ForNum)와 해당 국가(china, japan, usa) 열을 scatter() 함수로 전달하면 원하는 그래프와 상관계수 값을 얻게 된다.

CODE 9에서는 함수를 수행하면서 반환한 리스트 값을 추가하여, 각 관광지마다 상관계수 값을 가지고 온다. 다음 예에서 r_list는 코드를 수행하여 반환한 값이다. 수신한 리스트 값을 r_table 데이터 프레임으로 만들고, 인덱스를 tourpoint로 변환한다(CODE 10 참조).

```
r_list = [['창덕궁', -0.058791104060063125, 0.27744435701410114, 0.40281606330501574],
['운현궁', 0.44594488384450376, 0.3026152182879861, 0.2812576500158649], ['경
복궁', 0.5256734293511214, -0.4352281861341233, 0.42513726387044926], ['창경
궁', 0.4512325398089607, -0.16458589402253013, 0.6245403780269381], ['종묘',
-0.5834218986767474, 0.5298702802205213, -0.12112666829294959], ['국립중앙박
물관', 0.39663594900292837, -0.06923889417914424, 0.3789788348060077], ['서울
역사박물관', 0.4169985898874495, 0.4929777868070643, 0.2411976107709704], ['
덕수궁', 0.4332132943587757, -0.4326719125679966, 0.4808588469548069], ['서
울시립미술관 본관', 0.0, 0.0, 0.0], ['태릉·강릉·조선왕릉전시관', -0.08179909096513825,
0.0634032985209752, -0.06884011648164298], ['서대문형무소역사관', 0.47262271531670347,
0.006098570233700235, 0.22900879409607508], ['서대문자연사박물관', 0.0, 0.0, 0.0], ['트
릭아이미술관', 0.340084882575556, -0.15036015533747007, 0.18094502388483083], ['헌
릉·인릉', -0.5813250357820897, 0.46453007122911255, -0.1853887818740637], ['선릉·
정릉', -0.5715258789199192, 0.38806730592260075, -0.12494498568749024], ['롯데월드',
0.5105587922155749, 0.23511773800458452, -0.12673869767365747]]
>>> r_table = pd.DataFrame(r_list, columns=('tourpoint', 'china', 'japan', 'usa'))
>>> r_table = r_table.set_index('tourpoint')
>>> r_table
                        china       japan       usa
tourpoint
창덕궁                -0.058791    0.277444    0.402816
운현궁                 0.445945    0.302615    0.281258
경복궁                 0.525673   -0.435228    0.425137
창경궁                 0.451233   -0.164586    0.624540
서울시립미술관 본관    0.000000    0.000000    0.000000
서대문자연사박물관     0.000000    0.000000    0.000000
...
```

r_table을 확인하면 '서울시립미술관 본관'과 '서대문자연사박물관'의 경우 상관계수 값이 없는 것을 확인할 수 있다. 그래프에서 필요없는 열은 다음과 같이 삭제한다.

```
>>> r_table.drop('서울시립미술관 본관')
>>> r_table.drop('서대문자연사박물관')
>>> r_table = r_table.sort('china', ascending=False)
>>> r_table.head()
                    china       japan        usa
tourpoint
경복궁               0.525673    -0.435228    0.425137
롯데월드             0.510559     0.235118   -0.126739
서대문형무소역사관    0.472623     0.006099    0.229009
창경궁               0.451233    -0.164586    0.624540
운현궁               0.445945     0.302615    0.281258
```

해당 열의 인덱스 값을 가지고 drop() 함수를 사용하여 데이터를 삭제한 후 sort()를 이용하여 china 열을 내림차순으로 정렬하였다.

```
>>> font_location = "c:/Windows/fonts/malgun.ttf"
>>> font_name = font_manager.FontProperties(fname=font_location).get_name()
>>> matplotlib.rc('font', family=font_name)
>>> r_table.plot(kind='bar', rot=70)
<matplotlib.axes._subplots.AxesSubplot object at 0x00000082F2368BA8>
>>> plt.show()
```

정렬이 되었으면 그래프를 그리기 위하여 한글 폰트를 로드하고, plot() 함수를 이용하여 그래프를 그려보면 그림 125와 같이 중국인 입국수 대비 관광객 입장객수의 상관계수가 높은 순서대로 중국, 일본, 미국 관광객과 유료 관광지 사이의 상관계수를 비교할 수 있으며, 각 관광지 별로 국가 별 입장객 특성을 확인할 수 있다.

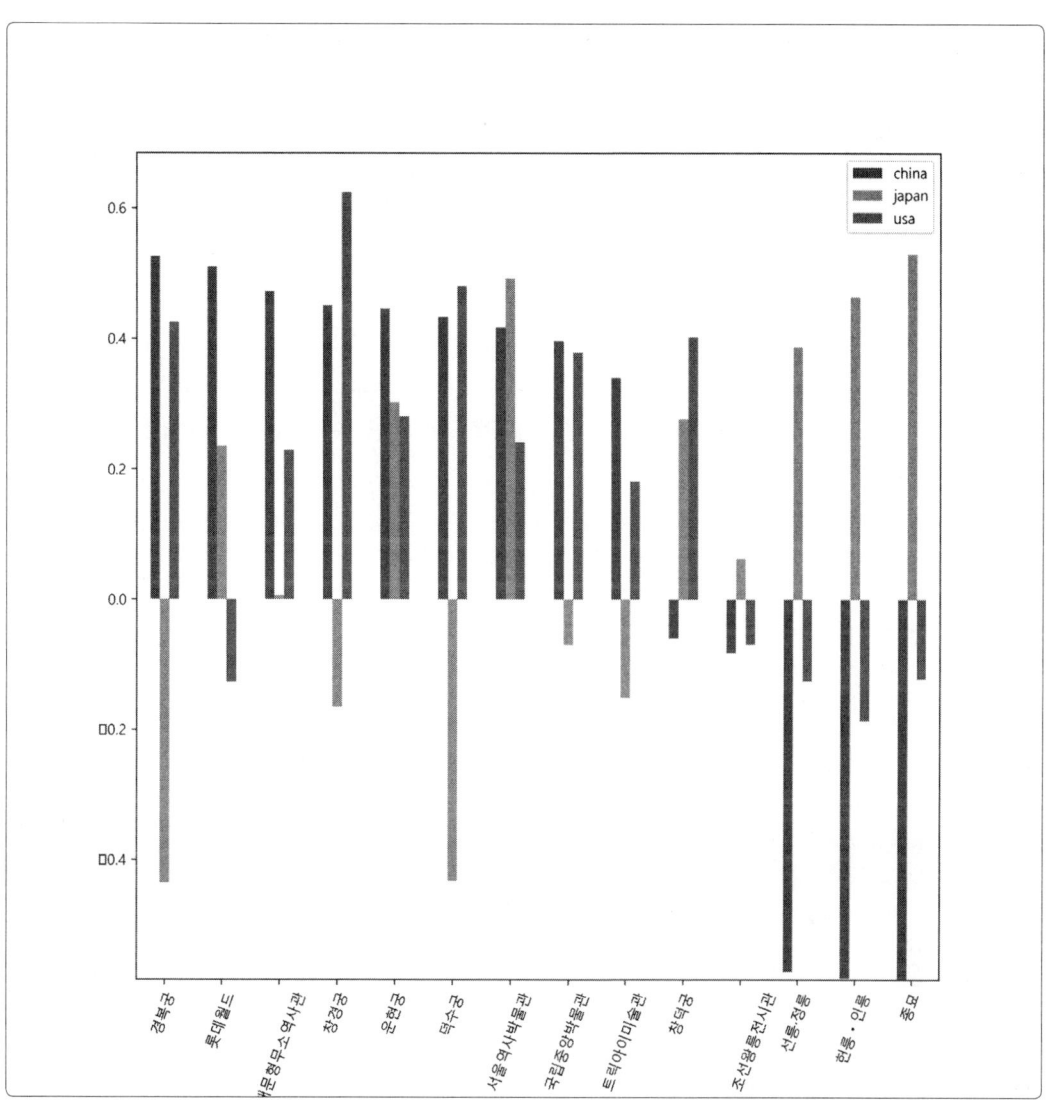

그림 125. 중국, 일본, 미국 입국객과 서울특별시 관광지 입장객의 상관계수 분석

그래프를 보면 재미있는 현상이 보이는데 중국인 상관계수와 일본인 상관계수가 완전히 상반되게 나오는 관광지가 경복궁, 덕수궁, 선릉·정릉, 헌릉·인릉, 종묘로 나타난다. 분석한 데이터가 6년치 관광지 입장객 통계에 불과하여 정확한 결론을 내기 힘들지만, 적어도 중국인에게 관광지를 추천한다면 경복궁, 롯데월드 순서가 될 것이고 일본인에게는 종묘, 헌릉·인릉 순이 아닐까 생각된다(역사적 배경을 따져 보더라도 조금 의미있는 부분이 되지 않을까라는 생각이 들지만 정확한 결과를 도출하기 위해서는 패키지관광인지 자유관광인지, 숙박업소가 어느 쪽에 편중되는지 등 영향을 미칠 다른 요소 데이터를 확보해서 분석해야 한다).

11.4 히트맵(Heatmap) - seaborn

seaborn은 matplotlib와 함께 효과적인 시각화 라이브러리를 제공한다. seaborn을 사용하기 위해서는 numpy와 scipy가 설치되어 있어야 하는데, 윈도우에서 pip install을 사용하면 설치 오류가 발생할 때가 많다.

먼저, numpy-mkl 버전을 인스톨한다. numpy mkl 버전은 numpy와 인텔의 수학 커널 라이브러리를 지원하는 dll 파일들이 함께 포함되어 있는 패키지이다. 인터넷을 검색하여 numpy mkl 버전을 다운로드 받는다(http://www.lfd.uci.edu/~gohlke/pythonlibs/#numpy). whl 파일의 경우에는 사용하고 있는 파이썬 버전(cpXX로 표시)과 윈도우 32/64 비트를 개발 환경에 맞게 다운로드 받는다. 동일한 형식으로 scipy 및 seborn 파일을 받고 인스톨한다 (필자의 경우에는 파이썬 3.5 = CP25-의 64비트 버전을 다운로드받아 D:₩Temp 폴더에 저장하였고, Python 설치 경로는 D:₩Program Files₩Python이다).

```
D:\Program Files\Python\pip install d:\temp\numpy-1.12.1+mkl-cp35-cp35m-win_amd64.whl
Processing d:\program files\python\scripts\numpy-1.12.1+mkl-cp35-cp35m-win_amd64.whl
Installing collected packages: numpy
Successfully installed numpy-1.12.1+mkl

D:\Program Files\Python>pip install d:\temp\scipy-0.19.0-cp35-cp35m-win_amd64.whl
Processing d:\temp\scipy-0.19.0-cp35-cp35m-win_amd64.whl
Requirement already satisfied: numpy>=1.8.2 in d:\program files\python\lib\site-packages (from scipy==0.19.0)
Installing collected packages: scipy
Successfully installed scipy-0.19.0

D:\Program Files\Python>pip install d:\temp\seaborn-0.7.1-py2.py3-none-any.whl
Processing d:\temp\seaborn-0.7.1-py2.py3-none-any.whl
Installing collected packages: seaborn
Successfully installed seaborn-0.7.1

D:\Program Files\Python>
```

설치가 완료되면 파이썬 셸을 수행한 후 중국 입국자수를 가지고 히트맵을 작성해 보자. 먼저 저장된 중국 입국자수 json 파일을 불러들여 데이터 프레임으로 저장한다.

```
>>> import pandas as pd
>>> import json
>>> fv_CFileName = 'd:/Temp/public_data/중국(112)_해외방문객정보_2011_2016.json'
>>> jsonFV = json.loads(open(fv_CFileName, 'r', encoding='utf-8').read())
>>> china_table = pd.DataFrame(jsonFV, columns=('yyyymm', 'visit_cnt'))
>>> china_table.head()
     yyyymm   visit_cnt
0    201101   91252
1    201102   140571
2    201103   141457
3    201104   147680
4    201105   154066
```

데이터 프레임에 저장되어 있는 데이터는 연도와 월이 문자열로 결합된 yyyymm 필드와 방문객수인 visit_cnt 열로 구성되어 있다. 해당 연도와 월을 가로와 세로로 가지는 표의 형태로 구성하기 위하여 yyyymm 필드를 먼저 datetime 형식으로 변환한 후 year 컬럼과 month 컬럼을 생성한다.

```
>>> china_table.yyyymm = pd.to_datetime(china_table.yyyymm, format='%Y%m')
>>> china_table['year'] = china_table.yyyymm.dt.year
>>> china_table['month'] = china_table.yyyymm.dt.month
>>> china_table.head()
     yyyymm       visit_cnt   year   month
0    2011-01-01   91252       2011   1
1    2011-02-01   140571      2011   2
2    2011-03-01   141457      2011   3
3    2011-04-01   147680      2011   4
4    2011-05-01   154066      2011   5
```

year 컬럼과 month 컬럼이 생성된 것이 확인되면 이제 데이터 프레임을 표 형식으로 변경한 후 saborn을 import 한 후 heatmap 객체를 생성하고 show()를 이용하여 그래프를 출력한다.

```
>>> china_table = china_table.set_index(['month','year'])['visit_cnt'].unstack(fill_value=0)
>>> print (china_table)

year    2011    2012    2013    2014    2015    2016
month
1       91252   113927  167022  196371  296708  394345
2       140571  157019  173790  249698  326295  516787
3       141457  163261  183691  276479  423768  515130
4       147680  153875  222114  335069  531947  641610
5       154066  152347  210439  278723  517031  618083
6       150119  179508  234482  399031  573852  315095
7       195188  244573  322917  569787  692053  255632
8       241987  276299  359065  642258  757683  513275
9       176196  231462  283402  483518  564078  591242
10      181428  214681  279440  343273  562278  650174
11      136152  174164  204533  276428  460671  507579
12      119061  159080  195997  276234  420501  465218
>>> import matplotlib.pyplot as plt
>>> import seaborn as sns
>>> sns.heatmap(china_table)
>>> plt.show()
```

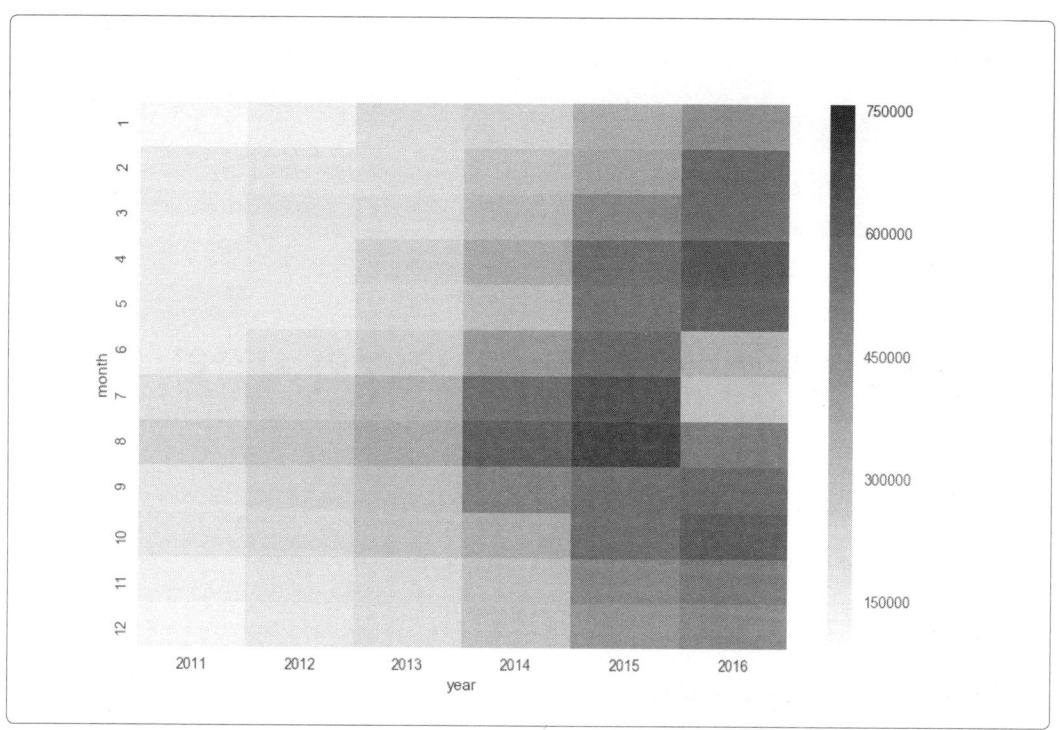

그림 126. 국내 중국인 입국수 히트맵

국내 중국인 입국수 히트맵을 보면 최근 들어 입국객의 수가 증가함을 확인할 수 있고, 여름에 많이 입국하던 관광객이 최근 들어 봄과 가을에 증가하는 것을 볼 수 있다.

12장 지리정보기반 시각화: 지리정보와 시각화

12.1 지리정보 가공을 위한 데이터 전처리

12.2 포리움(Folium)의 설치 및 활용[Visualization 3,4]

12.3 프랜차이즈 주소 매핑: Folium - 네이버 주소 검색

12.4 전국 지도에 블록맵으로 표시하기

과거에는 수많은 데이터를 정제해 정보로 만든 후 컴퓨팅 환경 등을 고려하여 표를 이용하여 대부분 자료를 정리하였다. 그러나 컴퓨팅 환경이 좋아지면서 요즘은 의미있는 그림의 형태(인포그래픽)로 표시하고 있는 추세이다. 사실 정보를 한 장의 의미있는 그림으로 표현하는 것에는 상당한 고민이 따른다. 표로 데이터를 표시하는 경우에는 개별의 숫자에 중요한 의미가 있지만, 그래프나 그림의 경우에는 표현하는 방식에 따라(예를 들어 특정 지지 후보의 색을 진한 색으로 표시하고 다른 후보를 옅은 색으로 표현한다든가 막대 그래프의 중간 부분을 삭제하고 표시하여 격차가 작아 보이게 하는 것) 왜곡되는 경우도 심심치 않게 볼 수 있기 때문이다. 이번 절에서는 지도를 이용하여 데이터를 시각화하고 이를 정보로 제공하는 방법에 대해 알아보려 한다.

12.1 지리정보 가공을 위한 데이터 전처리

실제 데이터를 수집하고, 이를 분석하기 위하여 수집된 데이터를 보면 가공하기 힘든 형태 또는 잘못된 형식으로 데이터가 수집된 경우가 많이 발생한다. 이를 해결하는 최선의 방법이 지금까지는 수작업이다. 물론 데이터의 수집 과정에서는 수작업을 최소화하기 위하여 다양한 필터 등을 개발하여 사용하고 있기는 하다. 이번 절에서는 수집한 데이터에 어떠한 오류들이 있는지 살펴보고, 그 오류를 교정하는 방법을 알아보고자 한다.

본 절에서는 앞서 파트 2의 9장에서 수행한 프랜차이즈 통닭 가맹점의 주소록을 이용한다. 치킨집을 데이터 분석에 사용한 이유는 그림 127과 같이 JTBC 뉴스룸에서 다뤄진 직장인 테크트리 화면 캡처를 보면서 남의 일같지 않았기 때문이다.

그림 127. JTBC 뉴스룸에서 방영한 직장인 테크트리(슬픈 현실)

12.1.1 비비큐 주소 정보 보정

데이터를 확인하기 위하여 파이썬 쉘을 수행한 후 데이터를 불러오고, 비비큐 데이터부터 교정해 보도록 하자.

```
>>> import pandas as pd
>>> filename = 'd:/temp/chicken_data/bbq.csv'
>>> bbq_table = pd.DataFrame.from_csv(filename, encoding='CP949', index_col=0, header=0)
>>> bbq_table.sido.unique()
array(['서울특별시', '경기도', '경기', '광주광역시', '전라북도', '전라남도', '충청남도', '대전광역시',
       '부산광역시', '대구광역시', '서울', '세종특별자치시', '인천광역시', '충북', '강원도', '충청북도',
       '경상남도', '인천', '경남', '경상북도', '전북', '대구', '대전', '경북', '전남', '부산',
       '광주', '충남', '울산광역시', '제주특별자치도', '제주', '강원', '울산'], dtype=object)
```

저장한 BBQ 주소록 파일을 pandas를 이용하여 불러온 후 unique() 함수를 이용하면 지정한 컬럼의 고유값(unique)을 가지고 올 수 있다. BBQ 테이블의 경우에는 17개 시·도, 광역시, 특별시 정보가 '서울특별시'와 '서울'과 같이 축약된 형태로 사용되는 것이 확인된다. 이를 정확한 명칭으로 변경하기 위하여 다음과 같이 처리한다.

```
>>> sido_alias = """서울시:서울특별시 서울:서울특별시 경기:경기도 충북:충청북도
        인천:인천광역시 경남:경상남도 전북:전라북도 대구:대구광역시
        대전:대전광역시 경북:경상북도 전남:전라남도 부산:부산광역시
        광주:광주광역시 충남:충청남도 제주:제주특별자치도 강원:강원도
        울산:울산광역시"""
>>> sido_dict = dict(aliasset.split(':') for aliasset in sido_alias.split())
>>> sido_dict
{'부산': '부산광역시', '인천': '인천광역시', '울산': '울산광역시', '서울': '서울특별시', '서울시': '서울특별시', '강원': '강원도', '경북': '경상북도', '대전': '대전광역시', '경남': '경상남도', '광주': '광주광역시', '경기': '경기도', '전남': '전라남도', '제주': '제주특별자치도', '전북': '전라북도', '충북': '충청북도', '충남': '충청남도', '대구': '대구광역시'}
>>> bbq_table.sido = bbq_table.sido.apply(lambda v: sido_dict.get(v, v))
>>> bbq_table.sido.unique()
array(['서울특별시', '경기도', '광주광역시', '전라북도', '전라남도', '충청남도', '대전광역시', '부산광역시', '대구광역시', '세종특별자치시', '인천광역시', '충청북도', '강원도', '경상남도', '경상북도', '울산광역시', '제주특별자치도'], dtype=object)
```

먼저 축약된 이름들을 원래 행정구역명으로 바꾸기 위하여 축약된 행정구역명과 정상 행정구역명을 구성한 sido_alias 문자열을 split() 함수를 이용하여 분리한 후 딕셔너리 형태로 저장한(split()을 사용하지 않고 직접 딕셔너리로 만들어도 크게 상관은 없다) 후 lambda를 이용하여 sido 값 중 축약된 행정구역명이 있는 경우에는 정규 행정구역명으로 변경한다. 변경 후 유니크값을 추출하면 정상적으로 변경되어 있는 것이 확인된다.

gungu 컬럼에는 앞서 데이터를 저장한 후 잠시 살펴본 것처럼 띄어쓰기를 이용하여 분리하였기 때문에 정상적으로 분리 안된 데이터가 존재한다.

행정구역 데이터를 정확하게 분리하기 위해 국가통계포털(www.kosis.kr)에서 행정구역(시군구) 별 총인구,남자,여자 인구수(http://kosis.kr/statHtml/statHtml.do?orgId=101&tblId=DT_1B040A3&vw_cd=MT_OTITLE&list_id=110_20103&scrId=&seqNo=&lang_mode=ko&obj_var_id=&itm_id=&conn_path=E1#)를 조회하여 엑셀 데이터를 다운로드 받은 후 가공을 한다(가공한 데이터는 https://snscrawler.wordpress.com/에서 다운로드 받을 수 있다). 경기도의 경우에는 지역이 광범위하여 '시' 정보 하위로 '구' 정보까지 표현되고 있는 부분이 있는데 다른 광역시와 레벨을 맞추기 위하여 상위 '시'로 변경한 후 저장한다. 그림 128은 엑셀로 정리한 행정구역 데이터이다.

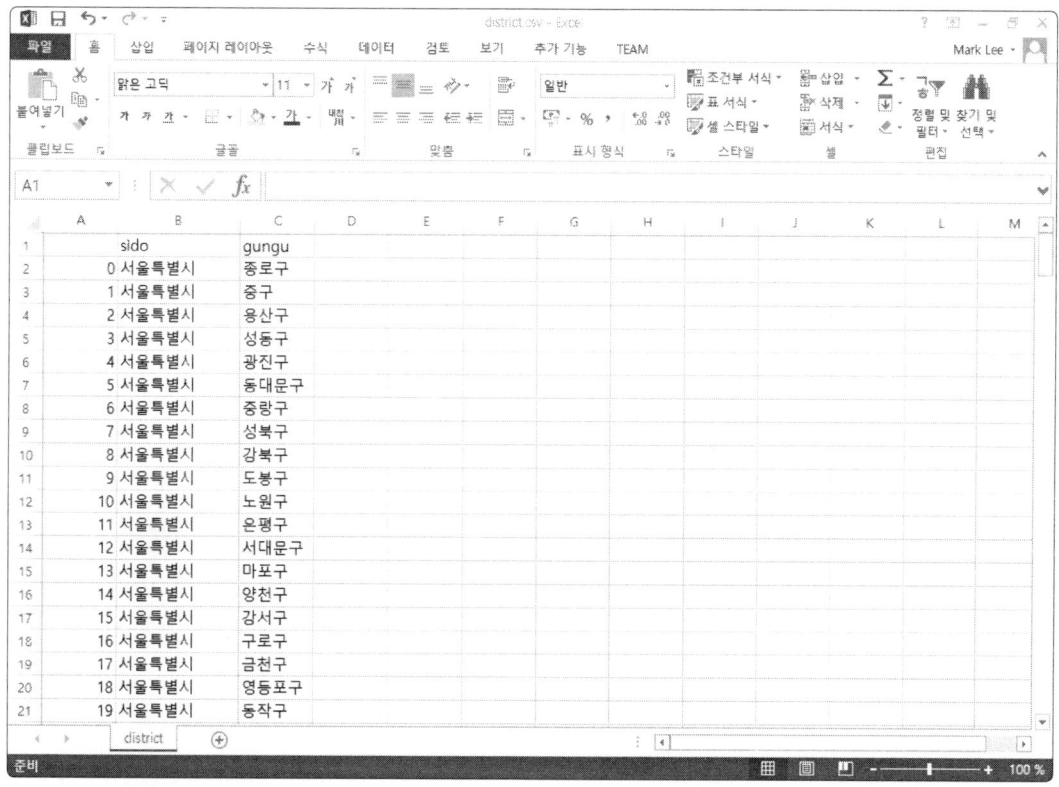

그림 128. 행정구역 데이터

행정구역 데이터를 특정 위치에 저장하고 다음과 같이 수행한다.

```
>>> sido_table = pd.DataFrame.from_csv('d:/Temp/chicken_data/district.csv', encoding='CP949', index_col=0, header=0)
>>> m = bbq_table.merge(sido_table, on=['sido', 'gungu'], how='outer', suffixes=['', '_'], indicator=True)
>>> m_result = m.query('_merge == "left_only"')
>>> m_result[['sido', 'gungu']]
```

	sido	gungu
288	세종특별자치시	세종특별자치시
351	경기도	여주군
352	경기도	여주군
353	경기도	여주군
354	충청북도	청원군
355	충청북도	청원군
356	충청북도	청원군
357	충청북도	청원군
866	세종특별자치시	보듬3로
867	세종특별자치시	달빛로
868	세종특별자치시	도움8로
1125	충청남도	당진군
1126	충청남도	당진군
1127	충청남도	당진군
1128	충청남도	당진군
1129	충청남도	당진군
1330	경상남도	마산시
1331	경상남도	마산시
1381	세종특별자치시	마음로
1382	세종특별자치시	금남면
1383	세종특별자치시	소담1로
1384	세종특별자치시	호려울로
1385	세종특별자치시	장군면
1386	세종특별자치시	도움3로
1392	세종특별자치시	연기면
1439	제주특별자치도	북제주군
1440	세종특별자치시	조치원읍
1441	경상남도	진해시

먼저 sido_table을 저장한 위치로부터 읽어와서 데이터 프레임으로 만든 후 merge를 이용하여 두 테이블을 합친다. 앞서 pandas를 설명하면서 merge() 함수는 SQL과 유사한 형식의 데이터 질의를 할 수 있다고 하였다. 사용할 bbq_table과 sido_table은 sido 필드와 gungu 필드를 동일하게 가진다. 이 두 필드를 SQL의 OUTER JOIN과 동일한 형태로 합친 후 생성된 _merge 필드의 값이 left_only인 것만 쿼리하면 sido_table 필드에 없는 값만 추출할 수

있다(right_only로 질의하면 반대로 행정구역상에 데이터가 없는 값이 나온다. both는 일치하는 경우다). 우리는 질의를 통하여 군구 정보가 행정구역 상에 없는 데이터를 추출했다. 이제 해당 데이터를 '여주군'은 '여주시'와 같이 고쳐준다.

```
>>> gungu_alias = """세종특별자치시:세종시 마음로:세종시 금남면:세종시 소담1로:세종시
            호려울로:세종시 장군면:세종시 도움3로:세종시 연기면:세종시
            조치원읍:세종시 보듬3로:세종시 보듬3로:세종시 달빛로:세종시
            도움8로:세종시 당진군:당진시 마산시:창원시 북제주군:제주시
            여주군:여주시 청원군:청주시 진해시:창원시"""
>>> gungu_dict= dict(aliasset.split(':') for aliasset in gungu_alias.split())
>>> bbq_table.gungu = bbq_table.gungu.apply(lambda v: gungu_dict.get(v, v))
>>> m = bbq_table.merge(sido_table, on=['sido', 'gungu'], how='outer', suffixes=['', '_'], indicator=True)
>>> m_result = m.query('_merge == "left_only"')
>>> m_result[['sido', 'gungu']]
Empty DataFrame
Columns: [sido, gungu]
Index: []
>>>
```

bbq_table에서 행정 정보가 정확하게 수정된 것이 확인되었다. 이제 수정된 정보를 다음과 같이 파일로 저장한다.

```
>>> m.to_csv("d:/temp/chicken_data/bbq_modify.csv", encoding="cp949", mode='w', index=True)
>>>
```

12.1.2 페리카나 주소 정보 보정

앞서 작성한 페리카나 주소록을 불러온 후 시도(sido) 컬럼에 어떤 데이터가 있는지 먼저 확인한다.

```
>>> import pandas as pd
>>> filename = 'd:/temp/chicken_data/pericana.csv'
>>> pericana_table = pd.DataFrame.from_csv(filename, encoding='CP949', index_col=0, header=0)
>>> pericana_table.sido.unique()
array(['충청북도', '경기도', '대전광역시', '서울특별시', '인천광역시', '광주광역시', '강원도', '충청남도',
       '대구광역시', '경상북도', '전라남도', '부산광역시', '경상남도', ' ', '전라북도', '울산광역시',
       '세종특별자치시', '제주특별자치도', '테스트', '00'], dtype=object)
```

17개 광역시도 이외에 '테스트', '00' 및 ' ' 값이 존재하는 것이 확인되었다. 해당 열(row)의 데이터 정보를 검색한 후 처리 방법을 결정한다.

```
>>> pericana_table[pericana_table['sido'] == '00']
   store   sido gungu store_address
1201 CNTTEST  00   18  00 18 신사동 주소
>>> pericana_table = pericana_table.drop(pericana_table.index[1201])
>>> pericana_table[pericana_table['sido'] == '00']
Empty DataFrame
Columns: [store, sido, gungu, store_address]
Index: []
>>> pericana_table[pericana_table['sido'] == '테스트']
    store sido gungu     store_address
821 원주지사 테스트 테스트구 테스트 테스트구 테스트점 23-123
>>> pericana_table = pericana_table.drop(pericana_table.index[821])
>>> pericana_table[pericana_table['sido'] == '테스트']
Empty DataFrame
Columns: [store, sido, gungu, store_address]
Index: []
```

데이터프레임에 저장되어 있는 데이터 중 sido 필드의 값이 '테스트' 및 '00'인 경우는 테스트용으로 입력한 것으로 판단되므로 drop() 함수를 이용하여 해당 열을 삭제한다(데이터프레임은 기본적으로 데이터 조회를 원칙으로 한다. 만약 처리한 값을 변수로 받지 않으면 데이터는 현 상태를 유지한다).

```
>>> pericana_table[pericana_table['sido'] == ' ']
     store        sido   gungu   store_address
114  광주지사              NaN     NaN
233  대구지사              NaN     NaN
247  대전지사              NaN     NaN
400  별내점               NaN     NaN
439  부산지사              NaN     NaN
606  수원지사              NaN     NaN
752  영주지사              NaN     NaN
860  의정부지사             NaN     NaN
883  인천지사              NaN     NaN
927  전북지사              NaN     NaN
944  제주지사              NaN     NaN
1055 충청지사              NaN     NaN
>>> pericana_table = pericana_table[pericana_table.sido != ' ']
>>> pericana_table.sido.unique()
array(['충청북도', '경기도', '대전광역시', '서울특별시', '인천광역시', '광주광역시', '강원도', '충청남도',
       '대구광역시', '경상북도', '전라남도', '부산광역시', '경상남도', '전라북도', '울산광역시',
       '세종특별자치시', '제주특별자치도'], dtype=object)
```

sido 필드의 값이 공란(' ')으로 입력된 행들은 기사 정보를 가지고 있는 것으로 판단되므로, 해당 데이터를 모두 삭제한다. 삭제 방법으로 앞에서는 drop()을 사용하였으나 행의 개수가 많으므로 컬럼 필드값에 조건식을 입력

하여(sido 컬럼의 필드 값이 ' '이 아닌(!=) 경우만 가져와서 다시 pericana_table에 입력) 데이터를 삭제할 수 있다. unique() 함수를 수행하여 정상적으로 sido의 값이 입력되었는지 확인한다.

```
>>> sido_table = pd.DataFrame.from_csv('d:/Temp/chicken_data/district.csv', encoding='CP949', index_col=0, header=0)
>>> m = pericana_table.merge(sido_table, on=['sido', 'gungu'], how='outer', suffixes=['', '_'], indicator=True)
>>> m_result = m.query('_merge == "left_only"')
>>> m_result[['sido', 'gungu']]
        sido            gungu
0       충청북도           청주시흥덕구
1       충청북도           청주시흥덕구
2       충청북도           청주시흥덕구
3       충청북도           청주시흥덕구
4       충청북도           청주시흥덕구
5       충청북도           청주시흥덕구
6       경기도             여주군
7       경기도             여주군-
8       경기도             여주군
9       경기도             여주군
10      경기도             여주군
11      경기도             여주군
12      경기도             여주군
13      경기도             여주군
21      충청북도           청주시서원구
22      충청북도           청주시서원구
23      충청북도           청주시서원구
24      충청북도           청주시서원구
201     경기도            용인시기흥구
202     경기도            용인시기흥구
203     경기도            용인시기흥구
204     경기도            용인시기흥구
205     경기도            용인시기흥구
206     경기도            용인시기흥구
207     경기도            용인시기흥구
237     경기도           고양시일산서구
238     경기도           고양시일산서구
239     경기도           고양시일산서구
240     경기도           고양시일산서구
241     경기도           고양시일산서구
...     ...             ...
1166    세종특별자치시         조치원읍
1167    세종특별자치시         조치원읍
1171    전라북도           전주시완산구
1184    경상남도          창원시마산합포구
1187    경상남도           창원시회원구

[253 rows x 2 columns]
```

검색해보니 총 253개의 데이터가 띄어쓰기 등의 문제로 잘못 입력된 것이 확인된다. 앞서 BBQ 주소록을 보정할 때 사용한 군구 정보를 수정하여 딕셔너리를 만든 후 다시 정리한다.

```
>>> gungu_alias = """세종특별자치시:세종시 마음로:세종시 금남면:세종시 소담1로:세종시
                    호려울로:세종시 장군면:세종시 도움3로:세종시 연기면:세종시
                    조치원읍:세종시 보듬3로:세종시 보듬3로:세종시 달빛로:세종시
                    도움8로:세종시 당진군:당진시 마산시:창원시 북제주군:제주시
                    여주군:여주시 청원군:청주시 진해시:창원시 청주시흥덕구:청주시
                    청주시서원구:청주시 용인시기흥구:용인시 고양시일산서구:고양시
                    천안시동남구:천안시 창원시마산회원구:창원시 부강면:세종시
                    연서면:세종시 창원시진해구:창원시 나리로:세종시 갈매로:세종시
                    성남시수정구:성남시 청주시상당구:청주시 전의면:세종시 전주시완산구:전주시
                    창원시마산합포구:창원시 창원시회원구:창원시 부천시오정구:부천시
                    수원시권선구:수원시 고양시덕양구:고양시 안산시단원구:안산시
                    용인시처인구:용인시 수원시팔달구:수원시 수원시영통구:수원시
                    성남시분당구:성남시 창원시성산구:창원시 안양시동안구:안양시
                    부천시소사구:부천시 안산시상록구:안산시 성남시중원구:성남시
                    안산시상록구:안산시 수원시장안구:수원시 고양시일산동구:고양시
                    천안시서북구:천안시"""
>>> gungu_dict= dict(aliasset.split(':') for aliasset in gungu_alias.split())
>>> pericana_table.gungu = pericana_table.gungu.apply(lambda v: gungu_dict.get(v, v))
>>> m = pericana_table.merge(sido_table, on=['sido', 'gungu'], how='outer', suffixes=['', '_'],
indicator=True)
>>> m_result = m.query('_merge == "left_only"')
>>> m_result[['sido', 'gungu']]
        sido        gungu
644     전라북도      전주시덕진구
645     전라북도      전주시덕진구
... (이하 중략)
876     경상북도      포항시남구
877     경상북도      포항시남구
878     경상북도      포항시남구
917     경기도       용인시수지구
918     경기도       용인시수지구
919     경기도       용인시수지구
920     경기도       용인시수지구
921     경기도       용인시수지구
```

상당히 많은 주소를 보정하였으나 아직도 남은 부분이 있으므로 다시 잘못 입력된 데이터를 딕셔너리로 만들어서 재수행한다(실제는 모든 데이터를 검색해서 한번에 처리하는 것이 좋지만, 데이터 량이 많은 경우에는 검색을 계속 하면서 딕셔너리를 만드는 방법을 알아보았다).

```
>>> gungu_alias = """전주시덕진구:전주시 포항시북구:포항시 부천시원미구:부천시 안양시만안구:안양시
              포항시남구:포항시 용인시수지구:용인시"""
>>> gungu_dict= dict(aliasset.split(':') for aliasset in gungu_alias.split())
>>> pericana_table.gungu = pericana_table.gungu.apply(lambda v: gungu_dict.get(v, v))
>>> m = pericana_table.merge(sido_table, on=['sido', 'gungu'], how='outer', suffixes=['', '_'],
indicator=True)
>>> m_result = m.query('_merge == "left_only"')
>>> m_result[['sido', 'gungu']]
Empty DataFrame
Columns: [sido, gungu]
Index: []
>>>
```

이제 gungu에 입력되어 있는 데이터가 정상적으로 행정자치 군구의 정보와 일치한다는 것이 확인되었으므로 파일로 저장하고 주소 보정을 완료한다.

```
>>> m.to_csv("d:/temp/chicken_data/pericana_modify.csv", encoding="cp949", mode='w',
index=True)
>>>
```

12.1.3 네네치킨 주소 정보 보정

앞서 작성한 네네치킨 주소 파일을 가져온 후 sido 값을 먼저 점검한다.

```
>>> import pandas as pd
>>> filename = 'd:/temp/chicken_data/nene.csv'
>>> nene_table = pd.DataFrame.from_csv(filename, encoding='CP949', index_col=0, header=0)
>>> nene_table.sido.unique()
array(['강원', '경기', '경남', '경북', '광주', '대구', '대전', '부산', '서울', '세종', '울산',
       '인천', '전남', '전북', '제주', '충남', '충북'], dtype=object)
```

네네치킨의 시도 정보는 17개 시도 정보로 정상적으로 입력되어 있으나, 축약된 형식으로 입력되어 있으므로 공식 명칭으로 변경한다.

```
>>> sido_alias = """강원:강원도 경기:경기도 경남:경상남도 경북:경상북도
              광주:광주광역시 대구:대구광역시 대전:대전광역시 부산:부산광역시
              서울:서울특별시 세종:세종특별자치시 울산:울산광역시 인천:인천광역시
              전남:전라남도 전북:전라북도 제주:제주특별자치도 충남:충청남도 충북:충청북도"""
>>> sido_dict = dict(aliasset.split(':') for aliasset in sido_alias.split())
>>> nene_table.sido = nene_table.sido.apply(lambda v: sido_dict.get(v, v))
>>> nene_table.sido.unique()
array(['강원도', '경기도', '경상남도', '경상북도', '광주광역시', '대구광역시', '대전광역시', '부산광역시',
       '서울특별시', '세종특별자치시', '울산광역시', '인천광역시', '전라남도', '전라북도', '제주특별자치도',
       '충청남도', '충청북도'], dtype=object)
```

이제 sido 필드의 값이 보정되었으므로 gungu 정보를 확인한다.

```
>>> sido_table = pd.DataFrame.from_csv('d:/Temp/chicken_data/district.csv', encoding='CP949', index_col=0, header=0)
>>> m = nene_table.merge(sido_table, on=['sido', 'gungu'], how='outer', suffixes=['', '_'], indicator=True)
>>> m_result = m.query('_merge == "left_only"')
>>> m_result[['sido', 'gungu']]
        sido      gungu
265     경기도      여주군
266     경기도      여주군
267     경기도      여주군
515     경상북도    남구
1106    충청남도    당진군
1107    충청남도    당진군
1108    충청남도    당진군
1109    충청남도    당진군
1110    충청남도    당진군
1111    충청남도    당진군
>>> gungu_alias = """여주군:여주시 당진군:당진시"""
>>> gungu_dict= dict(aliasset.split(':') for aliasset in gungu_alias.split())
>>> nene_table.gungu = nene_table.gungu.apply(lambda v: gungu_dict.get(v, v))
>>> nene_table[(nene_table['sido'] == '경상북도') & (nene_table['gungu'] == '남구')]
      store              sido    gungu   store_address
513   경북포항시해도점[B]  경상북도  남구     경북포항시남구해동로55-1
>>> nene_table.loc[(nene_table['sido'] == '경상북도') & (nene_table['gungu'] == '남구'), 'gungu'] = '포항시'
>>> nene_table.loc[513]
store             경북포항시해도점[B]
sido              경상북도
gungu             포항시
store_address     경북포항시남구해동로55-1
Name: 513, dtype: object
>>> m = nene_table.merge(sido_table, on=['sido', 'gungu'], how='outer', suffixes=['', '_'], indicator=True)
>>> m_result = m.query('_merge == "left_only"')
>>> m_result[['sido', 'gungu']]
Empty DataFrame
Columns: [sido, gungu]
Index: []
>>> m.to_csv("d:/temp/chicken_data/nene_modify.csv", encoding="cp949", mode='w', index=True)
```

네네치킨의 경우에는 3군데의 정보만 상이하게 들어가 있는 것으로 확인된다. 입력된 데이터를, '여주군'은 '여주시', '당진군'은 '당진시'로 변경해주면 된다. 하지만 '경북포항시해도점[B]'의 경우에는 sido의 값이 '경상북도', gungu의 값이 '남구'인 경우에 해당하는 데이터의 인덱스를 찾아 값을 변경해 주어야 한다(만약 한 값만 비교하면 그 외 지역의 데이터에 문제가 생긴다). 수정된 데이터는 추후 사용을 위하여 저장한다.

12.1.4 교촌치킨 주소 정보 보정

앞서 작성한 교촌치킨 주소 파일을 가져온 후 sido 값을 먼저 점검한다.

```
>>> import pandas as pd
>>> filename = 'd:/temp/chicken_data/kyochon.csv'
>>> kyochon_table = pd.DataFrame.from_csv(filename, encoding='CP949', index_col=0, header=0)
>>> kyochon_table.sido.unique()
array(['서울', '서울특별시', '서울시', '부산', '부산시', '대구', '인천', '인천시', '광주', '대전',
       '울산', '세종', '경기', '경기도', '강원', '강원도', '충북', '충남', '전북', '전남', '경북',
       '경남', '제주', '제주도'], dtype=object)
>>> sido_alias = """서울:서울특별시 서울시:서울특별시 부산:부산광역시 부산시:부산광역시
                    대구:대구광역시 대구시:대구광역시 인천:인천광역시 인천시:인천광역시
                    광주:광주광역시 광주시:광주광역시 대전:대전광역시 대전시:대전광역시
                    울산:울산광역시 울산시:울산광역시 세종:세종특별자치시 세종시:세종특별자치시
                    경기:경기도 강원:강원도 충북:충청북도 충남:충청남도 전북:전라북도 전남:전라남도
                    경북:경상북도 경남:경상남도 제주:제주특별자치도 제주시:제주특별자치도
                    제주도:제주특별자치도"""
>>> sido_dict = dict(aliasset.split(':') for aliasset in sido_alias.split())
>>> kyochon_table.sido = kyochon_table.sido.apply(lambda v: sido_dict.get(v, v))
>>> kyochon_table.sido.unique()
array(['서울특별시', '부산광역시', '대구광역시', '인천광역시', '광주광역시', '대전광역시', '울산광역시',
       '세종특별자치시', '경기도', '강원도', '충청북도', '충청남도', '전라북도', '전라남도', '경상북도',
       '경상남도', '제주특별자치도'], dtype=object)
```

sido 정보를 정리하였으므로 이제 gungu 정보를 행정구역과 비교하여 보정한 후 저장한다.

```
>>> sido_table = pd.DataFrame.from_csv('d:/Temp/chicken_data/district.csv', encoding='CP949', index_col=0, header=0)
>>> m = kyochon_table.merge(sido_table, on=['sido', 'gungu'], how='outer', suffixes=['', '_'], indicator=True)
>>> m_result = m.query('_merge == "left_only"')
>>> m_result[['sido', 'gungu']]
        sido           gungu
482     세종특별자치시    한솔동
483     세종특별자치시    도담동
642     경기도           여주군
751     충청북도         청원군
>>> gungu_alias = """한솔동:세종시 도담동:세종시 여주군:여주시 청원군:청주시"""
>>> gungu_dict= dict(aliasset.split(':') for aliasset in gungu_alias.split())
>>> kyochon_table.gungu = kyochon_table.gungu.apply(lambda v: gungu_dict.get(v, v))
>>> m = kyochon_table.merge(sido_table, on=['sido', 'gungu'], how='outer', suffixes=['', '_'], indicator=True)
>>> m_result = m.query('_merge == "left_only"')
>>> m_result[['sido', 'gungu']]
Empty DataFrame
Columns: [sido, gungu]
Index: []
>>> m.to_csv("d:/temp/chicken_data/kyochon_modify.csv", encoding="cp949", mode='w', index=True)
```

12.1.5 처갓집양념치킨 주소 정보 보정

앞서 작성한 처갓집양념치킨 주소 파일을 가져온 후 sido 값을 먼저 점검한다.

```
>>> import pandas as pd
>>> filename = 'd:/temp/chicken_data/cheogajip.csv'
>>> cheogajip_table = pd.DataFrame.from_csv(filename, encoding='CP949', index_col=0, header=0)
>>> cheogajip_table.sido.unique()
array(['경상남도', '인천시', '경기도', '서울시', '부산광역시', '대전', '강원도', '충남', '울산광역시',
       '경북영주시', '경기', '인천광역시', '대전광역시', '대구광역시', '경상북도', '전남여수시', '전북',
       '대전시', '경남', '운정2호점', '서울', '인천', '청주시', '경기도수원시권선구',
       '경기도수원시팔달구우만동', '서울시강남구논현동187-7', '20120612(등록-고정숙)/031-378-6606',
       '031-938-0404', '충북', '세종시', '광주광역시', '광주', '전라남도', '전라북도', '전남',
       '대구시', '경북', '대구', '부산', '울산', '창원시', '변경', '제주시', '제주', '제주특별자치도'], dtype=object)
```

```
>>> sido_alias = """서울:서울특별시 서울시:서울특별시 부산:부산광역시 부산시:부산광역시
                대구:대구광역시 대구시:대구광역시 인천:인천광역시 인천시:인천광역시
                광주:광주광역시 광주시:광주광역시 대전:대전광역시 대전시:대전광역시
                울산:울산광역시 울산시:울산광역시 세종:세종특별자치시 세종시:세종특별자치시
                경기:경기도 강원:강원도 충북:충청북도 충남:충청남도 전북:전라북도 전남:전라남도
                경북:경상북도 경남:경상남도 제주:제주특별자치도 제주시:제주특별자치도
                제주도:제주특별자치도"""
>>> sido_dict = dict(aliasset.split(':') for aliasset in sido_alias.split())
>>> cheogajip_table.sido = cheogajip_table.sido.apply(lambda v: sido_dict.get(v, v))
>>> cheogajip_table.sido.unique()
array(['경상남도', '인천광역시', '경기도', '서울특별시', '부산광역시', '대전광역시', '강원도', '충청남도',
       '울산광역시', '경북영주시', '대구광역시', '경상북도', '전남여수시', '전라북도', '운정2호점', '청주시',
       '경기도수원시권선구', '경기도수원시팔달구우만동', '서울시강남구논현동187-7',
       '20120612(등록-고정숙)/031-378-6606', '031-938-0404', '충청북도', '세종특별자치시',
       '광주광역시', '전라남도', '창원시', '변경', '제주특별자치도'], dtype=object)
>>> cheogajip_table[cheogajip_table['sido']=='경북영주시']
       store       sido       gungu      store_address
39    영주휴천점    경북영주시    영주로       경북영주시 영주로 330번길 56
>>> cheogajip_table.loc[cheogajip_table['sido'] == '경북영주시', ['sido', 'gungu']] = '경상북도', '영주시'
>>> cheogajip_table.loc[39]
store                   영주휴천점
sido                    경상북도
gungu                   영주시
store_address    경북영주시 영주로 330번길 56
Name: 39, dtype: object
>>> cheogajip_table[cheogajip_table['sido']=='전남여수시']
       store       sido       gungu      store_address
62    선원.무선점   전남여수시    무선중앙로    전남여수시 무선중앙로 64(선원동)
>>> cheogajip_table.loc[cheogajip_table['sido'] == '전남여수시', ['sido', 'gungu']] = '전라남도', '여수시'
>>> cheogajip_table[cheogajip_table['sido']=='운정2호점']
       store       sido       gungu              store_address
75    운정2호점    운정2호점   경기도 운정2호점    경기도 파주시 가온로 67 1층 111호
>>> cheogajip_table.loc[cheogajip_table['sido'] == '운정2호점', ['sido', 'gungu']] = '경기도', '파주시'
>>> cheogajip_table[cheogajip_table['sido']=='청주시']
       store          sido      gungu      store_address
82    오창 호수공원점   청주시      청원구       청주시 청원구 오창읍 양청리 752-4 102호
>>> cheogajip_table.loc[cheogajip_table['sido'] == '청주시', ['sido', 'gungu']] = '충청북도', '청주시'
>>> cheogajip_table[cheogajip_table['sido']=='경기도수원시권선구']
       store sido      gungu                           store_address
174   곡반정동점  경기도수원시권선구  곡반정동569-16  경기도수원시권선구 곡반정동569-16 102호1층
>>> cheogajip_table.loc[cheogajip_table['sido'] == '경기도수원시권선구', ['sido', 'gungu']] = '경기도', '수원시'
>>> cheogajip_table[cheogajip_table['sido']=='경기도수원시팔달구우만동']
```

```
         store  sido                 gungu                  store_address
175      우만점  경기도수원시팔달구우만동  481-29/031-256-0903  경기도수원시팔달구우만동 481-29/031-256-0903
>>> cheogajip_table.loc[cheogajip_table['sido'] == '경기도수원시팔달구우만동', ['sido', 'gungu', 'store_address']] = '경기도', '수원시', '경기도수원시팔달구우만동 481-29'

SyntaxError: invalid syntax
>>> cheogajip_table.loc[cheogajip_table['sido'] == '경기도수원시팔달구우만동', ['sido', 'gungu', 'store_address']] = '경기도', '수원시', '경기도수원시팔달구우만동 481-29'
>>> cheogajip_table[cheogajip_table['sido']=='서울시강남구논현동187-7']
         store  sido                 gungu                  store_address
176      논현점  서울시강남구논현동187-7  서울시강남구논현동187-7  NaN
>>> cheogajip_table.loc[cheogajip_table['sido'] == '서울시강남구논현동187-7', ['sido', 'gungu', 'store_address']] = '서울특별시', '강남구', '서울시 강남구 논현동 187-7'
>>> cheogajip_table[cheogajip_table['sido']=='20120612(등록-고정숙)/031-378-6606']
           store   sido                           gungu                           store_address
191  세교점(오산)  20120612(등록-고정숙)/031-378-6606  20120612(등록-고정숙)/031-378-6606  NaN
>>> cheogajip_table = cheogajip_table.drop(cheogajip_table.index[191])
>>> cheogajip_table[cheogajip_table['sido']=='031-938-0404']
          store       sido        gungu         store_address
333  화정주공점  031-938-0404  경기도 031-938-0404  경기도 고양시 덕양구 화정동 1139
>>> cheogajip_table.loc[cheogajip_table['sido'] == '031-938-0404', ['sido', 'gungu', 'store_address']] = '경기도', '고양시', '경기도 고양시 덕양구 화정동 1139'
>>> cheogajip_table[cheogajip_table['sido']=='창원시']
          store  sido  gungu  store_address
883   가음정점  창원시  남산동  창원시 남산동 601-1 창남상가 1층 108
>>> cheogajip_table.loc[cheogajip_table['sido'] == '창원시', ['sido', 'gungu', 'store_address']] = '경상남도', '창원시', '경상남도 창원시 남산동 601-1 창남상가 1층 108'
>>> cheogajip_table[cheogajip_table['sido']=='변경']
        store  sido  gungu  store_address
926   함안점   변경   경남    변경 경남 함안군 함안읍 북촌리 960-4
>>> cheogajip_table.loc[cheogajip_table['sido'] == '변경', ['sido', 'gungu', 'store_address']] = '경상남도', '함안군', '경상남도 함안군 함안읍 북촌리 960-4'
>>> cheogajip_table.sido.unique()
array(['경상남도', '인천광역시', '경기도', '서울특별시', '부산광역시', '대전광역시', '강원도', '충청남도',
       '울산광역시', '경상북도', '대구광역시', '전라남도', '전라북도', '충청북도', '세종특별자치시',
       '광주광역시', '제주특별자치도'], dtype=object)
>>>
```

처갓집 양념통닭의 경우 주소 부분의 띄어쓰기가 잘못된 부분이 많이 있어, 실제 데이터를 조회하고, 이를 직접 변경하였다. 다음은 gungu 정보를 확인해 보기 위하여 17개 시도광역시 정보와 비교한다.

```
>>> sido_table = pd.DataFrame.from_csv('d:/Temp/chicken_data/district.csv', encoding='CP949',
index_col=0, header=0)
>>> m = cheogajip_table.merge(sido_table, on=['sido', 'gungu'], how='outer', suffixes=['', '_'],
indicator=True)
>>> m_result = m.query('_merge == "left_only"')
>>> m_result[['sido', 'gungu']]
        sido                gungu
422     인천광역시            남동
455     인천광역시            강화읍
465     경기도               군포시금정동79-1
469     경기도               안양시만안구
... (이하 중략)
955     제주특별자치도        용문로
956     제주특별자치도        천수로
957     제주특별자치도        구좌읍

[72 rows x 2 columns]

>>> gungu_alias = """남동:남동구 강화읍:강화군 군포시금정동79-1:군포시 안양시만안구:안양시
                    용인시기흥구:기흥구 용인시처인구:처인구 수원시영통구:수원시 옹진군:옹진군
                    성남시분당구:성남시 수원시팔달구:수원시 성남시중원구:성남시 부천시소사구:부천시
                    수원시장안구:수원시 안양시동안구:안양시 고양시덕양구:고양시 양편군:양평군
                    당진군:당진시 청주시흥덕구:청주시 천안시서북구:천안시 포항시북구:포항시
                    상주시낙양동:상주시 상주시사벌면:상주시 의성읍:의성군 마산시:창원시
                    함양:함양군 합천:합천군 진해시:창원시 함천군:합천군 신광로:제주시
                    용문로:제주시 천수로:제주시 구좌읍:제주시 부천시원미구:부천시
                    포항시남구:포항시 성주읍:성주군 연동면:세종시 전동면:세종시
                    조치원읍:세종시 기흥구:용인시 처인구:용인시"""
>>> gungu_dict= dict(aliasset.split(':') for aliasset in gungu_alias.split())
>>> cheogajip_table.gungu = cheogajip_table.gungu.apply(lambda v: gungu_dict.get(v, v))
>>> m = cheogajip_table.merge(sido_table, on=['sido', 'gungu'], how='outer', suffixes=['', '_'],
indicator=True)
>>> m_result = m.query('_merge == "left_only"')
>>> m_result[['sido', 'gungu']]
        sido                gungu
902     부산광역시            김해시
>>> cheogajip_table.loc[cheogajip_table['gungu'] == '김해시', ['sido', 'gungu']] = '경상남도', '김해시'
>>> m = cheogajip_table.merge(sido_table, on=['sido', 'gungu'], how='outer', suffixes=['', '_'],
indicator=True)
>>> m_result = m.query('_merge == "left_only"')
>>> m_result[['sido', 'gungu']]
Empty DataFrame
Columns: [sido, gungu]
Index: []
>>> m.to_csv("d:/temp/chicken_data/cheogajip_modify.csv", encoding="cp949", mode='w',
index=True)
```

gungu 데이터의 경우에도 띄어쓰기 및 오타 등으로 인해 잘못 입력된 정보가 72건에 해당하므로, 문자 변경을 통하여 이를 일괄 처리한 후 저장하였고 김해시의 경우에는 부산광역시에서 경상남도로 재편되어 인덱스를 찾아 직접 변경하였다.

12.1.6 굽네치킨 주소 정보 보정

앞서 작성한 처갓집양념치킨 주소 파일을 가져온 후 sido 값을 먼저 점검한다.

```
>>> import pandas as pd
>>> filename = 'd:/temp/chicken_data/goobne.csv'
>>> goobne_table = pd.DataFrame.from_csv(filename, encoding='CP949', index_col=0, header=0)
>>> goobne_table.sido.unique()
array(['경기도', '강원도', '경상북도', '서울특별시', '제주도', '충청남도', '전라남도', ' ', '대구광역시',
       '부산광역시', '전남', '경상남도', '대전광역시', '인천광역시', '광주광역시', '충청북도', '세종특별자치시',
       '전라북도', '울산광역시', '서울', '목포시'], dtype=object)
>>> sido_alias = """서울:서울특별시 서울시:서울특별시 부산:부산광역시 부산시:부산광역시
                    대구:대구광역시 대구시:대구광역시 인천:인천광역시 인천시:인천광역시
                    광주:광주광역시 광주시:광주광역시 대전:대전광역시 대전시:대전광역시
                    울산:울산광역시 울산시:울산광역시 세종:세종특별자치시 세종시:세종특별자치시
                    경기:경기도 강원:강원도 충북:충청북도 충남:충청남도 전북:전라북도 전남:전라남도
                    경북:경상북도 경남:경상남도 제주:제주특별자치도 제주시:제주특별자치도
                    제주도:제주특별자치도 목포시:전라남도"""
>>> sido_dict = dict(aliasset.split(':') for aliasset in sido_alias.split())
>>> goobne_table.sido = goobne_table.sido.apply(lambda v: sido_dict.get(v, v))
>>> goobne_table.sido.unique()
array(['경기도', '강원도', '경상북도', '서울특별시', '제주특별자치도', '충청남도', '전라남도', ' ',
       '대구광역시', '부산광역시', '경상남도', '대전광역시', '인천광역시', '광주광역시', '충청북도',
       '세종특별자치시', '전라북도', '울산광역시'], dtype=object)
>>>
```

특이하게 목포시가 들어있는 것을 제외하고는 일반적인 시도명으로 변경이 가능하다. gungu 데이터를 살펴보도록 하자.

```
>>> sido_table = pd.DataFrame.from_csv('d:/Temp/chicken_data/district.csv', encoding='CP949',
index_col=0, header=0)
>>> m = goobne_table.merge(sido_table, on=['sido', 'gungu'], how='outer', suffixes=['', '_'],
indicator=True)
>>> m_result = m.query('_merge == "left_only"')
>>> m_result[['sido', 'gungu']]
          sido        gungu
130       경기도       수원시권선구
131       경기도       수원시권선구
132       NaN
133       NaN
... (이하 중략)
885       경상남도      창원시마산회원구
886       경상남도      마산회원구

[68 rows x 2 columns]

>>> gungu_alias = """수원시권선구:수원시 포항시남구:포항시 고양시일산서구:고양시 청원군:청주시
                    당진군:당진시 청주시청원구:청주시 청주시서원구:청주시 창원시의창구:창원시
                    진해시:창원시 창원시진해구:창원시 용인시수지구:용인시 조치원읍:세종시
                    성남시분당구:성남시 포항시북구:포항시 청주시상당구:청주시 안산시상록구:안산시
                    안산시단원구:안산시 수원시장안구:수원시 수원시팔달구:수원시 전주시덕진구:전주시
                    누리로:세종시 도움3로:세종시 보듬3로:세종시 전주시완산구:전주시
                    안양시동안구:안양시 부천시원미구:부천시 창원시마산회원구:창원시
                    마산회원구:창원시 청주시흥덕구:청주시 천안시서북구:천안시 천안시동남구:천안시
                    창원시성산구:창원시"""
>>> gungu_dict= dict(aliasset.split(':') for aliasset in gungu_alias.split())
>>> goobne_table.gungu = goobne_table.gungu.apply(lambda v: gungu_dict.get(v, v))
>>> m = goobne_table.merge(sido_table, on=['sido', 'gungu'], how='outer', suffixes=['', '_'],
indicator=True)
>>> m_result = m.query('_merge == "left_only"')
>>> m_result[['sido', 'gungu']]
          sido        gungu
140       NaN
...(이하 중략)
156       NaN
886       전라남도      삼학로
>>> goobne_table[goobne_table['gungu'] == '삼학로']
        store      sido       gungu       store_address
654     목포이로점    전라남도    삼학로        목포시  삼학로 331 금호상가 102호\r\n
>>> goobne_table.loc[goobne_table['gungu'] == '삼학로', ['sido', 'gungu', 'store_address']] = '전라남도', '
목포시', '전라남도 목포시 삼학로 331 금호상가 102호'
```

```
>>> # NaN 데이터 삭제
>>> goobne_table = goobne_table.dropna()
>>> m = goobne_table.merge(sido_table, on=['sido', 'gungu'], how='outer', suffixes=['', '_'], indicator=True)
>>> m_result = m.query('_merge == "left_only"')
>>> m_result[['sido', 'gungu']]
Empty DataFrame
Columns: [sido, gungu]
Index: []
>>> m.to_csv("d:/temp/chicken_data/goobne_modify.csv", encoding="cp949", mode='w', index=True)
>>>
```

gungu 데이터의 경우에도 띄어쓰기 및 오타 등으로 인해 잘못 입력된 정보가 68건에 해당하므로, 이를 문자 변경을 통하여 일괄 처리한 후 저장하였다. 또한 sido와 gungu 필드에 NaN 값이 있는 레코드들은 dropna()를 이용하여 삭제하였다.

12.2 포리움(Folium)의 설치 및 활용[Visualization 3,4]

Folium은 Open Street Map과 같은 지도 데이터에 위치 정보를 시각화하기 위한 라이브러리다. 기본적으로 위·경도 데이터를 지정하면, 오버레이를 통해 마커의 형태로 위치 정보를 지도상에 표현할 수 있다.

우리가 현실 세계에서 지도상의 위치를 표시하기 위해 위도(latitude)와 경도(longitude)를 사용한다. 위도는 적도를 기준으로 하여 남쪽으로 남극점까지 90°, 북쪽으로 북극점까지 90°로 나누어 표시한다(우리나라는 적도의 북쪽인 북위 34°~38° 사이에 위치). 경도(longitude)는 런던 그리니치천문대를 지나는 본초자오선을 중심으로 동서로 나누어 동경 180°, 서경 180°로 분리한다(서울의 경우 동경 127°에 위치).

GeoJSON은 다양한 지리 데이터 구조를 인코딩하기 위한 형식을 제공한다. 객체는 지오메트리, 지형지물을 표시할 수 있으며, Point, LineString, Polygon, MultiPoint, MultiLineString, MultiPolygon 및 GeometryCollection과 같은 속성들을 지정할 수 있다. 표 17은 GeoJSON 형식을 나타낸다.

```
{
  "type": "Feature",
  "geometry": {
    "type": "Point",
    "coordinates": [125.6, 10.1]
  },
  "properties": {
    "name": "Dinagat Islands"
  }
}
```

표 17. GeoJSON의 형식

TopoJSON은 GeoJSON의 확장 형식으로 각 영역을 아크(arcs)들의 영역으로 구분하여 표시하는 기능을 제공해서 연산량을 줄이는 장점을 가지고 있다.

특정 지역의 위도 값과 경도 값을 찾기 위해 구글맵이나 네이버 지도 같은 지도 서비스 포털을 이용할 수 있다. 예제로 사용할 위치를 구하기 위하여 구글맵(https:www.google.com/maps)을 호출한 후 그림 129와 같이 서울특별시청을 검색해 보자.

그림 129. 구글맵을 통한 지리 정보 찾기

그림 129의 상단 URL 정보를 보면 인자 값으로 위도와 경도 정보가 전달되는 것을 알 수 있다. 그러나 이 값은 현재 우리가 검색한 서울특별시청의 위치 좌표가 아니라 지금 표시한 지도의 중간 위·경도 값을 의미한다. 정확한 좌표 값을 얻기 위해 마커를 선택한 후 오른쪽 마우스를 누르면 [이곳이 궁금한가요?]라는 메뉴가 나타난다. 클릭을 하면 그림 130과 같이 세부 정보가 하단에 나타난다.

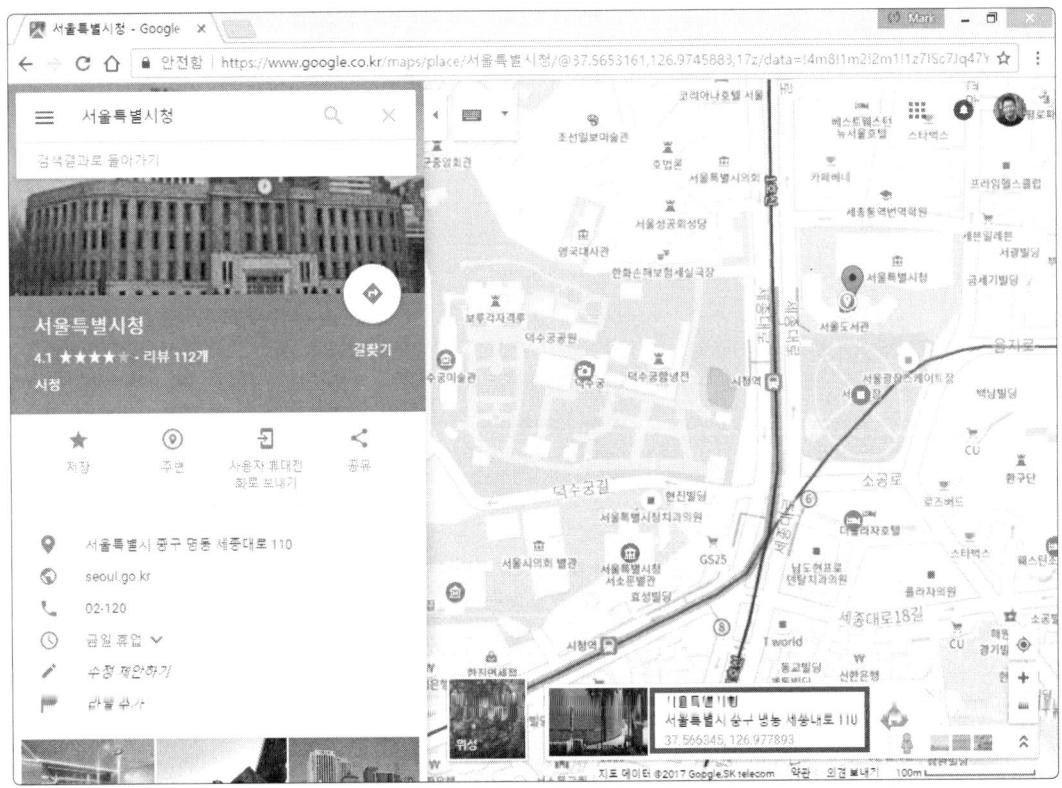

그림 130. 마커를 가운데로 이동하여 정확한 위·경도 값 획득

'이곳이 궁금한가요?'를 통하여 얻은 위도 값은 37도 56분 63.45초이고 경도의 값은 126도 97분 78.93초다.

12.2.1 포리움 설치 및 객체 생성

먼저 파이썬이 설치된 경로로 이동하여 folium을 인스톨한다.

[파이썬 설치 경로]>pip install folium

인스톨이 정상적으로 되면 파이썬 셸을 실행시킨 후 folium을 임포트(import)하는 것만으로 준비는 끝난다.

1. 초기 객체 생성

Map() 메소드에 중심 좌표 값을 지정하기만 하면 초기 객체가 생성된다.

```
>>> import folium
>>> map_osm = folium.Map(location=[37.566345, 126.977893])
>>> map_osm.save('d:/temp/chicken_data/map1.html')
```

서울특별시청의 위도는 37도 56분 63.45초이고, 경도는 126도 97분 78.93초이므로 포리움맵을 생성하면서 서울특별시청의 값을 중심 값으로 하여 지도를 생성한다. 만약 주피터 노트북을 개발 환경으로 사용할 경우 단순하게 생성된 객체를 호출(>>>map_osm)하면 지도를 보여주지만, 우리는 파이썬 쉘을 사용하므로 생성된 객체를 저장해야 확인할 수 있다. 생성된 객체를 특정 위치에 저장한 후 탐색기를 이용하여 해당 파일을 브라우저로 열면 그림 131과 같이 서울 시청을 중심 값으로 하는 지도 파일이 호출되는 것을 확인할 수 있다.

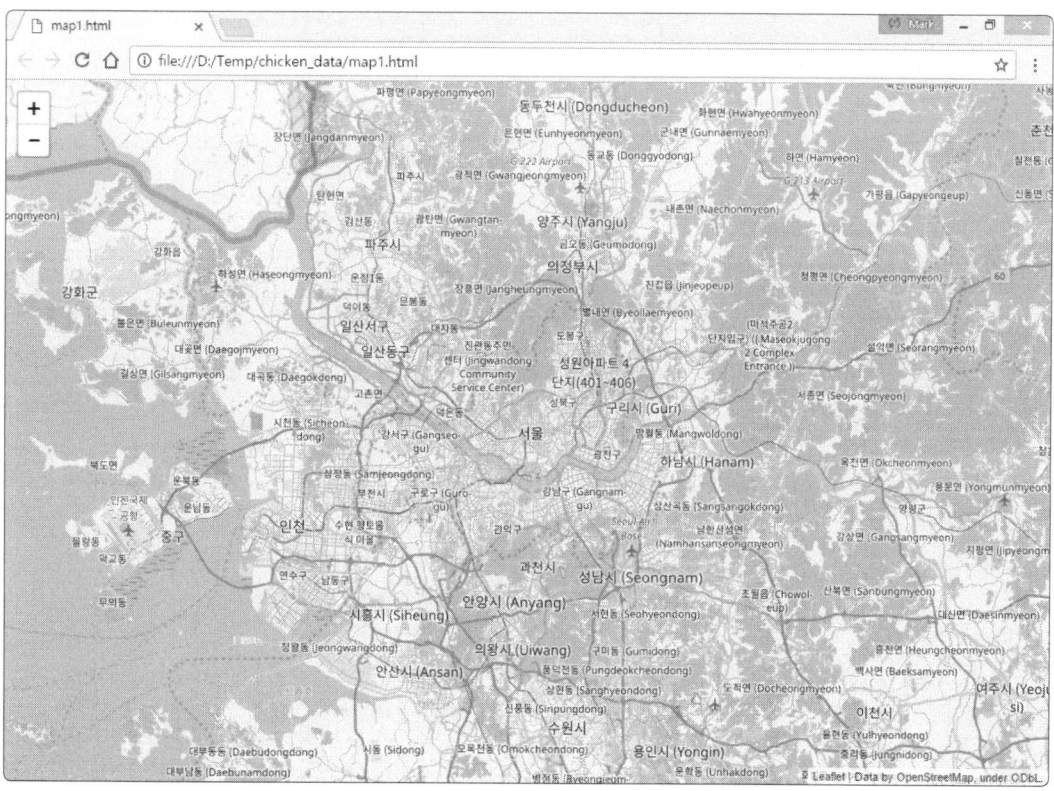

그림 131. 서울특별시청을 중심으로 포리움 맵 생성

초기 화면의 크기를 지정하는 방법은 zoom_start 속성을 주면 가능하다.

```
>>> map_osm = folium.Map(location=[37.566345, 126.977893], zoom_start=17)
>>> map_osm.save('d:/temp/chicken_data/map2.html')
```

그림 132는 초기 화면의 크기를 확대해서 보여주는 예다.

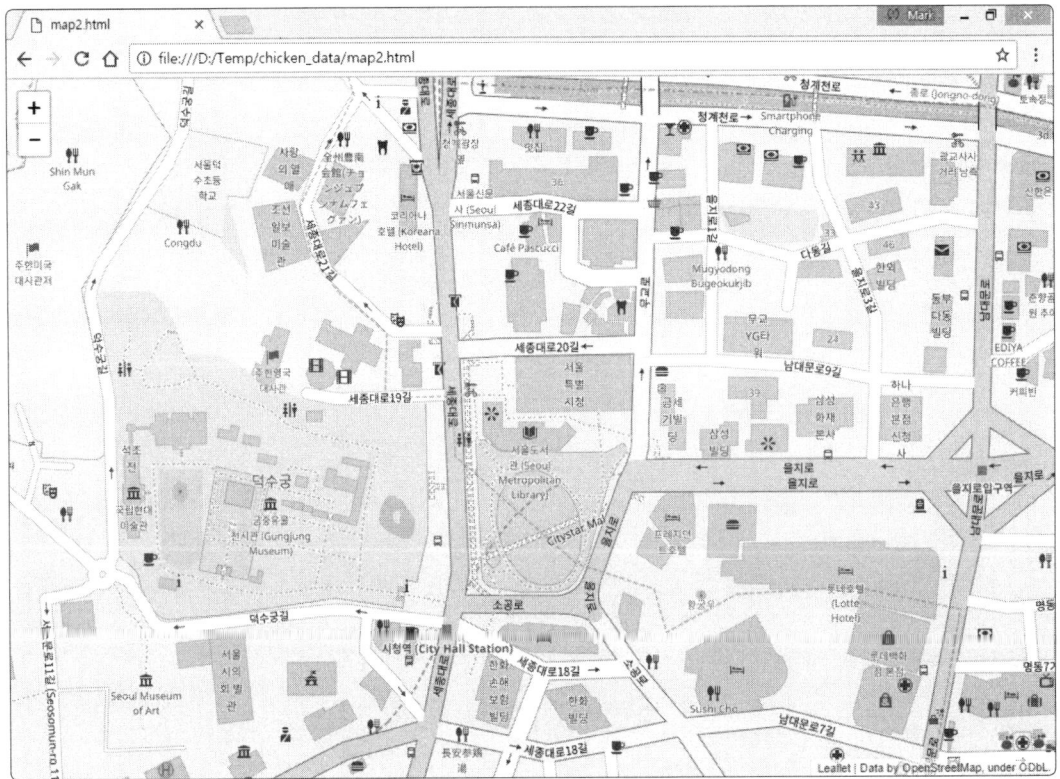

그림 132. zoom_start 속성 값을 부여하여 초기 지도의 확대

2. 다른 유형의 맵 호출

포리움은 기본적으로 Open Street Map을 기반으로 동작하지만 내부적으로는 Stamen Terrain, Stamen Toner, Mapbox Bright, Mapbox Control room tiles 형식을 내장하고 있다.

```
>>> map_osm = folium.Map(location=[37.566345, 126.977893], zoom_start=17, tiles='Stamen Terrain')
>>> map_osm.save('d:/temp/chicken_data/map3.html')
>>> map_osm = folium.Map(location=[37.566345, 126.977893], zoom_start=17, tiles='Stamen Toner')
>>> map_osm.save('d:/temp/chicken_data/map4.html')
```

그림 133은 Stamen Terrain 형식의 지도를 사용한 것이고 그림 134는 Stamen Toner 형식을 사용한 것이다.

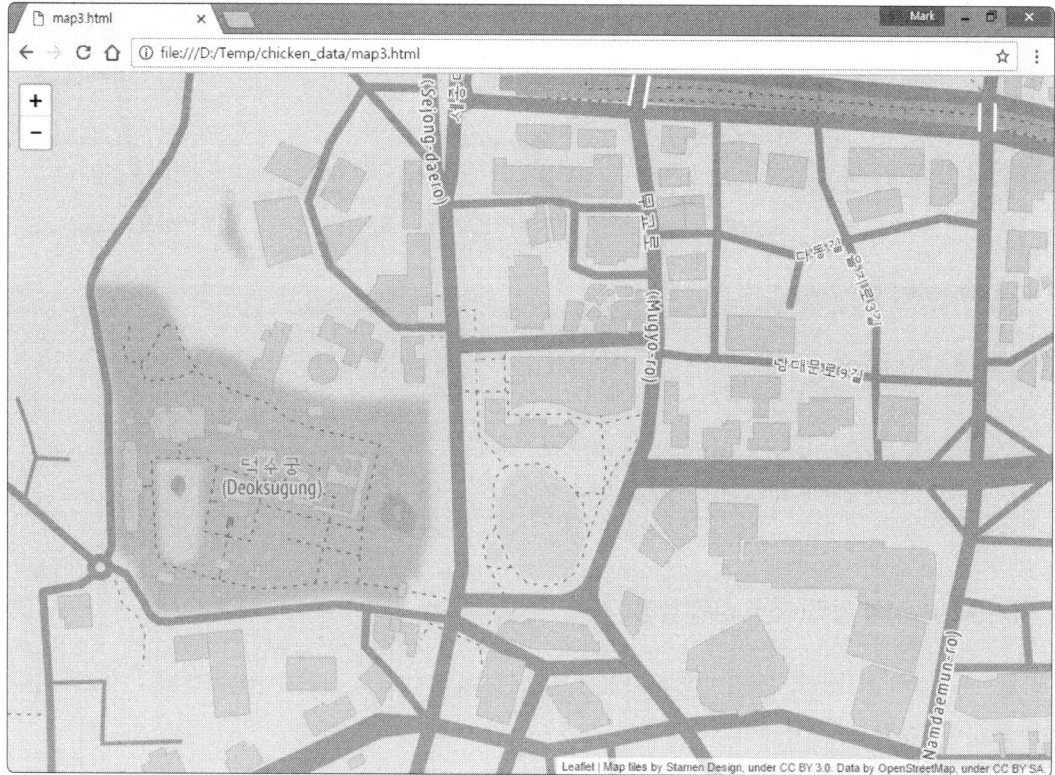

그림 133. Stamen Terrain 형식의 지도 생성

그림 134. Stamen toner 형식의 지도 생성

Cloudmade나 Mapbox를 사용하는 경우에는 사이트에 등록 시 발급받은 API 키 정보를 아래와 같이 API_key 속성으로 지정한다.

```
>>> map_osm = folium.Map(location=[37.5660, 126.9757], tiles='Mapbox', API_key='API키값')
```

3. 마커(Marker)와 팝업(Popup)의 설정

포리움은 지도상의 위치를 표시하는 마커를 다양한 형태로 지정할 수 있고, 마커를 클릭하면 세부 정보를 나타내는 팝업(Popup) 창을 지정할 수 있다.

```
>>> map_osm = folium.Map(location=[37.566345, 126.977893], zoom_start=17)
>>> folium.Marker([37.566345, 126.977893], popup='서울특별시청').add_to(map_osm)
>>> folium.Marker([37.5658859, 126.9754788], popup='덕수궁').add_to(map_osm)
>>> map_osm.save('d:/temp/chicken_data/map5.html')
```

Marker() 메소드를 이용하여 마커를 생성한다. 마커의 인자 값으로 위경도 값 리스트와 마커를 클릭할 시 보여줄 문자열을 전달하고, 생성한 포리움 객체에 추가(add_to())하면 간단하게 마커를 생성할 수 있다. 그림 135는 생성된 포리움 맵의 마커를 클릭하여 팝업을 생성한 예이다.

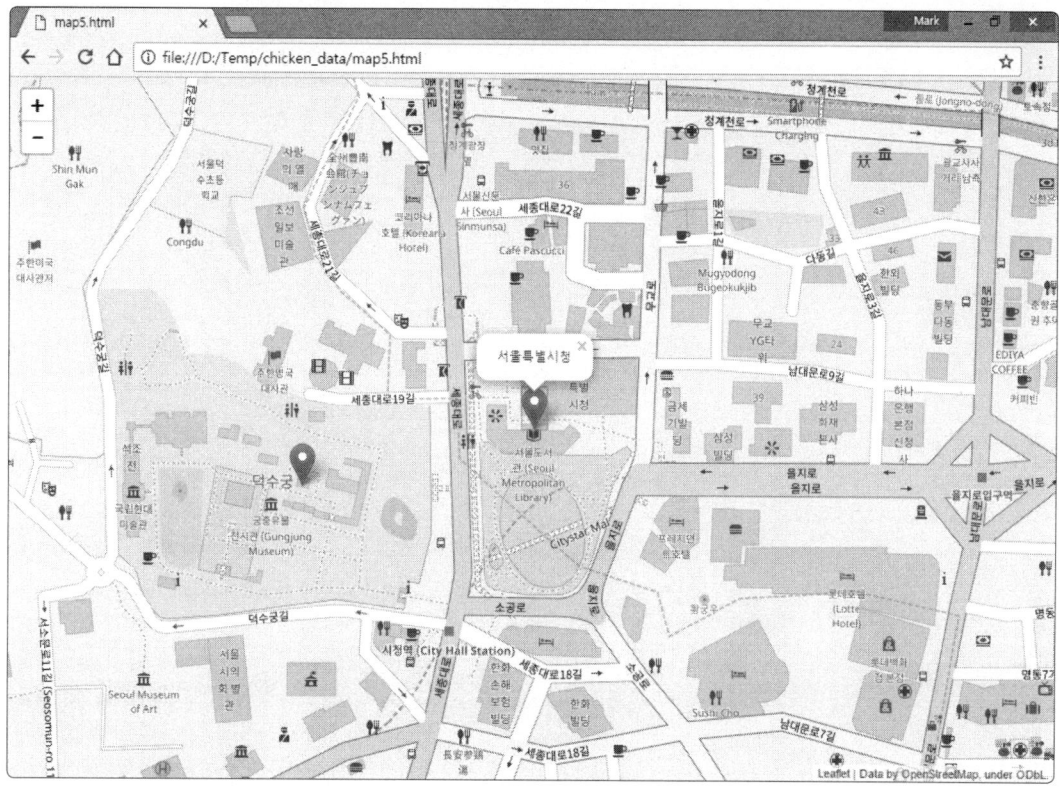

그림 135. 포리움 마커의 생성

포리움 마커는 부트스트랩(bootstrap)을 이용하여 아이콘 타입을 설정할 수 있으며, 범위를 설정하기 위하여 circle 속성을 줄 수 있다.

```
>>> map_osm = folium.Map(location=[37.566345, 126.977893], zoom_start=17)
>>> folium.Marker([37.566345, 126.977893], popup='서울특별시청', icon=folium.Icon(color='red',icon='info-sign')).add_to(map_osm)
>>> folium.CircleMarker([37.5658859, 126.9754788], radius=100,color='#3186cc',fill_color='#3186cc', popup='덕수궁').add_to(map_osm)
>>> map_osm.save('d:/temp/chicken_data/map6.html')
```

그림 136은 덕수궁의 위치를 좀 더 크게 마커로 표시하고, 서울특별시청은 색상이 들어간 info-sign 마커로 표시한 예이다.

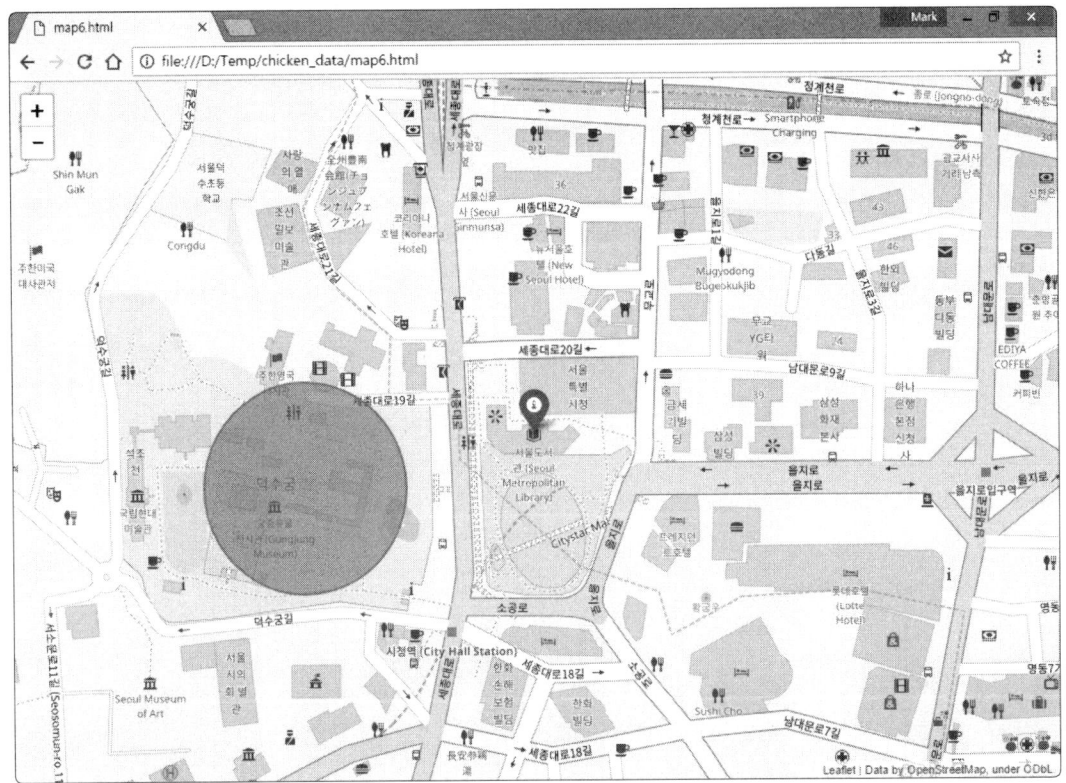

그림 136. 마커의 변경

4. GeoJSON 활용 데이터

geoJSON과 topoJSON은 지도 상의 경계 영역 등을 표시하기에 효율적이다. https://github.com/southkorea를 방문하면 통계청 데이터를 기반으로 작성된 JSON 형식 행정구역 데이터를 얻을 수 있다(https://github.com/southkorea/southkorea-maps: 깔끔하게 정리해주신 분께 이 지면을 빌려 고마움을 전합니다). 해당 데이터를 다운로드 받아 특정 위치에 저장한 후 파일을 읽어 GeoJson() 메소드에 링크시킨다(직접 open 파라미터를 사용해도 되는데 이 때 디코딩 에러가 나는 경우가 있으므로, 예제에서는 파일을 직접 읽은 후 데이터를 링크시켰다).

```
>>> import folium
>>> import json
>>> map_osm = folium.Map(location=[37.566345, 126.977893])
>>> rfile = open('d:/temp/chicken_data/skorea_provinces_geo_simple.json', 'r', encoding='utf-8').
read()
>>> jsonData = json.loads(rfile)
>>> folium.GeoJson(jsonData, name='json_data').add_to(map_osm)
>>> map_osm.save('d:/temp/chicken_data/map7.html')
```

그림 137은 행정구역이 MultiPolygon 형식으로 입력되어 있는 JSON 데이터를 불러들여 지도에 표시한 예이다.

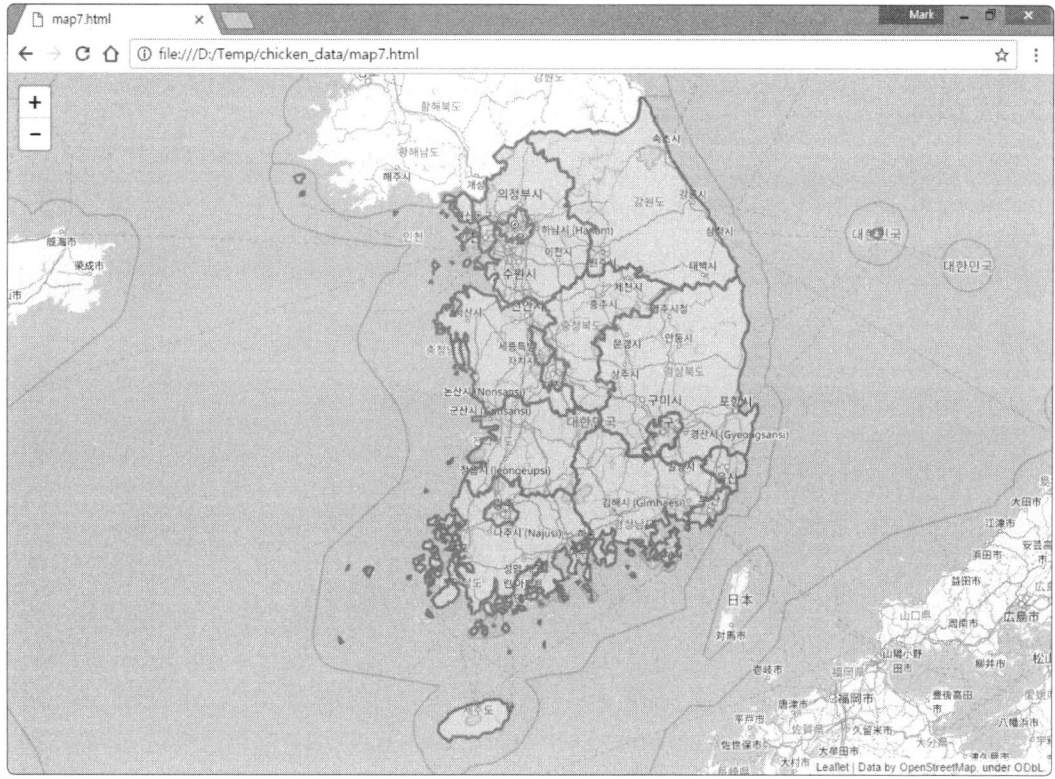

그림 137. GeoJSON 데이터 매핑

12.3 프랜차이즈 주소 매핑: Folium - 네이버 주소 검색

우리는 앞서 12.1절에서 프랜차이즈 가맹점의 주소 중 잘못 입력된 데이터를 수정하는 작업을 수행했다. 이제 포리움을 이용하여 지도에 가맹점 위치를 표시하기 위하여 네이버 지도 검색 API와 가공한 데이터를 이용하도록 하자. 먼저 코드 50과 같이 작성을 한다.

코드 50. 네이버 주소 API와 포리움을 이용한 지오 데이터 생성

```python
import folium
import pandas as pd
import urllib.request
import datetime
import time
import json
from config import *

import os
import sys
import webbrowser

#[CODE 1]
def get_request_url(url):

    req = urllib.request.Request(url)
    req.add_header("X-Naver-Client-Id", client_id)
    req.add_header("X-Naver-Client-Secret", client_secret)
    try:
        response = urllib.request.urlopen(req)
        if response.getcode() == 200:
            print ("[%s] Url Request Success" % datetime.datetime.now())
            return response.read().decode('utf-8')
    except Exception as e:
        print(e)
        print("[%s] Error for URL : %s" % (datetime.datetime.now(), url))
        return None

#[CODE 2]
def getGeoData(address):

    base = "https://openapi.naver.com/v1/map/geocode"

    try:
        parameters = "?query=%s" % urllib.parse.quote(address)
    except:
        return None

    url = base + parameters

    retData = get_request_url(url)
    if retData == None:
        return None
```

```python
        jsonAddress = json.loads(retData)

        if 'result' in jsonAddress.keys():
            latitude = jsonAddress['result']['items'][0]['point']['y']
            longitude = jsonAddress['result']['items'][0]['point']['x']
        else:
            return None

        return [latitude, longitude]

def main():
    #[CODE 3]
    map = folium.Map(location=[37.5103, 126.982], zoom_start=12)

    filename = 'd:/temp/chicken_data/bbq_modify.csv'
    df = pd.DataFrame.from_csv(filename, encoding='CP949', index_col=0, header=0)
    geoData = []

    #[CODE 4]
    for index, row in df.iterrows():
        geoData = getGeoData(row['store_address'])
        if geoData != None:
            folium.Marker(geoData, popup=row['store'], icon=folium.Icon(color='red')).add_to(map)

    filename = 'd:/temp/chicken_data/pericana_modify.csv'
    df = pd.DataFrame.from_csv(filename, encoding='CP949', index_col=0, header=0)
    geoData = []
    for index, row in df.iterrows():
        geoData = getGeoData(row['store_address'])
        if geoData != None:
            folium.Marker(geoData, popup=row['store'], icon=folium.Icon(color='blue')).add_to(map)

    filename = 'd:/temp/chicken_data/nene_modify.csv'
    df = pd.DataFrame.from_csv(filename, encoding='CP949', index_col=0, header=0)
    geoData = []
    for index, row in df.iterrows():
        geoData = getGeoData(row['store_address'])
        if geoData != None:
            folium.Marker(geoData, popup=row['store'], icon=folium.Icon(color='gray')).add_to(map)

    filename = 'd:/temp/chicken_data/kyochon_modify.csv'
    df = pd.DataFrame.from_csv(filename, encoding='CP949', index_col=0, header=0)
    geoData = []
    for index, row in df.iterrows():
        geoData = getGeoData(row['store_address'])
```

```
        if geoData != None:
            folium.Marker(geoData, popup=row['store'], icon=folium.Icon(color='orange')).add_to(map)

    filename = 'd:/temp/chicken_data/cheogajip_modify.csv'
    df = pd.DataFrame.from_csv(filename, encoding='CP949', index_col=0, header=0)
    geoData = []
    for index, row in df.iterrows():
        geoData = getGeoData(row['store_address'])
        if geoData != None:
            folium.Marker(geoData, popup=row['store'], icon=folium.Icon(color='green')).add_to(map)

    filename = 'd:/temp/chicken_data/goobne_modify.csv'
    df = pd.DataFrame.from_csv(filename, encoding='CP949', index_col=0, header=0)
    geoData = []
    for index, row in df.iterrows():
        geoData = getGeoData(row['store_address'])
        if geoData != None:
            folium.Marker(geoData, popup=row['store'], icon=folium.Icon(color='purple')).add_to(map)

    svFilename = 'd:/temp/chicken_data/chicken.html'
    map.save(svFilename)
    webbrowser.open(svFilename)

if __name__ == "__main__":
    main()
```

이 코드를 수행하면 그림 138과 같이 프랜차이즈 위치 정보를 포함하는 지오맵(GeoMap)이 생생성된 것을 확인할 수 있다.

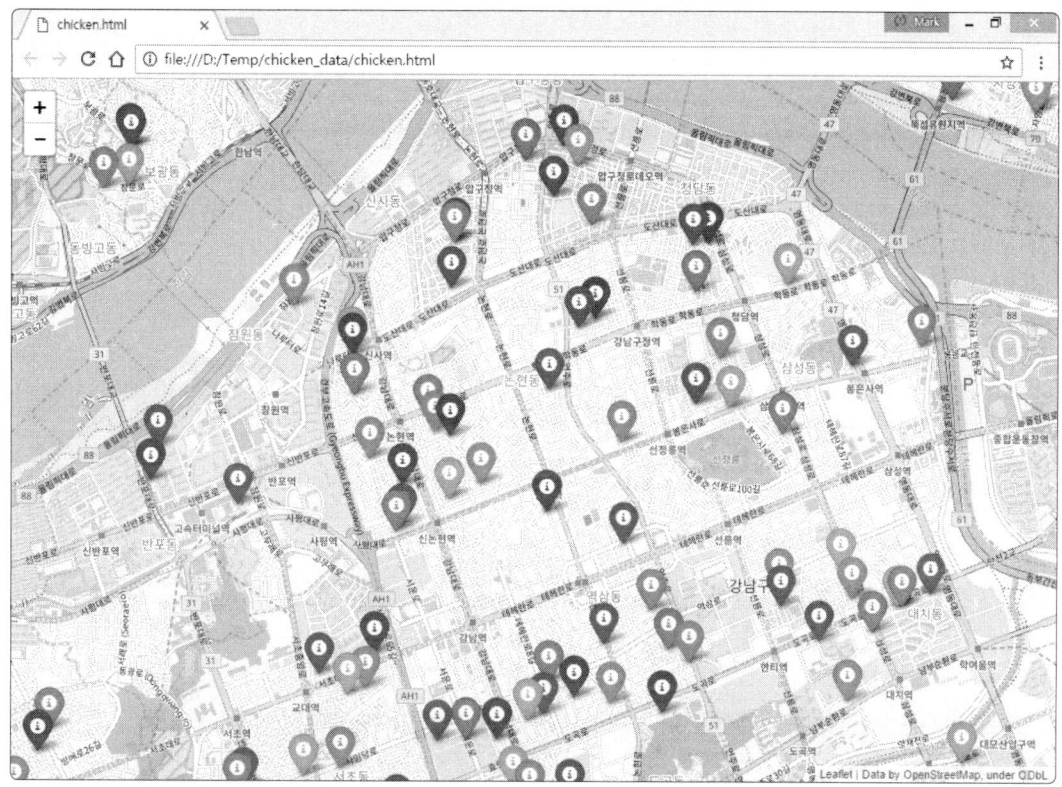

그림 138. 프랜차이즈 별 업체 지오맵(GeoMap) 구성

CODE 1은 전달받은 URL에 네이버 지도 API 아이디와 시크릿 키를 헤더에 포함하여 전송하고 응답 값을 수신한다.

CODE 2는 전달받은 검색 주소를 query의 인자로 설정하여 지도 API 주소 문자열을 만들어 낸다. 생성된 URL은 get_request_url 함수를 이용하여 해당 주소의 검색 결과를 JSON 형태로 수신한다. 수신된 데이터에 result 값이 있는 경우에는 수신한 JSON으로부터 위도에 해당하는 point.y값과 경도에 해당하는 point.x 값을 반환한다.

CODE 3과 CODE 4는 포리움 맵 객체를 생성한 후 데이터 프레임을 이용하여 수정된 프랜차이즈 가맹점의 데이터 파일을 가지고 온다. 데이터 프레임의 열을 하나씩 가지고 오면서 store_address 필드의 값을 getGeoData() 함수에 전달하여 위경도 값을 획득한 후 이를 Marker로 생성한다. 각 프랜차이즈 업체를 구분하기 위하여 마커의 아이콘 색깔을 다르게 하면서 가공된 프랜차이즈 업체의 파일들을 이용하여 전체 맵을 구성한다.

12.4 전국 지도에 블록맵으로 표시하기

이제 가공된 데이터를 가지고 각 지역 별로 매장의 수를 추출해 보자. 먼저 BBQ 매장의 수정된 주소 파일을 불러들여 각 시군구 별 합계를 추출한 후 데이터 프레임으로 저장한다.

```
>>> bbq_table = pd.DataFrame.from_csv('d:/temp/chicken_data/bbq_modify.csv', encoding='CP949', index_col=0, header=0)
>>> bbq = bbq_table.apply(lambda r: r['sido'] + ' ' + r['gungu'], axis=1).value_counts()
>>> bbq.head()
경기도 수원시      35
경기도 고양시      33
경기도 성남시      32
경기도 용인시      30
경상남도 창원시     28
dtype: int64
>>>
```

BBQ의 경우 수원시에 가장 많은 35개의 매장을 가지고 있는 것으로 확인된다. 동일한 방식으로 다른 프랜차이즈 매장의 지역 별 정보를 추출한 후 데이터 프레임으로 저장한다.

```
>>> pericana_table = pd.DataFrame.from_csv('d:/temp/chicken_data/pericana_modify.csv', encoding='CP949', index_col=0, header=0)
>>> pericana = pericana_table.apply(lambda r: r['sido'] + ' ' + r['gungu'], axis=1).value_counts()
>>> pericana.head()
경기도 수원시       34
경기도 부천시       28
강원도 원주시       26
충청남도 천안시      26
경기도 안산시       20
dtype: int64
>>> nene_table = pd.DataFrame.from_csv('d:/temp/chicken_data/nene_modify.csv', encoding='CP949', index_col=0, header=0)
>>> nene = nene_table.apply(lambda r: r['sido'] + ' ' + r['gungu'], axis=1).value_counts()
>>> nene.head()
경상남도 창원시      30
경기도 수원시       25
경기도 고양시       22
충청북도 청주시      21
경기도 용인시       19
dtype: int64
```

```
>>> kyochon_table = pd.DataFrame.from_csv('d:/temp/chicken_data/kyochon_modify.csv',
encoding='CP949', index_col=0, header=0)
>>> kyochon = kyochon_table.apply(lambda r: r['sido'] + ' ' + r['gungu'], axis=1).value_counts()
>>> kyochon.head()
경기도 남양주시    26
경기도 수원시     22
경상남도 창원시    21
대구광역시 달서구   20
경기도 고양시     17
dtype: int64
>>> cheogajip_table = pd.DataFrame.from_csv('d:/temp/chicken_data/cheogajip_modify.csv',
encoding='CP949', index_col=0, header=0)
>>> cheogajip = cheogajip_table.apply(lambda r: r['sido'] + ' ' + r['gungu'], axis=1).value_counts()
>>> cheogajip.head()
경상남도 창원시    27
경상남도 김해시    20
충청남도 천안시    20
경기도 고양시     19
경기도 화성시     16
dtype: int64
>>> goobne_table = pd.DataFrame.from_csv('d:/temp/chicken_data/goobne_modify.csv',
encoding='CP949', index_col=0, header=0)
>>> goobne = goobne_table.apply(lambda r: r['sido'] + ' ' + r['gungu'], axis=1).value_counts()
>>> goobne.head()
경상남도 창원시    26
경기도 고양시     19
경기도 수원시     18
충청북도 청주시    17
경기도 용인시     15
dtype: int64
```

생성된 각 프랜차이즈 테이블을 하나의 테이블로 합치면 각 지역 별로 6개 프랜차이즈의 매장수가 생성된다.

```
>>> chicken_table = pd.DataFrame({'bbq': bbq, 'pericana': pericana, 'nene': nene, 'kyochon': kyochon,
'cheogajip': cheogajip, 'goobne': goobne}).fillna(0)
>>> chicken_table.head()
          bbq   cheogajip   goobne   kyochon   nene   pericana
강원도 강릉시   4.0   2           5        5         11     13
강원도 고성군   3.0   2           2        1         1      3
강원도 동해시   2.0   2           2        2         4      6
강원도 삼척시   2.0   6           1        1         2      2
강원도 속초시   1.0   4           2        3         3      4
```

생성된 테이블을 이용하여 총 매장 수를 비교하면 그림 139와 같다.

```
>>> from matplotlib import pyplot as plt
>>> from matplotlib import rcParams, style
>>> from matplotlib import font_manager, rc
>>> plt.figure()
<matplotlib.figure.Figure object at 0x000000BE993AF5C0>
>>> chicken_table.sum(axis=0).iloc[:6].plot(kind='bar')
<matplotlib.axes._subplots.AxesSubplot object at 0x000000BE993A60F0>
>>> plt.show()
```

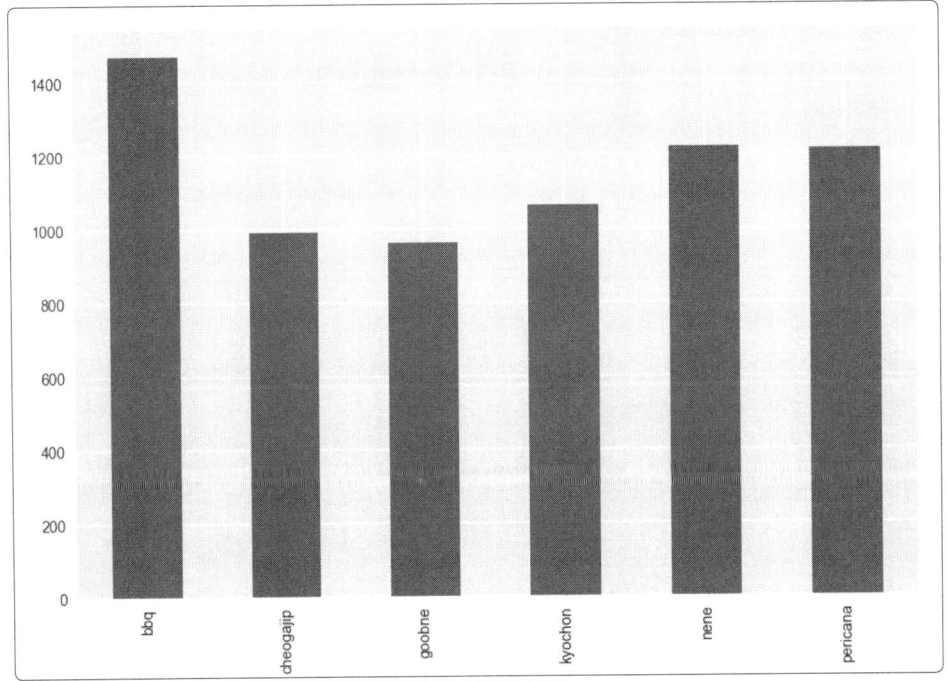

그림 139. 프랜차이즈 매장 개수 비교

우리는 앞서 포리움에 대해 알아보면서 GeoJSON 형식의 MultiPolygon을 이용하여 지도에 대한민국 행정구역을 나누어 보았다. 지도 위에 색을 표시하여 데이터를 표현하는 것도 좋을 수 있으나, 데이터의 시각성을 더 높이기 위하여 블록맵을 사용해 보자(블록맵 데이터는[Visualization 5]를 통하여 다운로드 받았으며, https://github.com/snscrawler/DataAnalysis 폴더에 data_draw_korea.csv로 저장해 놓았다). 다운로드 받은 데이터를 특정 위치에 저장하고 데이터를 불러와 데이터 프레임으로 저장한다.

```
>>> data_draw_korea = pd.read_csv('d:/temp/chicken_data/data_draw_korea.csv', index_col=0,
encoding='UTF-8')
>>> data_draw_korea.index = data_draw_korea.apply(lambda r: r['광역시도'] + ' ' + r['행정구역'],
axis=1)
>>> data_draw_korea.head()
            인구수    shortName    x    y    면적       광역시도    행정구역
강원도 강릉시    202520    강릉        11   4    1040.07   강원도     강릉시
강원도 고성군    25589    고성(강원)    9    0    664.19    강원도     고성군
강원도 동해시    86747    동해        11   5    180.01    강원도     동해시
강원도 삼척시    63986    삼척        11   8    1185.80   강원도     삼척시
강원도 속초시    76733    속초        9    1    105.25    강원도     속초시
```

data_draw_korea.csv 파일은 각 지역 별 인구수를 블록맵으로 그리기 위하여 가공된 데이터로 보인다. chicken_table에서 생성한 인덱스와 지역 별 인구수 블록맵 데이터를 합치기 위하여 인덱스를 생성하고, x, y 좌표 값을 합쳐 원시 데이터를 만든 후 특정 지역에 가맹점이 NaN인 경우에는 값을 0으로 변경한다.

```
>>> chicken = pd.merge(data_draw_korea, chicken_table, how='outer', left_index=True, right_index=True)
>>> chicken = chicken[~np.isnan(chicken['면적'])].fillna(0)
>>> chicken['total'] = chicken_table.sum(axis=1)
>>> chicken.head()
            인구수       shortName    x      y     면적       광역시도    행정구역
강원도 강릉시    202520.0    강릉         11.0   4.0   1040.07   강원도     강릉시
강원도 고성군    25589.0    고성(강원)     9.0    0.0   664.19    강원도     고성군
강원도 동해시    86747.0    동해         11.0   5.0   180.01    강원도     동해시
강원도 삼척시    63986.0    삼척         11.0   8.0   1185.80   강원도     삼척시
강원도 속초시    76733.0    속초         9.0    1.0   105.25    강원도     속초시

            bbq    cheogajip    goobne    kyochon    nene    pericana    total
강원도 강릉시    4.0    2            5         5          11      13          40.0
강원도 고성군    3.0    2            2         1          1       3           12.0
강원도 동해시    2.0    2            2         2          4       6           18.0
강원도 삼척시    2.0    6            1         1          2       2           14.0
강원도 속초시    1.0    4            2         3          3       4           17.0
```

먼저 블록맵을 작성하기 위한 함수를 다음과 같이 작성한다[Visualization 2,5를 참조하여 수정].

```
>>> font_name = font_manager.FontProperties(fname="c:/Windows/Fonts/malgun.ttf").get_name()
>>> rc('font', family=font_name)

def showMap(blockedMap, targetData, strTitle, strColor, gamma):

    BORDER_LINES = [
        [(3, 2), (5, 2), (5, 3), (9, 3), (9, 1)], # 인천
        [(2, 5), (3, 5), (3, 4), (8, 4), (8, 7), (7, 7), (7, 9), (4, 9), (4, 7), (1, 7)], # 서울
        [(1, 6), (1, 9), (3, 9), (3, 10), (8, 10), (8, 9),
         (9, 9), (9, 8), (10, 8), (10, 5), (9, 5), (9, 3)], # 경기도
        [(9, 12), (9, 10), (8, 10)], # 강원도
        [(10, 5), (11, 5), (11, 4), (12, 4), (12, 5), (13, 5),
         (13, 4), (14, 4), (14, 2)], # 충청남도
        [(11, 5), (12, 5), (12, 6), (15, 6), (15, 7), (13, 7),
         (13, 8), (11, 8), (11, 9), (10, 9), (10, 8)], # 충청북도
        [(14, 4), (15, 4), (15, 6)], # 대전시
        [(14, 7), (14, 9), (13, 9), (13, 11), (13, 13)], # 경상북도
        [(14, 8), (16, 8), (16, 10), (15, 10),
         (15, 11), (14, 11), (14, 12), (13, 12)], # 대구시
        [(15, 11), (16, 11), (16, 13)], # 울산시
        [(17, 1), (17, 3), (18, 3), (18, 6), (15, 6)], # 전라북도
        [(19, 2), (19, 4), (21, 4), (21, 3), (22, 3), (22, 2), (19, 2)], # 광주시
        [(18, 5), (20, 5), (20, 6)], # 전라남도
        [(16, 9), (18, 9), (18, 8), (19, 8), (19, 9), (20, 9), (20, 10)], # 부산시
    ]

    whitelabelmin = (max(blockedMap[targetData]) - min(blockedMap[targetData])) * 0.25 + min(blockedMap[targetData])
    datalabel = targetData

    vmin = min(blockedMap[targetData])
    vmax = max(blockedMap[targetData])
    mapdata = blockedMap.pivot(index='y', columns='x', values=targetData)
    masked_mapdata = np.ma.masked_where(np.isnan(mapdata), mapdata)
    cmapname = strColor
    plt.figure(figsize=(8, 13))
    plt.title(strTitle)
    plt.pcolor(masked_mapdata, vmin=vmin, vmax=vmax, cmap=cmapname, edgecolor='#aaaaaa', linewidth=0.5)
    for idx, row in blockedMap.iterrows():
        annocolor = 'white' if row[targetData] > whitelabelmin else 'black'
        dispname = row['shortName']
```

```
    # 서대문구, 서귀포시 같이 이름이 3자 이상인 경우에 작은 글자로 표시한다.
    if len(dispname.splitlines()[-1]) >= 3:
        fontsize, linespacing = 7.5, 1.5
    else:
        fontsize, linespacing = 11, 1.2

    plt.annotate(dispname, (row['x']+0.5, row['y']+0.5), weight='bold',
            fontsize=fontsize, ha='center', va='center', color=annocolor,
            linespacing=linespacing)

for path in BORDER_LINES:
    ys, xs = zip(*path)
    plt.plot(xs, ys, c='black', lw=4)

plt.gca().invert_yaxis()
plt.axis('off')

cb = plt.colorbar(shrink=.1, aspect=10)
cb.set_label(targetData)
plt.tight_layout()

plt.savefig('d:/temp/chicken_data/' + targetData + '.png')

plt.show()
```

이제 실제 데이터를 이용하여 지도를 그려보자.

```
>>> import math
>>> import numpy as np
>>> #프렌차이즈별 닭집분포
>>> showMap(chicken, 'total', '6개 프렌차이즈 통닭집 분포', 'RdPu', 0.75)
>>> showMap(chicken, 'bbq', 'BBQ 매장 분포', 'Reds', 0.75)
>>> showMap(chicken, 'cheogajip', '처갓집양념통닭 매장 분포', 'Greens', 0.75)
>>> showMap(chicken, 'goobne', '굽네치킨 매장 분포', 'Purples', 0.75)
>>> showMap(chicken, 'kyochon', '교촌치킨 매장 분포', 'Oranges', 0.75)
>>> showMap(chicken, 'nene', '네네치킨 매장 분포', 'Greys', 0.75)
>>> showMap(chicken, 'pericana', '페리카나 매장 분포', 'Blues', 0.75)
>>>
>>> #인구만명당 치킨집 수
>>> chicken['total10K'] = chicken['total'] / chicken['인구수'] * 10000
>>> showMap(chicken, 'total10K', '인구만명당 치킨집 수', 'Reds', 0.75)
>>>
>>> #면적당 치킨집 수
>>> chicken['area'] = chicken['total'] / chicken['면적']
>>> showMap(chicken, 'area', '면적당 치킨집 수', 'Reds', 0.75)
```

그림 140은 조사한 6개 프랜차이즈 가맹점의 지역 별 분포도를 나타낸다.

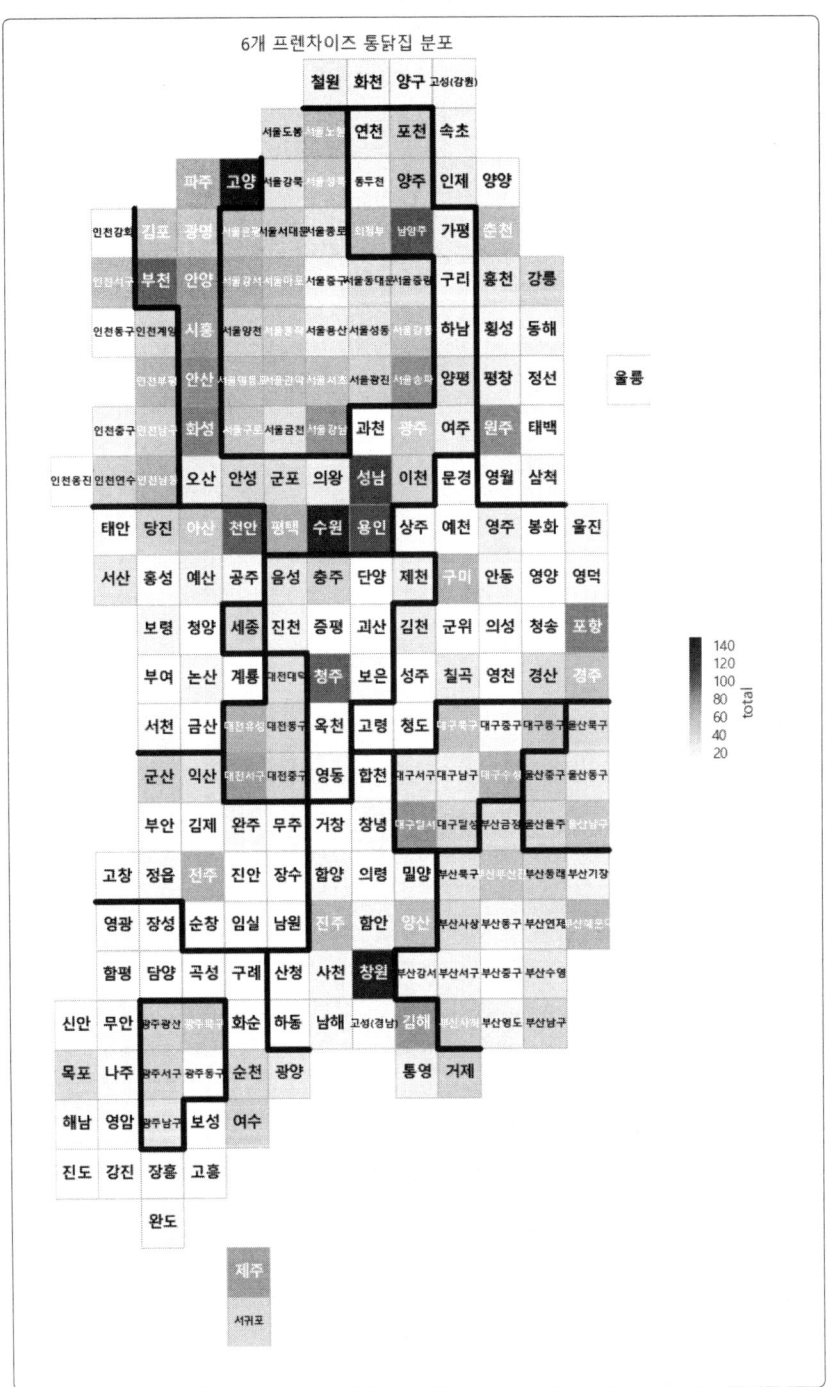

그림 140. 전국 6대 가맹점 총계 분포도

분포도를 확인하면 수원, 창원, 고양 지역에 치킨 프랜차이즈가 많은 것으로 보인다. 그림 141~그림 146은 프랜차이즈 별 가맹점의 매장 분포를 나타낸다.

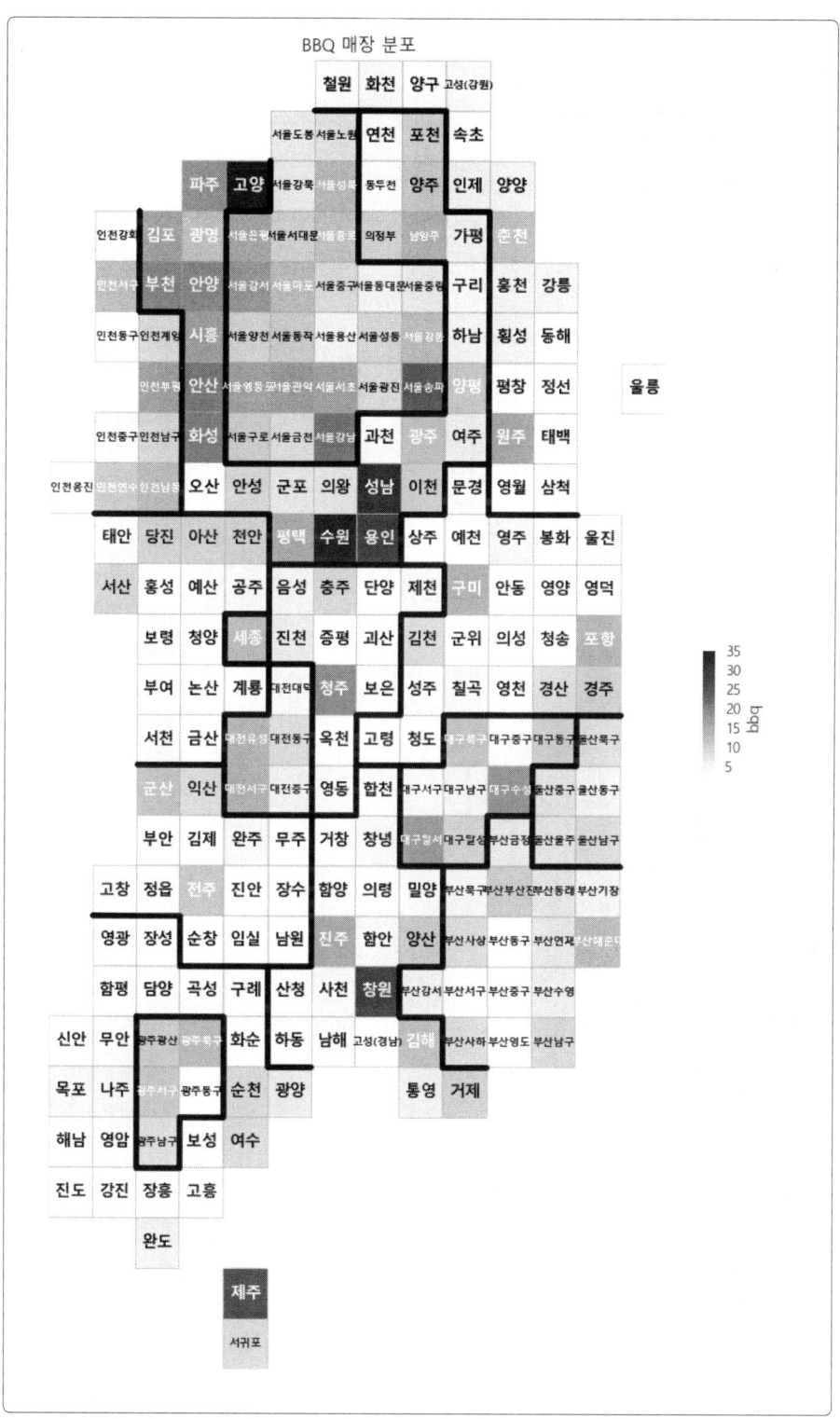

그림 141. BBQ 전국 매장 분포 현황

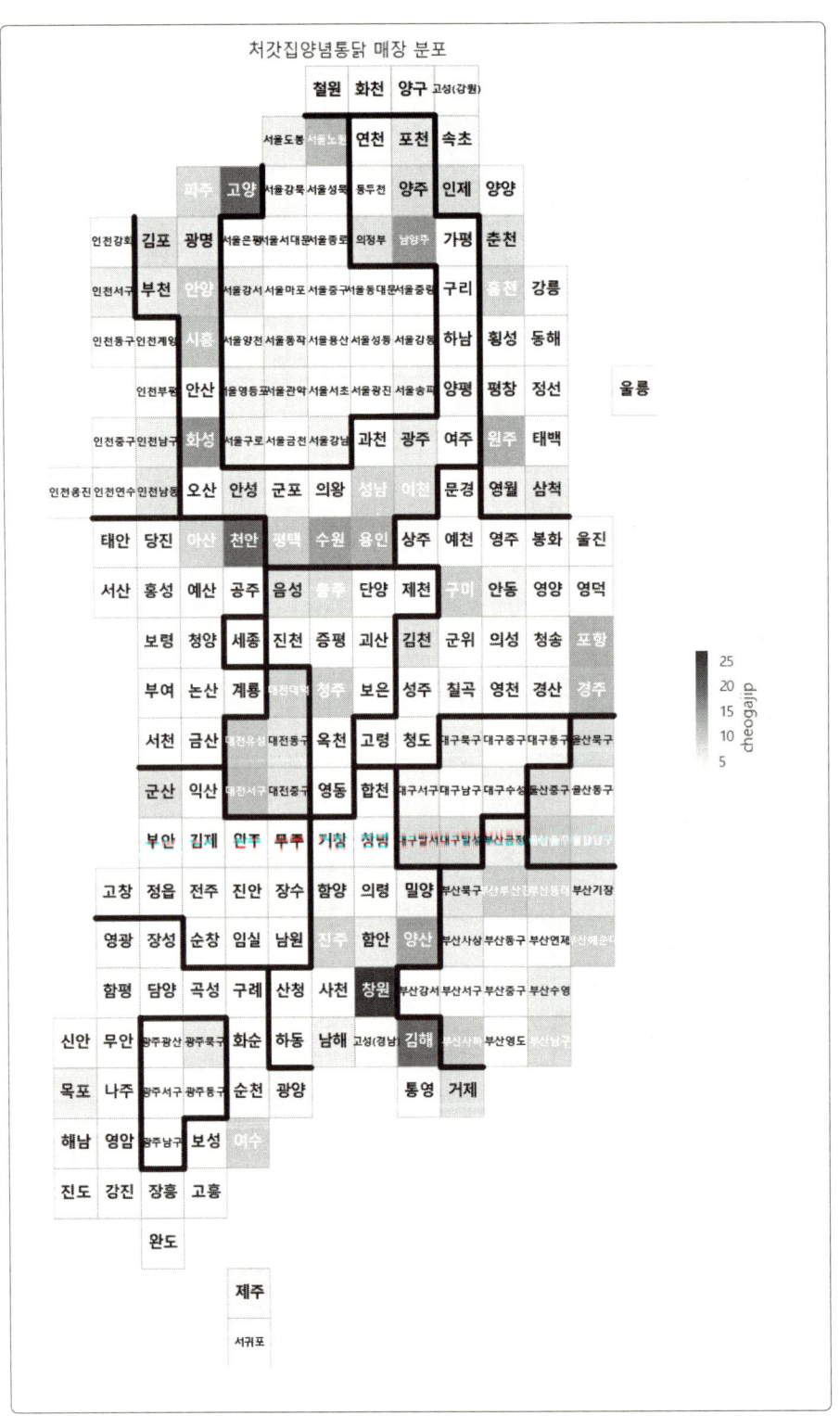

그림 142. 처갓집양념치킨 전국 매장 분포 현황

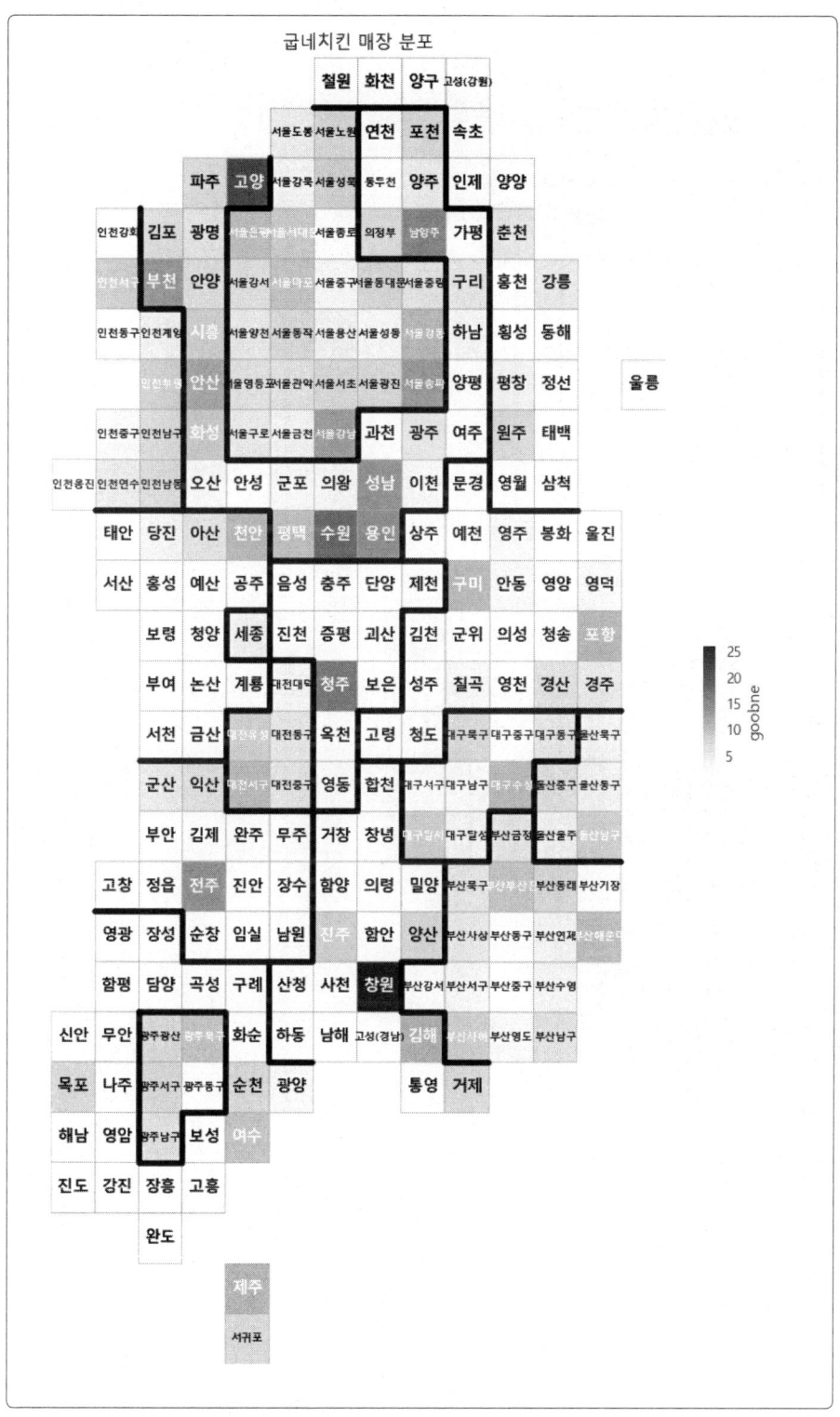

그림 143. 굽네치킨 전국 매장 분포 현황

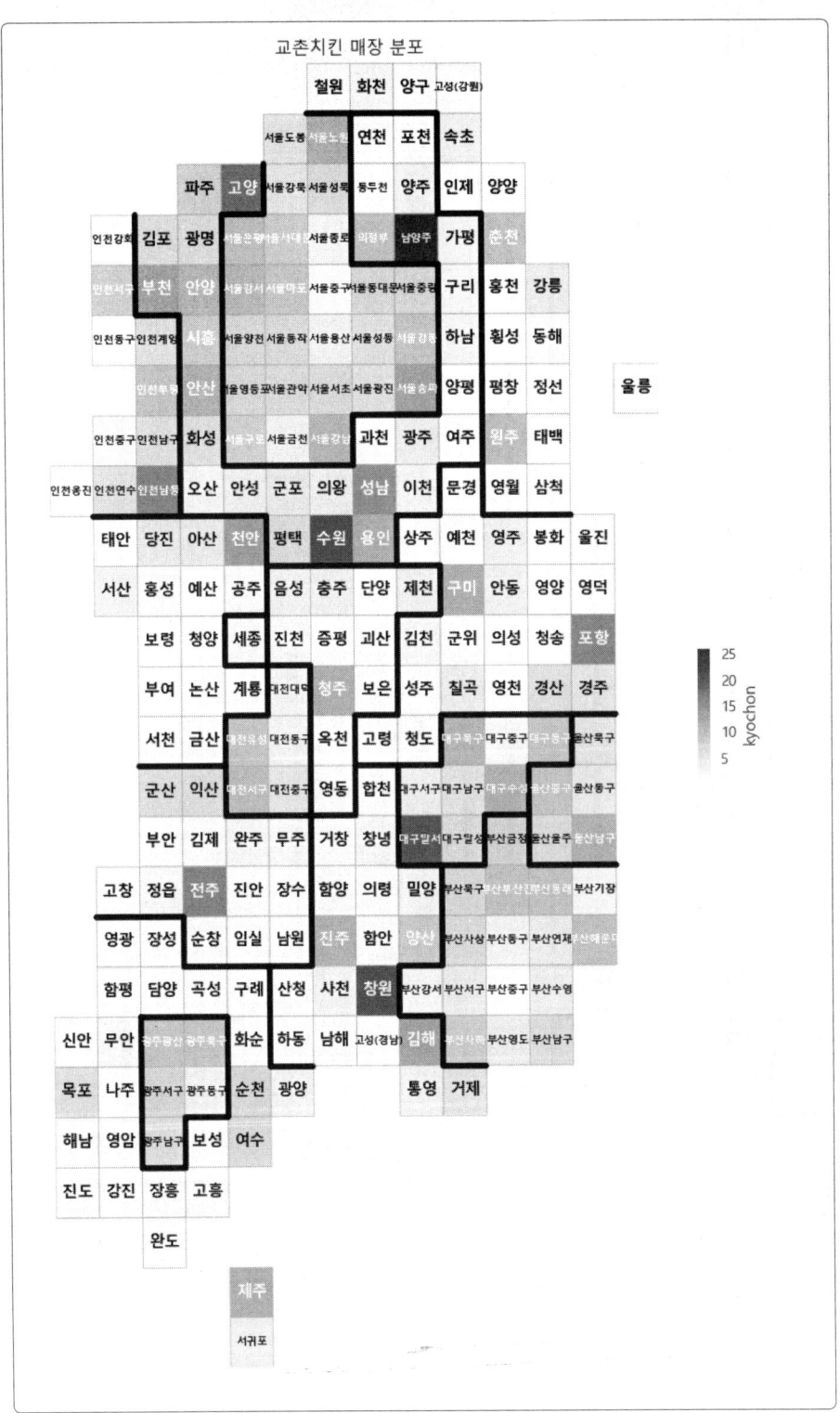

그림 144. 교촌치킨 전국 매장 분포 현황

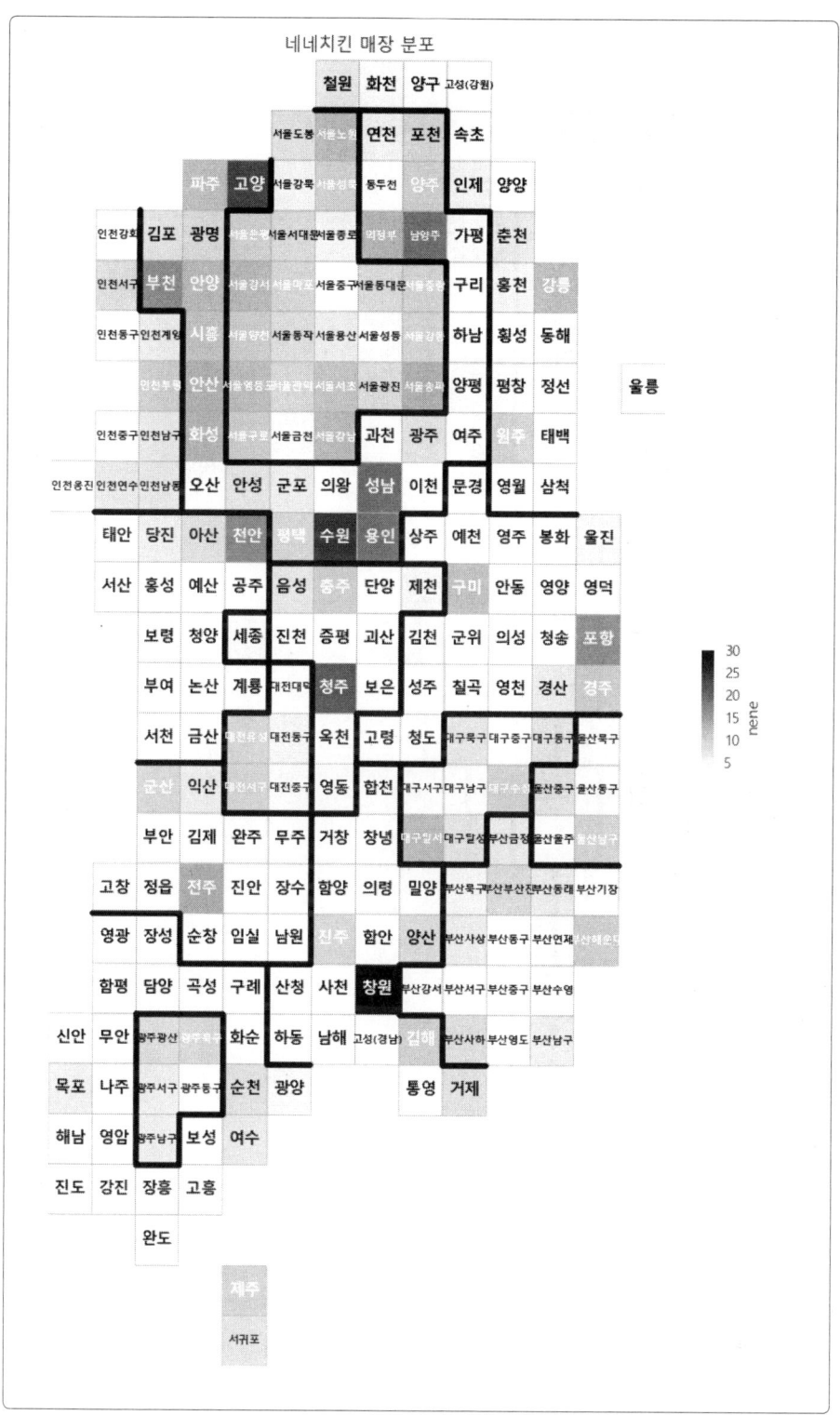

그림 145. 네네치킨 전국 매장 분포 현황

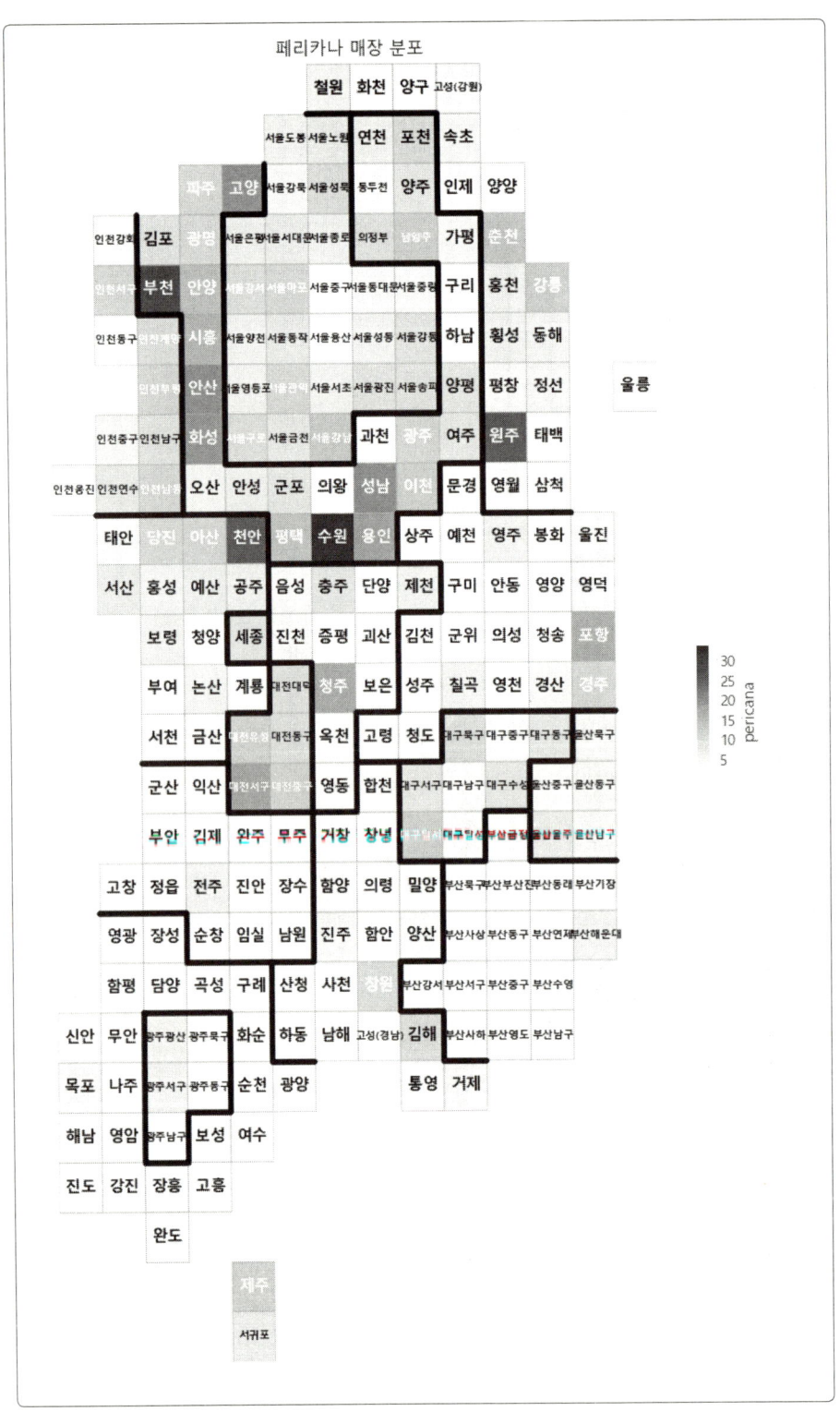

그림 146. 페리카나 전국 매장 분포 현황

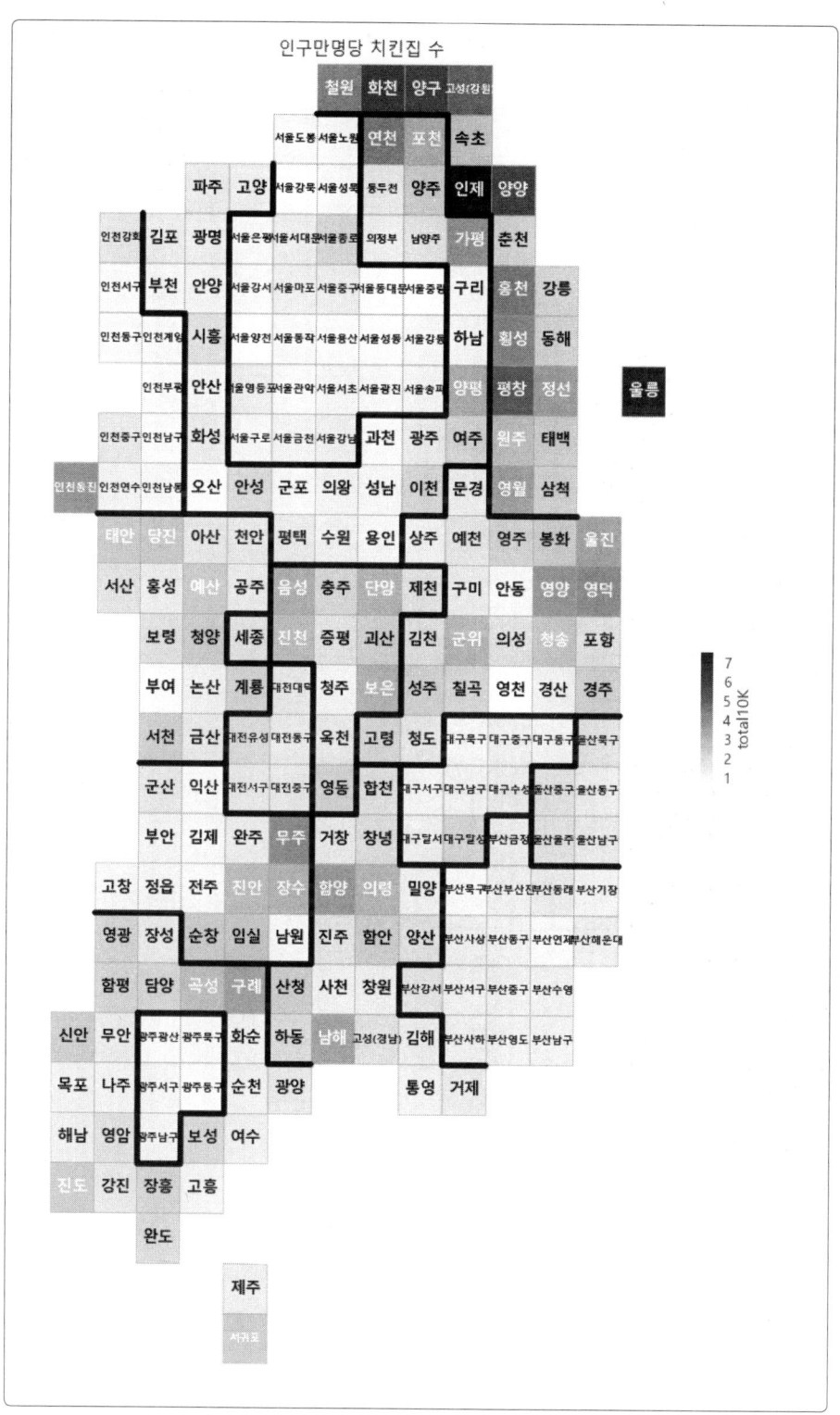

그림 147. 인구 만명 당 가맹점 수

그림 147을 보면 인구 분포 당 치킨 가맹점이 많은 지역은 인제, 화천, 양양 등으로 확인되는데 군부대가 많아서 이런 현상을 보이지 않을까 조심스럽게 예상해 본다.

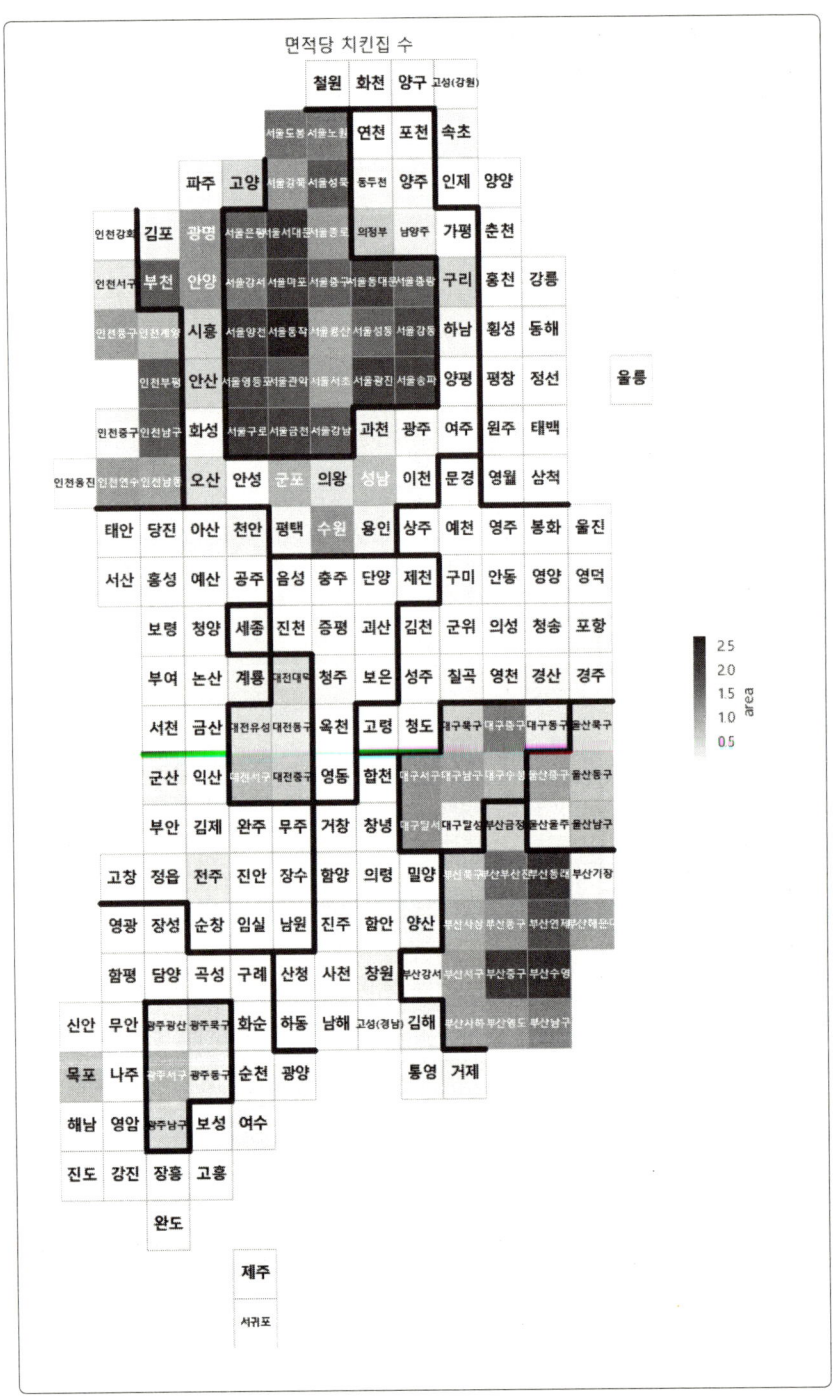

그림 148. 면적 당 치킨 가맹점 수

그림 148은 지자체 면적 당 치킨 프랜차이즈 가맹점을 비교하고 있다. 상대적으로 서울 지역과 경상도 지역이 단위 면적 당 치킨점 수가 많은 것으로 나타나는데, 이 데이터를 기본으로 한다면 어느 지역에 치킨집을 차려야 할지 조금이나 도움이 될 수 있을 것이다.

우리는 이번 장에서 수집한 데이터를 바탕으로 데이터를 시각화하는 방법에 대해 알아보았다. 시각화는 잘못 표현되는 경우 데이터의 심각한 왜곡으로 이어질 수 있기 때문에 조심해서 사용해야 한다. 또한 시각화를 표현하면서 다른 변수들이 배제됨으로 인해 데이터를 잘못 해석할 수 있으므로 이에 대한 세심한 고려도 필요하다.

참고 문헌

[StackOverflow]

1. http://www.stackoverflow.com/

[OAuth]

1. "OAuth와 춤을", 오창훈, http://d2.naver.com/helloworld/24942

2. "OAuth 2.0 – Open API 인증을 위한 만능 도구상자", 박민우, http://earlybird.kr/1584

3. "OAuth 공식 싸이트", http://oauth.net

[Twitter]

1. "Map of a Twitter Status Object", Raffi Krikorian

2. "Working with streaming data: Using the Twitter API to capture tweets", https://www.dataquest.io/blog/streaming-data-python/

3. "First step to Twitter OAuth and Streaming API using Python", http://yjlv.blogspot.kr/2010/04/first-step-to-twitter-oauth-streaming.html

[통닭분석]

1. '통닭집 차린 베이비 부머들, 알고보니 '빚더미 창업'', http://www.dt.co.kr/contents.html?article_no=2016020302109957793003

[KoNLPy]

1. 설치하기, http://konlpy-ko.readthedocs.io/ko/v0.4.3/install

2. JDK 설치 및 PATH 설정, http://docs.oracle.com/cd/E19182-01/820-7851/inst_cli_jdk_javahome_t/index.html

[Visualization]

1. matplotlib 공식 홈페이지, http://matplotlib.org

2. "버거 지수"는 진짜 도시의 발전 수준을 반영할까?, 장혜식, http://nbviewer.jupyter.org/gist/hyeshik/cf9f3d7686e07eedbfda?revision=6

3. Folium 공식 홈페이지, https://folium.readthedocs.io/en/latest

4. GeoJson 공식 홈페이지, http://geojson.org/

5. "인구소멸위기 지역 파악해보기~~~", Pink Wink, http://pinkwink.kr/1009